Андрей Макаревич

ПОВЕСТИ

Книга 2

BAbook

Любое использование материала данной книги,
полностью или частично,
без разрешения правообладателя запрещается.

Макаревич, А.
Повести. Книга 2 / Андрей Макаревич. – BAbook, 2025. – 305 с.

Длинные истории с иллюстрациями автора.

ISBN 978-1-969573-08-8

Отпечатано в Германии

© А. Макаревич, 2025
© А. Макаревич, иллюстрации, 2025
© BAbook, 2025

Всё очень просто

Несколько раз в своей жизни я видел один и тот же сон. Суть его заключалась в том, что я должен был куда-то попасть, где меня ждали. По пути возникали разные бытовые сложности, я задерживался то тут, то там и в результате опаздывал, но как-то очень сильно – скажем, на целый день, – и приходил, когда никого уже нет, свет притушен, стулья перевернуты и уборщица моет пол. Не знаю почему, но более острого чувства потери я не испытывал потом уже никогда.

Собственно, до «Машины времени» ансамбль назывался «The Kids», а до этого он вообще никак не назывался, и все происходило не сразу. По-настоящему все началось, когда я услышал битлов. Я вернулся из школы в тот момент, когда отец переписывал «Hard day's night», взятый у соседа, на маленький магнитофон «Филипс». Какие-то обрывки битлов я слышал и раньше, где-то в гостях. Крохотный кусочек их концерта (секунд пять) звучал по телевидению, демонстрируя тем самым, как низко пала буржуазная культура. В классе по рукам ходила фотка битлов, несколько раз переснятая, затертая и потрескавшаяся, как старая икона, и уже невозможно было понять, кто на ней кто, но магия от нее исходила.

Так вот, я вернулся домой, и отец переписывал «Hard day's night». Было чувство, что всю предыдущую жизнь я носил в ушах вату, а тут ее вдруг вынули. Я просто физически ощущал, как что-то внутри меня ворочается, двигается, меняется необратимо. Начались дни битлов. Битлы слушались с утра до вечера. Утром, перед школой, потом сразу после и вплоть до отбоя. В воскресенье битлы слушались весь день. Иногда измученные битлами родители выгоняли меня на балкон вместе с магнитофоном, и тогда я делал звук на полную, чтобы все вокруг тоже слушали битлов. Сейчас, когда я вижу, как на чьем-то окне стоит динамик и на всю улицу гремит «Наутилус», я заставляю себя вспоминать, что то же самое я делал с битлами – очень уж хотелось этот праздник подарить всем, в голову не приходило, что это кому-то не понравится. А может быть, наше подсознание таким образом ставило маяки, ища в пространстве братьев по духу. Братья по духу не замедлили появиться.

Незадолго до этого в наш класс пришли двое новеньких. Юра Борзов скромным своим видом и тихим поведением полностью разрушал мое представление о генеральском сыне (мы знали, что папа у него большой военачальник). Голос его мы впервые услышали несколько дней спустя, на перемене, когда шла оживленная дискуссия на тему, может ли человек разорвать кошку. Спор, естественно, носил чисто теоретический и отвлеченный характер, самые разнообразные аргументы приводились и за, и против. Юра некоторое время слушал, склонив голову, затем вдруг тихо и твердо сказал: «Ребята, не спорьте. Кошку разорвать нельзя». «А ты, что ли, пробовал?» – съязвил я в запале. «Пробовал», – просто ответил он и отошел, опустив ресницы. Так мы познакомились. Позже я познакомился и с его кошкой Марфой, и с трактиром «Не рыдай», но это уже было позже. А пока выяснилось, что Юра – битломан. Но если я битломан, то он – битломан в квадрате, в кубе, не знаю, в чем еще. Мы подружились.

Второй новенький был Игорь Мазаев. Он пришел к нам из интерната и выглядел гораздо самостоятельнее нас. Усугублялось это тем, что у него густо росла борода совершенно золотого цвета, что приводило в смущение учителей, но так как запрета носить бороду в восьмом классе не существует, никто ничего ему сделать не мог. Даже сказать «побрейтесь» язык, видимо, не поворачивался. Мазай играл на гитаре и пел русские романсы. Идея группы висела в воздухе.

Собственно, ансамбль у меня уже был. Состоял он из двух гитар, и две девочки пели англо-американские народные песни. Но это была не та группа, которую рисовало воображение. В десятом классе, на год старше нас, тоже была группа. Но там была именно группа, а не какой-то ансамбль – три электрогитары, барабаны, никаких девочек. Покровительствовала им учительница физики Тамара Васильевна, или попросту Тамара, и благодаря ей им разрешали выступать на школьных вечерах. Играли они инструментальные пьесы на темы Бабаджаняна и битлов в стиле «Ventures». Однажды на вечере их бас-гитарист не выдержал и запел «Twist and Shout». Жилы на его шее надулись, глаза налились кровью, но голос не мог прорваться сквозь стену гитар и гром пионерского барабана. Это было страшно. Вечер закрыли.

Событие, заставившее меня расстаться с женской вокальной группой, случилось на праздновании Нового, 1969 года, в той же школе. На новогоднем вечере для старшеклассников должна была играть группа «Атланты»!

До этого мы ни разу не слышали рок живьем, из-за этого происходила масса недоразумений. Например, мой магнитофончик «Филипс» (чудо техники по тем временам) обладал крохотным динамиком, годным разве что для воспроизведения речи, и низкие частоты отсутствовали напрочь, поэтому я долго не мог понять, какова функция бас-гитары – ее просто не было слышно, – и строил на этот счет самые невероятные предположения. Юрка Борзов как-то заметил, что большой барабан, конечно, хорош для написания названия на нем, но функционально очень неудобен, так как палочками к нему дотянуться сложно. Я оказался более подкован и объяснил ему, что там сзади такая специальная педаль. Борзов был потрясен.

И вот долгожданный вечер. Зал на третьем этаже. Вопль внизу: «Приехали!» Высокие волосатые люди вносят огромный усилитель ТУ-100, напоминающий деталь с подводной лодки. У него водяное охлаждение, и я бегу показывать, где туалет. Туда тянут кишку. Группа лениво и снисходительно настраивается, и впервые в жизни я слышу звук бас-гитары. Он сметает меня к стене, и я чувствую, как шерсть на загривке встает дыбом. Так вот в чем дело! А мы-то, дураки…

«Атланты» одеты в черные битловские костюмы, у них органола «Юность», гитара «Фрамус» с четырьмя звукоснимателями (лучше, чем у битлов! – в ужасе думаю я, у тех всего три!). И только барабанщик, певец и руководитель Алик Сикорский одет не по форме – он в драных вельветовых портках и ковбойке. Он шикарно проходит через зал, садится за барабаны, дает отсчет, и…

Пожалуй, вот этого божественного экстаза, этого животного восторга я уже больше никогда не испытывал. Мы бросились в пляс. Мы выделывали какие-то невероятные па. Волны звука проходили сквозь нас, как электричество, и мы резонировали в ответ. Если бы я тогда был знаком с буддизмом, я бы, наверно, вылетел в астрал.

В антракте мы набрались смелости и попросили «Атлантов» дать нам сыграть пару песенок на их волшебных гитарах. «Атланты» поинтересовались нашим репертуаром. Наивные девушки-певицы, не ожидая подвоха, стали перечислять песни. «Атланты» ухмылялись. Я готов был сгореть со стыда. Внезапно подошел Сикорский, прекратил издевательства и поинтересовался, кто у нас на чем. Узнав, что у нас нет бас-гитары, он страшно удивился и сказал: «Без баса, ребята, у вас ничего не выйдет. Ну ладно, повернись ко мне грифом, я подыграю». Я согнулся под тяжестью «Фрамуса». Сам Сикорский подыгрывал мне на бас-гитаре!

Мои неверные аккорды у меня за спиной превращались в мощный, бриллиантовый, невообразимый звук, и я чувствовал, как он бьет меня сзади и, огибая, улетает в зал. Думаю, что играли мы ужасно. Одноклассники смотрели на нас сочувственно. Но жизненный выбор был сделан. Сейчас я часто думаю, насколько наша судьба зависит от каких-то, в общем, мелочей. Алик ведь мог и не дать нам сыграть.

Юрка Борзов приходил в понедельник в школу и, мечтательно полузакрыв глаза, вещал: «У Японца – все японское. Вчера был у него дома, там лежит настоящая японская электрогитара и настоящий усилитель».

Японец – Юркин друг детства. Его зовут Сережа, японец он только наполовину, и я с ним незнаком. Он учится в другой школе.

Надо сказать, по гитарам мы к тому моменту уже довольно круто поднялись – мне удалось выставить своих родителей на отечественный инструмент ценой, как сейчас помню, в 35 р. (Кстати, попробуйте хотя бы вообразить сегодня электрогитару за 35 р.) На второй такой же гитаре стояли четыре виолончельные струны (мое скромное изобретение) и своим мягким звуком отдаленно напоминали бас.

Поразительно – Пол МакКартни рассказывал, как в этом же возрасте он с помощью плоскогубцев тайком выдирал из школьного пианино басовые струны – чтобы поставить на самодельную бас-гитару! Мы-то думали, что там, у них, все всегда было! Ни фига – оказывается, во всем мире рок-н-ролл рождался одинаково и все его бойцы проходили через одни и те же испытания – разве что мы с опозданием в лет пять. Когда я прочитал, как Кейт Ричардс надвязывал порвавшиеся струны у колков, если длина позволяла – а где было взять новые и на какие шиши? – я просто ахнул – мы все делали то же самое! А вот самое смешное: советская власть воспринимала рок-н-ролл как западную идеологическую диверсию, а в это же время английский эстеблишмент усматривал в битлах элементы пролетарско-коммунистической пропаганды! Каково?

Уже позади был период самодельных электрогитар – чудовищных порождений больного детского разума и незрелой конструкторской мысли. Я, например, долго не мог понять, что расстояние от начала грифа до порожка (говоря профессиональным языком – мензура) должно быть определенным, поэтому первые мои гитары играли в совершенно неожиданных и произвольных ладах.

С барабанами обстояло хуже. Пионерский барабан, купленный в «Детском мире» (12 р.), и тарелка от хэта, купленная там же (7 р.), как художественные средства себя изжили. И тут случилось чудо – я прослышал, что у наших шефов –

какого-то завода – лежит списанная ударная установка. Мы рванули к шефам, и – о радость! – все оказалось правдой. Думаю, что эти барабаны оставили при отступлении немцы. Я таких не видел ни до, ни после. На них была натянута настоящая бычья кожа, а размеры их просто потрясали воображение. Мы возвращались в школу пешком и несли барабаны на руках, как детей. По-моему, даже что-то пели при этом. Это было счастье.

Так вот, при всем этом я, конечно, понимал, какая бездонная пропасть отделяет наши инструменты от настоящих. Настоящие инструменты возможно было увидеть в двух местах – в магазине «Лейпциг» и на Неглинке, если не в самом магазине, то около него. Там располагалась биржа подпольной торговли дефицитным музоборудованием.

И сейчас еще, проходя мимо магазина на Неглинной, я вижу каких-то опустившихся личностей, уныло пытающихся выдать сомнительный оберточный полиэтилен за японский барабанный пластик. Это последние динозавры, последние останки той волшебной эпохи, когда Неглинка цвела. Кого там только можно было не увидеть, что только не услышать, чего только не достать!

Я приходил туда и, не дыша, ждал момента, когда хоть краем глаза удастся взглянуть на какую-нибудь головокружительную гитару в руках лихого фарцовщика. Конечно, купить я ничего не мог.

Однажды меня крепко приложили. Когда вокруг очередного инструмента собралась плотная кучка знатоков, я протиснулся в эпицентр и слабым голосом поинтересовался, сколько стоит гитара. Ответ «шестьдесят рублей» чуть не сшиб меня с ног, и я уже принялся умолять продавца, чтобы он подождал минут двадцать, пока я слетаю домой за деньгами, – и тут я увидел ухмыляющиеся морды и понял, что со мной нехорошо пошутили. «Иди-иди, мальчик, тут люди делами занимаются». Я ушел, глотая слезы, и долго потом там не появлялся. Я вообще был ранимым юношей.

Но гитары – это еще полбеды. Гитары ведь еще надо во что-то включать. На репетициях для этой цели использовались приемник «Спидола», магнитофон «Айдас», радиола «Эстония».

> *Вот опять! Кейт Ричардс записывал «Jumpin' Jack Flash», включив гитару в микрофонный вход магнитофона. А сколько магнитофонов и радиоприемников мы пожгли таким образом! Настоящие усилители (нет, сначала самодельные!) появились в природе позже.*

На наш первый концерт в школе завхоз с потрясающим именем Федор Федотович Федоткин сделал царский жест – выкатил динамики от школьной киноустановки «Кинап». Это было необыкновенно громко – ватт 30! Звук поднимал нас от пола, я чувствовал, как за спиной растут крылья. Обернувшись на нашего ритм-гитариста Шурика Иванова, я увидел, что его белая гитара вся в крови – он, видимо, играя, рассадил себе палец, но, ничего не замечая, продолжал рубить по струнам неистово, как дровосек. Так вот, на этот наш концерт Юрка, оказывается, пригласил легендарного Японца. Мы познакомились. У Японца оказалась огромная голова, почти в ширину плеч, и непосредственные манеры. Концерт ему понравился.

На следующий день я болел. (Надо сказать, что с момента рождения группы я как-то вообще разлюбил ежедневное хождение в школу.) Итак, я болел дома. Мне позвонил Сережа Японец и сказал, что раз так, он завтра тоже заболеет и приедет ко мне с японскими гитарами и усилителями. Вообще было такое впечатление, что мы знакомы десять лет.

Не надо, наверно, говорить, как я ждал наступления завтрашнего дня. И вот звонок, и в дверь вваливается Японец, навьюченный гитарами, проводами и чем-то еще. Я довольно долго держал в руках гитару, пока понял, что я не дышу. Дело в том, что и сейчас хороший инструмент производит на меня впечатление, а в те времена эти гитары выглядели как корабли с Марса.

> *Сейчас я понимаю, что настоящая электрогитара вызывала в неокрепших юных душах чувство, близкое к сексуальному, но превосходящее его по силе. Позже многие гитаристы мне тайком в этом признавались. Я, например, ложась спать, часто клал гитару рядом с собой – ничего не мог поделать со своим обожанием.*

Маленький десятиваттный усилитель был включен в сеть, и я впервые услышал тот самый звук, из которого сотканы битловские песни. Это был совсем не тот звук, который мы извлекали из наших топором рубленных гитар и радиол «Эстония». Это был тот магический звук, который можно было извлекать и самому же слушать бесконечно. Мы пробренчали до девяти вечера. Сейчас меня поражает, что мой отец просидел все это время в одной комнате с нами за каким-то своим проектом спиной к нам и не сказал нам ни слова. Уверен, что никакой другой нормальный человек эту пытку вынести бы не смог.

Наутро мы начали репетицию на новых инструментах и в новом составе – у нас появился Сережа Кавагое. Он пока ни на чем не играл, но это было неважно – в конце концов, то, чем занимались мы, игрой тоже назвать было трудно.

Сейчас я иногда размышляю о природе битломании и о всякой мании вообще.

Я считаю себя нормальным человеком (а мания и нормальность, мне кажется, – вещи несовместимые), никогда ни у кого не взял автографа, не видя ничего магического в клочке бумаги с закорючкой, всегда побаивался фанатов (в том числе и наших) – так вот, я и все мы несколько лет подряд были битломанами.

Я и сейчас считаю эту команду лучшей, но это уже отголоски невероятного, космического, неуправляемого чувства тех времен.

Каждая новая песня битлов, попадая в наши руки, прослушивалась несколько раз в священном молчании. Не надо говорить, что все предыдущие были к этому моменту уже известны наизусть и тихо пелись на уроках. Что там наизусть! Я мог, закрыв глаза, проиграть в памяти любой альбом с точностью до царапинки, до пылинки. Песни каждого альбома имели свой цвет: например, с «Hard day's night» – малиново-синий, с «Rubber soul» – лимонно-белый, с «Сержанта» – прозрачно-черный. Говорить об этом можно было до бесконечности.

Тетради, учебники, портфели, детали одежды и открытые участки тела были изрисованы гитарами, битлами и исписаны названиями их песен. Что-то недосягаемое, непреодолимо-манящее содержалось в самой форме электрогитары, в битловских водолазках, в их прическах.

В этом смысле я оказался самым несчастным из нашей команды – волосы кучерявились и никак не хотели принимать гладкий битловский вид. Для преодоления этого «дара» природы голова слегка мылилась, затем сверху надевалась резиновая шапочка, и все это оставлялось на ночь. Других способов не существовало. Не знаю, как я не облысел. Степень битловости определялась степенью закрытости ушей волосами – если на две трети, то это уже было по-битловски.

У каждого из нас дома в красном углу стоял алтарь, на котором располагались пластилиновые битлы, как правило, в «сержантских» костюмах. Особое удовольствие доставляло выделывать крошечные гитары, барабаны и усилители. В этот угол каждый из нас обращал заветные молитвы, мечты и чаяния.

Я уж не говорю о том, что некоторые песни обладали чудодейственным свойством – например, перед походом на экзамен следовало, стоя навытяжку, прослушать «Help!» или второе исполнение «Sergeant Pepper», и волшебная сила хранила тебя от неудачи.

Каждое новое сведение о битлах воспринималось как откровение, каждая фотография обсасывалась до ниток, которыми были пришиты пуговицы на их костюмах.

Какой-то наш приятель сказал, что папа его ездил в Англию, а там по телевизору показывали «Help!», и папа снял это дело на любительскую камеру. Ко мне домой приволокли проектор 2×8 мм, без звука, естественно, и я впервые увидел живых битлов. Я чуть не умер от разрыва сердца. И совершенно было неважно, что каждые 20 секунд папе приятеля приходилось прерывать показ, чтобы завести камеру – электрических тогда еще, по-моему, не было, – и поэтому волшебное действо непоправимо разрушалось. И неважно, что не было звука, – мы угадывали песни по аккордам, по губам, и они звучали в наших головах. Не знаю, что произошло бы с нами, если бы тогда нам показали это кино со звуком, цветом и в полном объеме. Фортуна распорядилась так, что мы получили именно такой удар, который могли выдержать.

Спустя несколько лет, когда наша психика уже достаточно огрубела и закалилась, случился в Москве, не знаю уж каким образом, фестиваль зарубежных мультфильмов. Проходил он в кинотеатре «Звездный», и в списке значился фильм с названием «Желтая подводная лодка». Мы не верили чуду до последнего момента, но, сбежав с занятий, на всякий случай отстояли очередь и купили билеты. Мы, конечно, слышали об этом фильме и видели картинки из него в разных журналах, но все равно ну никак не верилось, что покажут его у нас. Гас в зале свет, и я ужасно волновался. И когда с первых секунд стало ясно, что фильм тот, — мы впились в экран, как клещи.

Ребята! Вы видели этот фильм на большом экране? Это, между прочим, даже сейчас выглядит блестяще. А тогда это была волшебная дверца, приоткрывшаяся на час в иной мир. Мы вышли на улицу, шел дождь. Я не мог отделаться от ощущения, что после настоящей жизни мы попали в черно-белый телевизор. Не глядя друг другу в глаза, мы дошли до магазина, купили бутылку какого-то жуткого ликера и, зайдя в первый подъезд, выпили его залпом и в полной тишине. Мы просто спасали себя. Нужно было срочно хоть каким-то способом смягчить силу этого удара. Сегодня «Yellow Submarine» стоит у меня на полке среди прочих хороших фильмов, и я уже знаю его наизусть и все равно смотрю с удовольствием, и самый для меня большой праздник — если оказывается, что кто-то из моих друзей его до сих пор не видел, и я смотрю его еще раз вместе с ним, и смотрю как бы его глазами. И все равно силу того удара мне уже никогда не ощутить.

Странно, что сами битлы были не в восторге от фильма. Я отношу это на счет того, что дело было в конце 1968 года, в воздухе уже попахивало разводом и, видимо, не до кино им было. А фильм задал стилистику всей поп-культуре на несколько лет вперед – он очень изобретательно и лихо нарисован.

Сейчас я задаю себе вопрос: оставались ли мы при всем том, что с нами происходило, нормальными людьми? Хочется ответить «да». Хотя – я не знаю. Во всяком случае, заряд битловской энергии, полученный в те годы, ведет нас по жизни до сих пор.

Итак, дело сдвинулось с мертвой точки. Девочки-певуньи были уволены (по настоянию Японца), и началась настоящая мужская работа.

Японец оказался необычайно деятельным и крайне непоседливым человеком. Почти сразу же пошли разногласия. Отчасти, наверно, это вызывалось тем, что Сереже не на чем было играть. Он со дня на день ждал посылки от японских родственников – бас-гитару и усилитель – и томился безмерно.

Серьезный спор вышел по поводу репертуара. Японец с Борзовым настаивали на песнях битлов, я же, чувствуя, сколь безнадежно далеки наши потуги от оригинала, предлагал не заниматься святотатством и исполнять произведения менее известных авторов (я к тому времени неплохо знал американский и английский фолк). Случился раскол. Мазай, Японец и Борзов решили создать другую команду в стенах 20-й школы, где, собственно, Японец и учился.

Буквально через два дня после раскола грянул гром – Японцу привезли какой-то неимоверный усилитель и электроорган! Беспредельно унижаясь, я умолил Борзова попросить Японца разрешить мне хотя бы взглянуть на это чудо. Японец дал добро, и мы поехали к нему домой на Университетский.

Я предполагал, что усилитель будет большой и мощный, но такого просто не ожидал. Величиной он оказался не меньше тумбочки, весь сверкал никелем, огоньками и почему-то походил на могучего наглого кабана. Над ним матово светились клавиши органа. Я взял несколько аккордов.

За двадцать лет со всеми нами (и вами) произошел необратимый процесс – мы познакомились с тем, что называется качественным звуком. Плеер с наушниками, хорошие колонки, неимоверно выросшее качество записи – все это с детства приучает нас к себе. Тогда же мы, играя через «Спидолы» и прочие мыльницы, слушая битлов на проигрывателе «Юность» – модификации довоенного патефона, – только догадывались, каким должен быть звук. И неожиданное столкновение с ним могло обернуться шоком.

Казалось, что орган из храма пришел в эту комнату и заполнил ее всю густым божественным тоном. Я потерял способность говорить. Ребята вежливо дали мне понять, что вообще-то у них репетиция, так что я шел домой пешком, и мне было очень плохо.

Однако прошло совсем немного времени, и меня как бы невзначай пригласили на репетицию в 20-ю школу. К этому моменту команда Японца обрела мощное название – «Дюрапонские паровики». Группа репетировала на сцене актового зала. Школа дрожала от зарубежных звуков. На лицах ребят светилось наслаждение, граничащее с эротическим. Только Японец, жавший на клавиши органа, выглядел недовольным – он был убежден, что орган не битловский, а стало быть, и не рок-н-ролльный инструмент, и проклинал в душе незадачливого японского родственника, спутавшего орган с бас-гитарой.

По барабанам лупил идеолог группы и хулиган Комарик. Барабаны были общие с группой из 4-й школы и ездили туда-сюда. (Группа 4-й школы имела уникальный состав: Алик Микоян – Стасик Микоян – Гриша Орджоникидзе).

Из гитары извлекал звуки могучий человек по прозвищу Кайзер. Происходило это следующим образом: общими усилиями пальцы левой руки устанавливались на гриф в подобие аккорда, после чего он был в состоянии передвигать эту фигуру вверх и вниз по грифу, стараясь не сместить пальцы относительно друг друга. Таким путем удавалось исполнить две пьесы – «House of the Rising Sun» и «Steppin Stone». Собственно, они и составляли репертуар коллектива. Произведения не получалось доиграть до конца, так как Кайзер входил в экстаз, вследствие чего хрупкая конструкция из его пальцев рассыпалась, и аккорд приходилось устанавливать вновь. Я понял, что, несмотря на общий пафос, дела группы плоховаты. Еще через несколько дней Японец, Мазай и Борзов вернулись в лоно «Машины».

Уже через две недели мы записывали свой первый альбом «Time Machines». Да-да, группа впервые годы называлась не «Машина», а «Машины времени» – потому что «Beatles», «Monkees», «Rolling Stones» – все это названия во множественном числе (так же, кстати, как и «Поющие гитары», «Скоморохи», «Мифы», «Миражи» и т. д.). И только в 1973 году непонятный наш народ переделал нас таки в «Машину времени».

Так вот, альбом состоял из одиннадцати песен на английском языке (но написанных нами) и по построению полностью соответствовал битловскому «Сержанту» – начиналось все с гимна «Time Machines», на второй стороне следовало второе проведение гимна, но в иной аранжировке. Техника записи сложностью не отличалась — в центре комнаты стоял магнитофон с микрофоном, а мы расставляли себя в зависимости от требуемого баланса ближе или дальше от него. Поющий — впритык, он же и нажимал кнопку «запись», подпевающие — за его спиной, потом располагались гитарные усилители и барабаны. Если что-то не получалось, песня исполнялась снова. Мы писались весь день до вечера, записали все, и я сорвал голос.

Ох, остались какие-то обрывки! И Кутиков, по-моему, даже вставил их в сборник «Неизданное» (а он, в свою очередь, входил в «Антологию» «Машины»). Это невероятно трогательно и смешно — мальчики так хотят быть битлами!

Закончился первый выездной концерт в школе № 4. За концерт предложили 40 рублей, и мы чуть не поссорились — я считал, что за настоящее искусство деньги брать стыдно.

«Rolling Stones» на заре своей карьеры позиционировали себя как некоммерческую группу, играющую блюз, и категорически не рвались в поп-музыку. Тогдашний их менеджер Энди Олдхэм настоятельно порекомендовал им заработать миллион на рок-н-ролле, а потом играть любимый блюз хоть до конца жизни (сам Энди заработал свой первый миллион в девятнадцать лет). Ребята подумали и согласились.

В конце концов ребята убедили меня, что деньги пойдут не на портвейн, а на приобретение аппаратуры, и я сдался.

Была заведена деревянная коробочка из-под гаванских сигар для содержания общей кассы, прослужила эта коробочка нам удивительно долго.

Концерт прошел хорошо, с подъемом. Правда, когда все закончилось и мы, пьяные от счастья, двигались по пустырю от школы к магистрали, неся на себе все наше нехитрое снаряжение, нас окружили и здорово побили. К счастью, хулиганы тогда еще не разбирались в музыкальных инструментах и, кроме шарфика Мазая, ничего не пропало.

Между тем школа подходила к концу.

Пресловутых стиляг, коктейль-холлов и борьбы с джазом мы практически не застали. К семидесятому году мир заполонили хиппи. Статья в журнале «Вокруг света» открыла нам глаза на истину. Называлась эта статья «Хождение в Хиппляндию». Мы с Борзовым выписывали оттуда цитаты, где хиппи провозглашали свою программу (я, например, помнил все наизусть). Платформа хиппи была принята безоговорочно.

Масла в огонь подлила история, когда одного десятиклассника собирались исключить из комсомола за длинные волосы. У него безуспешно пытались выяснить, против чего он протестует, будучи советским комсомольцем, и что хочет доказать. Он виновато молчал, и праведному гневу комсомольских активистов не обо что было биться. Румяные активисты выглядели отвратительно.

Мы с утроенной силой принялись растить волосы. Мы просто тужились, пытаясь ускорить этот процесс, и с отчаянием глядели в зеркало по утрам. Волосы не могли расти быстрее отпущенного природой срока. (За полгода до этого, доведенные до отчаяния придирками педагогов к нашим битловским прическам и будучи удаленными за них с урока, мы отправились в парикмахерскую и побрились наголо. Это была первая сознательная демонстрация. Получилось эффектно, но, увы, не хиппово.)

И вообще школа для нас доживала последние дни, мы уже одной ногой ступили во взрослый мир, где гулял пьянящий ветер свободы. Там по Стриту ходили люди с волосами до плеч, подметая асфальт неимоверными клешами. Общими усилиями мне были построены первые клеша. Надо сказать, что до этого момента я рос абсолютно безразличным к своей одежде. У нас в семье как-то так повелось. Но тут дело было не в моде – клеша являли собой знак отличия, удостоверение кастовой принадлежности, и, конечно, я придавал этому соответствующее значение. И вообще, нельзя было играть рок-н-ролл в школьной форме.

Сейчас это звучит диковато, но многие музыканты тех волшебных лет (да чего там многие – почти все!) очень лихо шили. А что было делать? Нет, не о красоте думали мы тогда – это была ковка боевых доспехов, в которых солдаты рок-н-ролла совершали вылазки в недружественный серый мир совка. Поэтому клеша шили мальчики. К тому же для многих это становилось неплохим приработком.

Штаны мне сшила Света, жена хиппового художника Саши. Жили они на Щербаковской, имели непосредственное отношение к системе, что поднимало их в моих глазах на недосягаемую высоту. В их квартире, расписанной цветами и пацификами, все время ютились какие-то хиппи: кто-то ночевал, кто-то играл на гитаре, кто-то вещал о буддизме. Это выглядело как настоящая коммуна.

Штаны мои были сшиты из яично-желтого вельвета. От того места, где ноги раздваиваются, они поднимались по телу сантиметров на семь, не более (говоря профессиональным портняжным языком, имели очень низкий пояс). Клеш я просил делать не безумно большой (я все-таки робел), и мы остановились на 30 сантиметрах. Очень хорошо помню, как я шел в этих штанах домой. Сверху их дополняла вельветовая же черная рубаха, из-под которой виднелась (опять же!) желтая водолазка – намек на принадлежность к миру битловской музыки.

Ярко светило солнце. Я нес штаны как знамя, замирая от гордости, восторженно ощущая спиной суровые взгляды прохожих. Штаны подвели черту, разделив меня и их. Зато любой хиппи с Пушки или из Трубы мог обратиться ко мне как к брату. Штаны открывали дверь в другой мир.

Отечественные хиппи бродили по центру Москвы, сидели у памятника Пушкину, толклись в подземных переходах. Помню, тогда я часто думал, сильно ли они отличаются от своих западных собратьев. Сейчас, поездив по миру, с уверенностью могу сказать – ничем не отличались. Это была абсолютно интернациональная волна. Хипповая прослойка называла себя системой. В системе знали друг друга почти все. Правда, постоянно возникали ходоки то из Ленинграда, то из Прибалтики. Помню громкие имена – Юра Солнце, Сережа Сержант (не армии, разумеется, а Сержант Пеппер!). Я не входил в систему – у меня просто не было на это времени, но духом я был с ними. К вечеру система начинала кучковаться, выяснять, на чьем флэту сегодня тусовка (это, естественно, определялось отсутствием дома родителей, то есть парентов).

Однажды я пригласил такую бригаду к себе на флэт. Собственно, сначала бригада была небольшая. Но радостные новости распространяются в системе очень быстро, и, пока мы шли вниз по улице Горького (по Стриту) к метро «Проспект Мира» (к Трубе), наш отряд обрастал новыми бойцами и их подругами, так что мимо очумевшей лифтерши в моем подъезде уже протопало человек тридцать. В квартире тут же устроились на полу, заняв все пространство, и принялись курить, пить портвейн, слушать битлов и спать. Кончилось тем, что одна хипповая девочка спросила у меня, собираюсь ли я на этот флэт завтра, так как тут клево и по кайфу. У меня не повернулся язык сказать, что я, в общем, хозяин. Завтра приехали родители, и встреча не состоялась.

Система мирно дожила до семьдесят первого года, и покончили с ней практически разом. Как-то на психодром (садик перед университетом) пришел милый молодой человек в штатском, честно представился сотрудником органов внутренней секреции и поведал, что есть идея – провести всем московским хиппи настоящую демонстрацию в защиту мира. Доверчивые хиппи с восторгом согласились, и акцию назначили на 1 июня – День защиты детей.

Гарик Сукачев весьма достоверно отобразил эту печальную историю в своем фильме «Дом солнца». Разве что конную милицию для красоты добавил. На самом деле там без коней отлично управились.

Когда пестрая волосатая толпа с плакатами «Нет войне во Вьетнаме», «Мир во всем мире» и прочее заполнила скверик, со стороны улицы Герцена неожиданно появились автобусы, куда оперативно и без шума переместили всех демонстрантов. Далее их развезли по районным отделениям милиции, где кого-то постригли, кому-то дали в морду, кого-то посадили на несколько суток, кому-то вручили повестку с указанием прийти через три дня, так как посадочных мест на всех не хватило. В общем, недели через две все уже закончилось и вспоминалось как не очень страшный сон. Однако в личных делах задержанных появился маленький неприметный крестик.

Этот крестик оказался бомбой замедленного действия. И почти через год, перед приездом в Москву, кажется, Никсона, бомба сработала. Кто-то вдруг вылетел из института, да прямо под внеочередной набор в армию, кто-то лишился брони на работе (бронь эта ценилась очень высоко — в армию хиппи идти не хотели по убеждению). Так что в самолете, который нес новобранцев к месту исполнения священного долга — на советско-китайскую границу, — многие участники антивоенного митинга встретились вновь. Такая вот история.

Остается лишь добавить, что «Машина времени» весной 1971 года была погружена в ежедневные репетиции и мы просто не знали о намечающейся на 1 июня сходке. Поздно вечером, идя с репетиции, мы встретили уцелевшую стайку испуганных хиппарей, которые поведали нам о случившемся обломе. А скажи нам кто заранее — мы наверняка явились бы в назначенное место, и дальнейшие наши судьбы могли сложиться довольно причудливо.

Школа кончилась, и новая свободная хмельная восхитительная жизнь распахнула передо мной двери Архитектурного института.

Все там было не так, все — лучше, чем в школе. Никто не косился на мои патлы, так как почти все студенты выглядели так же, лекции не шли ни в какое сравнение с постылыми уроками, отношения с преподавателями совсем не походили на схему «ученик — учитель» — они были просто дружескими.

Абсолютно естественным считалось поболтать со своим педагогом в большой перерыв за бутылочкой пива – крестовый поход против спиртных напитков был еще за горами, поэтому никто не напивался. Пиво считалось привилегированным архитектурным напитком, и для употребления его имелось множество мест – от институтского буфета до Сандуновских бань и забегаловок с названиями «Полгоры», «Яма», «Зеленая гадина».

Но главным было, конечно, не пиво, а необыкновенно творческий, какой-то лицейский дух, который сегодня, увы, моим институтом в большой мере утерян. Мы ощущали себя молодыми, свободными и талантливыми. Мы спорили о достоинствах Корбюзье и Нимейера, ходили на этюды, рисовали гипс, и искусство было чем-то таким, что жило среди нас, и мы чувствовали его дыхание.

В институте к моему приходу уже имелось три группы. Первое место уверенно занимали «Вечные двигатели» во главе с обаятельным хулиганом Димой Папковым. Играли они громко, заводно и нахально. Их кумирами были «Rolling Stones». Вторая группа – «Мерцающие облака», – собственно, являла собой дуэт Леши Романова и Вити Кистанова. Они очень нежно и музыкально пели битловские песни – выходило, что называлось, «один к одному» – то, чего «Машина» никогда не могла добиться (может быть, именно это отчасти и заставило нас обратиться к собственным песням). Третья группа – «Акант» – почти не запомнилась. В них не было чего-то такого, что превращает ВИА в группу, – может быть, им просто не хватало нахальства.

Вместе с тремя этими командами и был устроен сейшн прямо в фойе родного МАРХИ. Я страшно волновался: предстояло заявить о себе с новой стороны – о «Машине» тогда еще почти никто не слышал. Аудитория Архитектурного представлялась мне весьма строгой и искушенной. Однако неожиданно для себя самих мы выступили достойно, приняли нас на ура, после чего сейшн, как положено, закрыли (не из-за нашей гениальной игры – я вообще практически не помню ни одного сейшена, который администрация Архитектурного давала довести до конца). Итак, это была победа, и мы, хмельные от восторга, вернулись вместе с нашим нехитрым аппаратом в трактир «Не рыдай».

Об этом заведении следует рассказать особо.

Каждую осень родители Борзова уезжали отдыхать к морю и оставляли огромную квартиру в Доме на набережной по попечение детей – а было их два брата и две сестры. В тот же момент квартира превращалась в трактир «Не рыдай». Стены украшались портретами Григория Распутина и императрицы Марии Федоровны. Руководил трактиром старший Борзов – Иван. Он пребывал в чине генерал-директора этого богоугодного заведения, и по статусу ему полагался бархатный халат и сабля на боку. Существовал устав трактира – довольно объемистый документ, разъясняющий моральные нормы в отношении принесенных напитков и приглашенных девушек. Количество членов этого клуба было практически неограниченным. Сестры Борзовы тихо гуляли своим углом, и мы их почти не видели. Размеры квартиры это позволяли. Компанию младшего Борзова составляли мы, а в круг друзей старшего входили люди самые разнообразные – от художников-иконописцев до войковских хулиганов. Обстановка царила дружественная, веселая и какая-то творческая, что ли. Дух этого заведения мне трудно передать сейчас словами, но во всяком случае ни распивочную, ни бордель это не напоминало (хотя в принципе произойти могло все, что угодно). В довершение ко всему трактир «Не рыдай» являлся местом наших репетиций и, соответственно, выступлений. Иногда заходил Стасик (он жил в том же доме) со своей группой «Блики», и мы играли по очереди.

До сих пор не понимаю, как это могли выдержать соседи. Тем не менее напряжений не возникало и милиции ни разу не вызывали – видно, в этом доме это было не принято. Трактир бурлил двадцать восемь дней и ночей, после чего все тщательно мылось, проветривалось, маскировалось отсутствие разбитого фамильного хрусталя, портреты Распутина и матушки-императрицы снимались со стен, и трактир вновь превращался в генеральскую квартиру. Могли, правда, еще несколько дней спустя позвонить в дверь странного вида люди с сумками, в которых звенело, но вообще весть о том, что трактир закрыт, разлеталась быстро.

Стасика мы тогда видели довольно часто. Меня он поражал сразу с двух сторон – как гитарист и как человек. Играл он на гитаре «Орфей», у которой отсутствовала часть колков, поэтому настроить ее без плоскогубцев было невозможно. Однако Стасик уверял, что при манере игры, которую исповедует он, гитару настраивать совершенно необязательно, так как аккорды ему не нужны, а при сольной игре струна все равно тянется пальцем до нужной высоты. При этом играл он действительно необыкновенно эффектно и агрессивно. На меня его игра производила неизгладимое впечатление, и я безуспешно пытался ему подражать (о существовании Джимми Хендрикса я еще не знал и не мог понять, откуда что берется). Кстати, и с Хендриксом, и с группами «Cream» и «Deep Purple» познакомил нас тот же Стасик – мы несколько застряли в битловско-роллинговском периоде.

Бешеное, фантастическое время открытий! Открытия обрушивались на нас каждый день. Вот Стасик молча тащит меня к себе домой – за руку. Пытаюсь выяснить, в чем дело, – бесполезно: торжественно молчит. Не раздеваясь, сразу врубает на полную магнитофон системы «Яуза». Невероятный, нечеловеческий звук, какой-то вселенский драйв! Так должен быть озвучен конец света! Кто это, что это? Это некто Джимми Хендрикс, пьеса «Purple Haze»! Вид у Стасика такой, как будто это он сам сочинил. Кручу снова и снова. Как он это делает?! А уже через час несемся на другой флэт – Юрка Фокин притырил диск «Сантаны»! Какой такой сантаны? Чувак, ты что, не слышал? Это вообще улет! Три барабанщика, понял? До утра слушаем «Сантану». Это происходило с нами двадцать четыре часа в сутки. Мы впитывали новую музыку как губки.

Что же касается человеческого аспекта – это была способность Стасика сказать любому человеку в лоб, что он о нем думает, причем именно теми словами. А думал Стасик о людях, как правило, крайне полярно – человек у него был либо просто гениальным, либо уж совсем наоборот. Причем вторые встречались гораздо чаще. Стас, собственно, и сегодня может объяснить любому, кто он есть, но тогда это выходило не в пример задорнее и отважнее. Думаю, если бы это делалось чуть приземленнее, его бы пытались бить (что, кстати, тоже было бы сложно). Но речь его настолько взлетала над уровнем обычного нахальства, что у собеседника просто опускались руки и отвисала челюсть. Как раз Стасик и привел нас в «Энергетик» – колыбель московского рока.

Проезжая по Раушской набережной в районе Мосэнерго, я до сих пор испытываю почти забытое молодецкое волнение – слишком многое связано у меня с этим местом. Дворец культуры «Энергетик» приютился во дворике напротив гостиницы «Россия» за зданием с огромными быками и какими-то электротехническими лозунгами на крыше. Много ремонтов пережил клуб, и нет уже железных ворот с калиткой, тех ворот, которые были повалены толпой в 1971 году, и облицован он другим камнем, и я боюсь зайти внутрь и ничего там не узнать.

Все-таки собрался с силами, зашел, узнал. Многое сохранилось практически в неизменном виде – концертный зал, например (какой там зал! зальчик!). Или пол в фойе, мощенный мраморной крошкой. Сколько же он помнит! Вот мы приезжаем после сейшена, привозим свой убогий аппарат. Сейшен был наверняка где-нибудь на краю света, в Долгопрудном, в физтехе, поэтому на дворе темная ночь. Мы долго долбим в дверь, мы возбуждены и слегка навеселе – мы отлично отлабали, нас не повязали, в физтехе вообще почти не вяжут! Хмурый водитель левого «рафика» торопит нас, ему пора в гараж. Наконец дверь открывает сторож дядя Леша, он пьян до прозрачности. Дядя Леша не любит Японца, называет его Калагоем, а ко мне, наоборот, питает необъяснимую нежность. И пока ребята выволакивают из «рафика» наши чудовищные самопальные колонки, дядя Леша увлекает меня в свою каптерку, там душно и пахнет валенками, на тумбочке стоит недопитая бутылка портвейна

«Агдам», заткнутая газетой, дядя Леша наливает мне в мутный липкий граненый стакан — делится сокровенным. Но это не самое страшное: сейчас он достанет из кармана шинели небольшой кусок студня — надо закусывать! К студню прилипли табачные крошки и волосы. Обидеть нельзя — закусываю, давясь.

Обидно, что из легендарной комнаты номер восемь, где репетировали по очереди все, сегодня догадались сделать большой сортир. Неплохой мог бы быть музейчик. А с другой стороны — кому он нужен! Все у нас кончается сортиром.

А тогда, поднявшись на три ступеньки и пройдя фойе, вы могли повернуть направо и спуститься в подвал, где гремела супергруппа «Второе дыхание» в составе Дегтярюк — Ширяев — Капитановский (Джимми Хендрикс, один к одному!). Были они виртуозны, недосягаемо высоки, и мы практически не общались — я их робел. Если же не спускаться в подвал, а пройти еще вперед, то в правом углу обнаруживалась дверь комнаты номер 8. Эту комнату делили «Скоморохи» Градского, «Блики» Стасика и пионерский ансамбль «Земляничная суббота». Мы въехали четвертыми по счету жильцами.

Правая стена комнаты была отгорожена коммунальной фанерой и разделена на четыре пенальчика с дверьми — там хранился аппарат. Аппарат был небогатый. Пионеры играли на усилителях «Электрон-10» (первая попытка отечественной промышленности внести свою лепту в мир электронной музыки — причудливый ящик на ножках из полированного дерева, напоминавший скорее радиолу, но звучавший значительно хуже). Стасик имел могучую по тем временам вокальную аппаратуру, построенную каким-то умельцем, а мы обладали волшебным японским усилителем «Ace tone», так что вместе все складывалось очень убедительно.

Надо сказать, что жлобский аспект в отношениях тогда отсутствовал начисто, и попросить друг у друга аппарат или гитару было самым обычным делом, и никому не приходило в голову отказать или, упаси боже, взять за это деньги. Или коммерческая жилка еще не проснулась ни в ком тогда, или это было результатом наших хипповых настроений. Не знаю. Но то, что это было здорово, – помню до сих пор. И то, что сейчас так не бывает и, видимо, уже не будет, – жалко.

Итак, пенальчики запирались на символические замки – у каждого свой (при желании фанерную стеночку можно было проткнуть пальцем). Дальний угол комнаты занимал полуживой рояль, выполнявший кроме непосредственно музыкальной еще массу вспомогательных функций. Семь дней недели делились на четыре. Это были дни (вернее, вечера) репетиций. Делились они не поровну – во всяком случае, я помню, что одно время мы репетировали практически каждый день. Я не хочу сказать этим, что мы были трудолюбивее других, – репетиции воспринимались не как труд, а как самый желанный праздник, и день без репетиции был прожит зря.

Оказались мы все в «Энергетике» не просто так. Хитрый директор клуба собирался спасать финансовый план с помощью московского рок-н-ролла. Выглядело это так: по субботам и воскресеньям группы выступали перед киносеансом – не в фойе, а прямо в зале на сцене! Хиппи валили валом – это было тогда практически единственное место, где вполне официально выступали группы.

Когда я услышал на этой сцене «Скоморохов» – мне стало плохо. Я тогда еще мерил все по битлам, и выходило, что по всем параметрам «Скоморохи» выше – Фокин за барабанами явно забивал Ринго Старра, Градский пел, как Леннон и Маккартни, вместе взятые, а четырехголосье «Скоморохов» начисто перекрывало жиденький битловский аккорд. Я вернулся домой, и рука моя сама нарисовала картину – «Скоморохи» стоят на высоком постаменте, примерно как у памятника Тимирязеву, и оттуда с вершины летят молнии в нас, маленьких и задумчивых, у подножия. Ни играть, ни петь не хотелось. Было абсолютно ясно, что так звучать мы не будем никогда. Спасал нас только биологический оптимизм, присущий юности, да еще, пожалуй, доброе отношение к нам самих «Скоморохов».

Перед первым концертом в «Энергетике» я очень волновался – у входа в клуб висела рукописная афиша с нашим названием. Наспех придумались костюмы – красные кофточки и вельветовые штаны. Не помню, как прошло выступление: кажется, что-то сломалось в процессе (я не знаю ни одного сейшена за первые годы, на котором бы ничего из аппаратуры не отказало). Уходя, мы обнаружили, что поперек нашей афиши кто-то написал «лажа». Афиша была помещена на стену внутри нашего шкафчика – в назидание.

К этому времени относится появление в нашей команде Кутикова. Японец, не поступив с первого наскока в институт, пошел работать в ГДРЗ, а именно Государственный дом радиовещания и звукозаписи, где оказался с ним, то есть с Кутиковым, в одной комнате. Он с восхищением рассказывал мне, что на работе есть парень, который приносит с собой бас-гитару и там занимается. Сережа вообще был поборником постоянных репетиций и индивидуальных занятий. Итак, Кутиков пришел к нам на репетицию и сыграл на бас-гитаре «Yellow River». Это решило исход дела. Бас-гитаристов стало двое.

Что касается «Yellow River» – вряд ли кто помнит сейчас эту немудреную песенку. Как, впрочем, и группу «Кристи». А в тот год эту песню пела вся страна. Видимо, по недосмотру в процессе трансляции дежурного фестиваля эстрадной песни в Сопоте было показано выступление этой группы – они участвовали в качестве гостей. Возмущенные комментарии Элеоноры Беляевой уже не могли ничего исправить – рок-н-ролл прорвался на советский телеэкран. И каждая капля такой информации ловилась с исступлением умирающего от жажды в пустыне. Человек, игравший на бас-гитаре «Yellow River» один к одному, просто не мог быть не взят в команду. К тому же сыграли свою роль кавагойские рекомендации.

Кутиков сразу же внес в команду дух безоблачного мажорного рок-н-ролла (я к тому времени писал очень мрачные песни). Под его влиянием репертуар группы пополнился радостными песенками «Продавец счастья», «Солдат», «С цепи сорвалось время» и т. д. Мы постепенно начинали чувствовать себя увереннее. Привыкнув к сцене в «Энергетике», мы даже не очень испугались, когда узнали, что играем в одном концерте со «Скоморохами» в канун 23 февраля.

«Энергетик» тогда уже имел бешеную славу, а такая афиша обещала невиданную аудиторию. Но директор клуба переборщил, объявив бесплатный вход, – за час до начала выяснилось, что пришли вообще все: во всяком случае, такое у меня сложилось впечатление, когда я пытался протащить в зал каких-то своих знакомых чувих буквально по головам осатаневшей публики.

Толпа заполнила весь дворик «Энергетика» и большую часть набережной. Было ясно, что пришедших не вместят и четыре Дворца культуры. В панике были закрыты железные решетчатые ворота. Через пять минут дворик напоминал сцену взятия Зимнего из какого-то нашего классического фильма (в жизни, как теперь выяснилось, все это выглядело куда скромней). Люди, как муравьи, лезли через трехметровые ворота, падали вниз, раздирая джинсы об острые пики. В конце концов ворота рухнули. Дворик был взят. Пришла очередь дубовых входных дверей. Мы, собственно, этого не видели, так как находились за кулисами. Зал напоминал паровой котел, давление в котором превысило норму, и он вот-вот взорвется. Люди висели на стенах, на портьерах, свисали гроздьями с балконов и иногда падали вниз.

Вечер открыл некий полковник. Ему дали поговорить минуты полторы, и он покинул сцену, сильно ошеломленный. До сих пор не пойму, каким образом получилось, что «Скоморохи» играли перед нами, — это противоречило всякой логике. То, что творилось в зале, описать трудно. Сейчас уже всем известно, как следует тащиться под модную группу, чтобы выглядеть при этом достойно, — все насмотрелись видео и весьма похоже имитируют телодвижения западных рок-н-ролльных фанов, включая «козу», зажигалки и эдакое мотание воздетыми руками во время медленных песен. То, что происходило тогда, шло изнутри у каждого и сливалось в бешеный единый порыв.

Я впервые ощутил сметающую силу рок-н-ролла. Я испытывал абсолютное счастье и при этом легкий страх — когда тебя везут на заднем сиденье мотоцикла очень быстро и дух захватывает, а сделать уже ничего нельзя. Потом мы прослушали запись нашего концерта — все песни мы сыграли раза в два быстрее обычного — такой был завод.

На улице тем временем события развивались не лучшим образом. На борьбу с отчаявшимися попасть внутрь фанатами была брошена милиция. Но дух рок-н-ролла оказался сильней. В результате милицейскому «рафику» прокололи колеса, а мотоцикл с коляской и вовсе сбросили в Москву-реку. Кажется, обошлось без жертв и с той, и с другой стороны.

На следующий день Градского вместе с директором «Энергетика» вызывали в горком партии (нас тогда еще за людей не считали и потому не тронули). Вернулись они в большой задумчивости. Кончилась эпоха розового детства, начались черные дни московского рока.

Начались беды и у нас. Неожиданно загудел в армию Мазай, а вскоре ушел из группы Юрка Борзов. Это было для нас очень тяжелой утратой – Юрка был истинным генератором духа нашей команды. Но беда его заключалась в том, что какой-то внутренний орган, который заставлял бы его лучше и лучше играть на барабанах, отсутствовал у него начисто. И мы все это чувствовали, и, конечно, сам Юрка в первую очередь. Мы быстро двигались вперед, а у него что-то не получалось. Я думаю, он просто не хотел быть плохим барабанщиком. В день расставания Юрка принес нам меморандум, где сообщались причины его ухода, нам желался долгий и счастливый путь, а автор предполагал удалиться на стезю самосовершенствования и гуманизма. Было очень грустно и трогательно.

Не унывал один Кутиков. Он пришел в команду позже, и ему было не понять глубины наших отношений с Борзовым. Через несколько дней я открыл дверь комнаты номер 8 и замер – на месте рахитичных Юркиных барабанов сверкала хромом и перламутром невиданная по размерам и количеству барабанов установка. Она занимала собой всю комнату, на бочку было нарисовано свирепо скалящееся солнце, а над всем этим возвышался Макс Капитановский. Когда глаза мои привыкли к блеску, в углу комнаты обнаружился Кутиков, хитро на меня посматривающий.

Сперва я решил, что либо Макс, либо мы с Санькой ошиблись комнатой. Но оказалось, что нет, все в порядке, просто мы будем теперь играть вместе. Если бы, скажем, Чарли Уаттс предложил нам тогда свои услуги, я бы удивился не больше. Группу «Второе дыхание» отделяла от нас такая пропасть профессионализма, что я просто не понимал, как же можно бросить этих асов и уйти к нам. Мы заиграли, и сразу стало ясно, что Макс своими барабанами делает ровно половину всей музыки – причем именно ту, которой нам не хватало. Мы рванули в гору – очень не хотелось от него отставать.

С большим успехом прошли наши выступления в Московском бит-клубе – там, где всего год назад нам с позором указали на дверь.

Это была отдельная история. Московский бит-клуб – официальная организация при горкоме комсомола. Думаю, создана она была с целью более удобного надзора над неблагонадежным волосатым элементом. Располагалось это заведение сначала в здании церкви на улице Алабяна, потом в подвале котельной где-то на «Аэропорте». На заседаниях клуба группы играли практически друг для друга, так как зал был очень маленьким. Тем не менее это было единственное в Москве место, где сейшены проходили абсолютно легально, и попасть туда было делом крайне престижным. Существовал совет клуба, состоявший из музыкантов лучших групп, который решал вопрос приема новых команд в члены клуба. В последние месяцы существования бит-клуба музыкантам даже платили за игру какие-то символические деньги.

Так что нынешние разговоры о том, что ленинградский рок-клуб первый в истории советской власти, далеки от исторической правды. Ну да бог с ним.

Так вот, год назад, играя еще с Мазаем и Борзовым, мы отважились показаться в бит-клубе. Уж не помню, как нам удалось договориться с клубом – по-моему, это сделал Кутиков. Был он энергичен и контактен до невероятного.

Робея и нервничая, мы приехали на прослушивание. В зале сидели всего несколько человек – худсовет по нашему поводу. Это были легендарные музыканты, и степень нашего преклонения перед ними не знала границ.

Путаясь в проводах, мы установили на сцене наш убогий аппарат. Усилителя «Ace tone» уже не было – его у нас сперли (он открыл собой длинный список украденных впоследствии у «Машины времени» аксессуаров). Аппарат состоял из басовой колонки и усилителя «Регент-30» производства ГДР, куда, соответственно, втыкались орган, моя гитара и три голосовых микрофона, для чего количество входов в нем было искусственно увеличено. Для тех, кто не застал в живых усилителей типа «Регент», могу добавить, что внутри него располагалось два динамика по 12,5 ватта каждый, и вообще по тем временам он считался очень хорошей машиной, но тем не менее перегружать его таким образом, конечно, не следовало.

Итак, мы заиграли, стараясь не смотреть в пустой зал, и на второй песне басовый усилитель задымил и приказал долго жить. Это, в общем, было самым обычным явлением на сейшенах той поры, но, учитывая ответственность прослушивания, все-таки очень не вовремя. Пришлось бас-гитару воткнуть в несчастный «Регент» и кое-как доиграть до конца.

Не знаю, на что мы рассчитывали. Видимо, на понимание со стороны старших братьев по оружию. Началось обсуждение, и, к моему ужасу, из уст наших кумиров полились вялые и казенные слова, что, мол, ритм-секция слабовата, рисунки примитивны, а вокал далек от совершенства. Я-то был уверен, что короли московского рок-н-ролла просто не могут говорить таким унылым языком. Мы стояли на сцене и готовы были провалиться сквозь нее. Поддержал нас один Градский, который сказал, что видит в нас дух, близкий его «Скоморохам», а все остальное – дело времени и техники.

В общем, нас, конечно, никуда не приняли и посоветовали подрасти и прийти через год. Вся процедура была невероятно унизительная и какая-то настолько не битловская, что я надолго выпал из колеи.

Стоит ли говорить, с какой мстительной радостью выступили мы в этом клубе год спустя. Макс тогда был действительно одним из лучших ударников Москвы, да и мы за год набрались азов мастерства – появился даже некий кураж, в рок-н-ролле совершенно необходимый. Макс был полон творческих проектов: он сочинял в голове длиннющие композиции – прямо рок-оперы! – на русском и английском языках. Мы кинулись в работу над крупными формами. Мы рождали массивные фундаментальные композиции со множеством музыкальных тем и сложными линиями внутреннего развития. Увы, недолго продолжался этот счастливый творческий альянс. Армия дамокловым мечом висела над нашей группой. Макса забрали совершенно неожиданно и крайне оперативно. «Машина» снова осиротела.

Помните ту самую хиппóвую демонстрацию 1 июня? Так вот, Максик ни на какую демонстрацию в этот день не собирался – он шел сдавать зачет на факультет журналистики, расположенный как раз в том самом дворике университета. Максика прихватили вместе со всеми до кучи, в портфеле у него вместе с тетрадками обнаружился какой-то диск – этого оказалось достаточно. И спустя несколько месяцев нашего Максика вдруг освободили от брони на почтовом ящике, где он числился, и полетел Максик защищать рубежи отечества на советско-китайскую границу – все произошло так стремительно, что никто даже ахнуть не успел.

С Максом у нас сложился духовный контакт – вещь совершенно необходимая, если все вместе делают музыку. Мы понимали друг друга без слов, и вкусы наши совпадали. Если впоследствии «Машина» меняла музыкантов, то только по причине того, что контакт не получался. Это всегда чувствовалось.

Так вот. Мы опять остались без барабанщика, и пробовать какого-то нового человека на контакт уже не было сил. И тогда Сережа Кавагое сел за барабаны. Сейчас это, наверное, выглядит дико, но тогда это было для нас совершенно естественным – важнее было сохранить наш дух, атмосферу и не разрушать ее приходом нового человека. Надо еще добавить, что, впервые сев за барабан, Сергей невероятно быстро научился играть, и играть здорово (после Макса иначе было нельзя). Я до сих пор не понимаю, как это ему удалось.

При всем моем желании не смогу я воссоздать хронологии событий тех лет, обрывочен и непоследователен будет мой рассказ. Всплывают в памяти какие-то по-детски светлые моменты, вспоминаются горькие обломы.

Я, например, свято был убежден, что хороший музыкант просто не может быть плохим человеком, и пару раз на этих хороших музыкантах здорово обжегся. Я, собственно, и сейчас думаю, что все плюсы и минусы характера человека находят отражение в его игре и при желании все это можно услышать. Еще я был уверен, что справедливая природа не может отпускать и великим, и ничтожным людям примерно одинаковый срок жизни, и все ждал, что вот-вот рядом случится наконец-то чудо и битлы, например, вдруг перестанут стареть. Прошло уже много лет, и ни с кем пока такого чуда не случилось.

Коробочка из-под сигар продолжала служить нам верой и правдой, и аппарат постепенно улучшался. Больным местом была та часть аппарата, через которую, по идее, должны быть слышны голоса. Это, кстати, было общей бедой всех групп. И я могу понять, почему так получалось. Гитару достаточно было воткнуть в усилитель, взять аккорд – и она уже сама по себе звучала рок-н-ролльно. А голосом еще надо было петь, чего, собственно, почти никто не умел. К тому же все группы пели по-английски, не зная его, так что голос маскировался, уводился подальше.

У нас были иные задачи, так как я писал слова в наивном расчете на понимание.

Помню, как мы наконец купили приличные микрофоны – до этого мы надрывались в ужасные отечественные МД, используемые в трамваях для объявления остановок. И вот нам привезли эти самые сверкающие золотом австрийские микрофоны прямо на сейшн. Мы запели, и вдруг я увидел изумленные лица людей, повернутые в нашу сторону. Никто не танцевал. Оказывается, они впервые услышали наши голоса и, соответственно, слова песен. До этого, выходит, мы старались впустую.

Наступило шальное лето 1972 года. Я находился на практике по обмерам в сказочном Переславле-Залесском, где меня и нашел запыхавшийся и счастливый Кутиков. Он просто приехал в город и спросил у первого встречного, где тут студенты-архитекторы. В пути его пытались арестовать, так как цветом рубашки он походил на какого-то только что сбежавшего особо опасного рецидивиста. Но Кутиков по нелепой случайности имел с собой паспорт и с честью отбивался. Сообщил он мне невероятную новость.

В Москве по причине возвращения из армии Сереги Грачева вновь собралась супергруппа «Лучшие годы», и зовут они нас с Кутиковым на юг, так как бас-гитарист Леша Полисский поехать не может, а гитарист их не очень устраивает, и я, значит, приглашаюсь быть вторым. Господи! Да хоть десятым!

Надо просто попытаться представить себе, что такое были «Лучшие годы». За барабанами – непревзойденный Фокин, соскочивший к тому моменту из «Скоморохов». На клавишах (простите, на органе) – Игорь Саульский, имевший музыкальное образование и игравший все, от классики до джаза, иногда вперемежку. Грачева я еще не слышал, но легенды о нем ходили – говорили, что это примерно два Тома Джонса и полтора Элвиса Пресли. Были еще великолепный басист Леша Полисский – милейший, скромнейший и тишайший парень, гитарист Ринатик и духовный лидер команды некто Азер, человек постоянно восторженный, снабжавший группу свежей музыкальной информацией и иногда певший.

Еще был звукорежиссер Феликс, который сам собирал ревербераторы – не из магнитофонной приставки «Нота», как у всех, а самостоятельной разработки. Ревербераторы стоили по 200 рублей, и чинить их мог только сам Феликс. Обычно он просто запускал руку внутрь и вырывал оттуда клок деталей с мясом. Это действовало. В такую вот команду мы с Кутиковым и попали. Перед Сережей Кавагое совесть у нас была чиста, так как он погряз в своих поступлениях в МГУ. К тому же соединиться с «Годами» предполагалось пока на два летних месяца. Надо сказать, что все перечисленные музыканты были выше нас на несколько голов, и мы просто не могли поверить, что нам предлагают встать на одну ступень.

Конечно, мы обольщались. Практичные «Лучшие годы» прежде всего интересовались нашим аппаратом – мы продолжали все заработанные, а также выпрошенные у родителей деньги тратить не на портвейн, а на аппаратуру, и была она у нас к этому моменту, по московским критериям, весьма приличной. Соединение с аппаратом «Лучших годов» обещало дать сногсшибательный эффект.

Следует пояснить, что вообще аппарат тогда занимал в душах и мечтах музыкантов гораздо больше места, чем теперь. Сейчас если кто и тоскует по поводу его нехватки, то как-то уж очень утилитарно. А для нас аппарат был стенами храма, который мы каждый день возводили.

Басист группы «Удачное приобретение» Вова Матецкий, например, считал, что абсолютная и потому недосягаемая вершина счастья в жизни – усилитель «Fender Bassman 100». Не победа мира во всем мире, не вечная, скажем, жизнь, а этот вот усилитель. (Спустя года четыре он позвонил мне и грустно признался, что вот «Bassman 100» есть, а счастья все равно нет.)

Ну ладно. Я остался добывать срок в Переславле, возбужденный ожиданием, а Кутиков снялся с аппаратом и уехал с «Лучшими годами» на юг.

Чуть позже я ехал туда один со своей «Музимой» и весь трепетал.

Знаю по собственному опыту, что непонятные слова, встречающиеся в тексте, иногда вызывают сильное раздражение. «Музима» («Muzita») – электрогитара производства дружественной нам Германской Демократической Республики (страны, ныне не существующей) и по этой причине изредка появлявшаяся в магазине «Лейпциг». Полуакустическая, большая, черно-вишневого цвета, с двумя звукоснимателями и длиннющей кочергой-вибратором, она являла почти предел мечтаний из всего доступного в официальной торговле. Уж не помню, как мне удалось ее отхватить (220 рублей, между прочим бешеные деньги!). Покоилась она в любовно сшитом чехле из темно-зеленого сукна, посередине в кружочек синим маркером было вписано – «Машины Времени». Красивенько.

Называлось это Международный студенческий лагерь «Буревестник-2» в поселке Вишневка. Прибытие состоялось рано утром. «Буревестник» располагался в сказочном ущелье между Туапсе и Лазаревской (он, собственно, и сейчас там стоит). Эдакие деревянные коттеджики в райских кущах, спускающихся к морю. Пахло эвкалиптами и счастьем. Меня встретил заспанный Кутиков. У него был несколько озабоченный вид. Оказалось, что виртуозы из «Лучших годов» вводили его в репертуар ускоренными темпами и он чуть не надорвался.

Я забыл сказать, что «Лучшие годы» не заботились сочинением собственных песен, а исполняли Запад, что называется, один к одному. В репертуар входили Элвис Пресли, Том Джонс, Джеймс Браун, Уилсон Пикет и «Led Zeppelin».

Все это было для нас, конечно, очень сложно. Я испытал это на себе часа полтора спустя. Проснулся Фокин, поздоровался со мной так, как будто мы знакомы всю жизнь и расстались только вчера, и отвел меня в будочку, где хранился аппарат. Была она беленная известью, окон не имела и формой напоминала старинную часовню или, скорее, склеп. Там, в страшной духоте, в пыльном ущелье из «Регентов» и «Битов», располагался столик и на нем магнитофон. Фокин поставил песню, как сейчас помню, «Grand Funk» – «Feelin' all right» и предложил снять гитарную партию, то есть сыграть с Фарнером в совершенный унисон. По достижении результата мне было разрешено спуститься к морю и доложить о победе. После этого инструктажа Фокин прикрыл дверь снаружи и не спеша ушел на пляж, а я остался один на один с гитарой и недосягаемым Фарнером.

В будочке было так жарко и тесно, что ни бороться с Фарнером, ни просто слушать его, ни даже дышать было невозможно. Но очень не хотелось ударить в грязь лицом, и, видимо, это желание было сильнее. Часа через три я гордо спустился к морю, стряхивая с пальцев остатки фарнеровских запилов. Правда, тут же пришлось возвращаться с Фокиным и демонстрировать победу на деле. Сдержанная похвала Фокина была для меня выше всех наград.

Потекла невероятно счастливая, разгильдяйская, рок-н-ролльная южная жизнь. Видимо, это был один из отрезков абсолютного счастья в моей биографии. Условия, на которых мы существовали в лагере, носили среди музыкантов название «за будку и корыто». То есть нам предоставляли жилье и так называемое трехразовое питание. Мы же за это обязывались играть на танцах два-три раза в неделю, а также аккомпанировать всякой международной студенческой самодеятельности. Практически своими руками была построена сцена на танцплощадке. Фанерный задник мы выкрасили в салатовый цвет, на нем совместными с Грачевым усилиями я изобразил старинный биплан, волочивший за собой по небу два воздушных шара: большой с надписью «Лучшие годы» и поменьше – «Машина времени». Предполагалось некое существование «Машины времени» внутри «Лучших годов», в результате чего совместными усилиями разучили несколько наших шлягеров, включая «Продавец счастья» и «Ты или я».

То есть «Солнечный остров» – песенка, написанная к тому моменту под неизгладимым впечатлением «Since I've been lovin' You» «Лед Зеппелин». «Лед Зеппелин», надо сказать, срубили нас под корень.

Грачев действительно пел очень похоже и на Джонса, и на Пресли сразу, и когда он уступал мне микрофон для «машинной» части программы, я робел. А еще были невероятные южные ночи в маленьких двориках, увитых виноградом, с трехлитровыми банками домашнего вина «Изабелла», разговорами о музыке, гордостью от того, что мы теперь вместе с корифеями, а значит, и сами ничего, а еще были ростовские рокеры с их подругами, какие-то девушки с нежными руками и порывистыми душами, ночные купания под черным бархатным небом в мерцающей огоньками воде.

Слева по берегу километрах в полутора располагался лагерь «Буревестник-1», принадлежащий МГУ, а справа – «Буревестник-3» какого-то ленинградского института. С третьим мы почему-то не дружили, а в первом играла на танцах «Мозаика» в составе Малежек – Кеслер – Чепыжев – Машков. В дни, когда наши танцы не совпадали, мы ходили к ним в гости, скромно и с достоинством тусовались слева у сцены, спинами ощущая зазывные взгляды женской части публики, потом шли с «Мозаикой» пить вино к бабе Ане и возвращались в лагерь поздней ночью по серпантину, распевая битлов и пугая робких влюбленных.

Двор бабы Ани был нашим еженощным пристанищем. Во-первых, баба Аня, замечательная бабушка греческого происхождения, держала в своем погребе очень приличную «Изабеллу» – особенно по сравнению с тем, чем торговали ее соседи. Во-вторых, она любила нас, музыкантов, – уж не знаю за что. И, отыграв свои танцы, мы, окруженные славой, друзьями и подругами, заваливались шумной компанией в ее дворик – беседку, густо увитую виноградом. Грачев или Фокин отправлялись с бабой Аней в погреб выбирать вино (у нас была такая привилегия!). На стол выставлялись трехлитровые баллоны с восхитительным вином – сразу несколько, чтобы нервы не трепать. Баллон стоил 4 рубля 50 копеек. Помидоры из огорода, сливы из сада, орехи и сигареты прилагались бесплатно. Это был лучший трактир в моей жизни – по всем параметрам, включая сервис, состав гостей, погоду и духовную атмосферу. Расползались мы под утро, безошибочно определяя направление маршрута по прерывистой дорожной полосе, делившей шоссе пополам, – до лагеря было километра полтора по серпантину.

Уже тогда, в начале семидесятых, баба Аня казалась мне очень пожилой, хотя исключительно крепкой женщиной. Прошло сорок лет, и вот прошлым летом ко мне подошел незнакомый седой человек (дело было в Москве, в магазине) и произнес: «Вы Андрей? Баба Аня вчера умерла». Развернулся и исчез в толпе. А я так и остался стоять. Хорошие люди, занимающиеся простым и добрым делом, живут долго. И, надеюсь, счастливо.

Было, пожалуй, первое столкновение с советской властью на местах. Лагерем нашим командовал некто подполковник Мешков — человек нерешительный и мягкий. Он подполковничьим сердцем чуял идеологическую невыдержанность нашего репертуара, но приказать не мог, только постоянно занудно просил включить в программу песни советских композиторов и современные отечественные молодежные танцы. Мы отстаивали свою позицию тем, что лагерь, дескать, для иностранцев и так им, стало быть, родней. Иностранцы (по нашей просьбе) нас поддерживали и требовали рок. Исключение составляло только вьетнамское землячество, регулярно проводившее во время танцев комсомольские собрания. Впрочем, их можно было понять.

Внезапно к нам на танцы заехал некто представляющий местное управление культурой. Это был невысокий молодой человек с удивительно наглыми манерами. Я видел, как он буквально прижал Серегу Грачева к борту и орал снизу вверх, брызгая слюной: «Я здесь культурой три года командую, понял? И не таких видал! Я с тобой в другом месте говорить буду, если еще раз тут низом живота начнешь вертеть! Понял?» Человечек уехал, а Грачев пошел и очень сильно напился — я даже решил, что он умирает. Он, бедняга, только что вернулся из армии и, видимо, думал, что теперь уже все будет хорошо.

И тогда мы устроили демонстрацию. На следующих танцах громкость была убрана до громкости магнитолы

«Юность», вместо ударной установки стоял тройничок, Ринатик приволок откуда-то баян, и у нас получился типичный так называемый инструментальный ансамбль времен позднего Хрущева. Тихо и противно исполнялись в инструментальном изложении пьесы «Лучший город земли», «Королева красоты», «Фиалки» и прочая клюква. Самым трудным оказалось при этом не колоться и сохранять торжественно-старательное выражение лица.

Через десять минут иностранцы отсмеялись, взялись за руки и пошли бить Мешкова. Он прибежал, на ходу роняя остатки собственного достоинства, и униженно просил прекратить демонстрацию и заиграть как обычно.

Мы сжалились, притащили Серегу, который все еще не мог встать на ноги после алкогольного удара, сказали ему, что наша взяла, и он вышел на сцену, качаясь на ветру, и спел «I can't stop loving you». Клянусь, я никогда больше в жизни не слышал такого исполнения этой песни.

Два месяца просвистели как один день, и мы вернулись в Москву. Было несколько сейшенов, где на басу играл вместо Кутикова уже Полисский, а я на гитаре как-то задержался. На всю жизнь запомню представление группы: «Друзья! Сегодня для вас играют легендарные «Лучшие годы»! (Шквал, свист, рев.) Вокал – Сергей Грачев! (Свист, плач.) Орган – Игорь Саульский! (Визг.) Бас – Алексей Полисский. (Шквал аплодисментов.) Гитара – Андрей Макаревич! (Гробовая тишина, и в этой тишине из задних рядов – один хиленький унылый свисток, выражающий явно не восторг.)» Было очень стыдно.

Если же говорить о каком-то мастерстве, то все, что мы тогда набрали, мы набрали с людьми, играющими сильнее нас. Уверен, что это вообще лучшая школа.

(А другой, увы, и не бывает.)

Осень 1972 года как-то не особенно осела в моей памяти. Я, впрочем, предупреждал, что не претендую на доскональное изложение истории. Были какие-то концерты «Лучших годов» со вставными концертиками «Машины времени» внутри. Нас постоянно разносило в разные стороны. Если юг нас объединял и уравнивал (к примеру, как баня), то в Москве сразу почувствовалось несходство и даже дистанция между нами и «Годами». «Годы» были признанными звездами, здоровые мужики, любящие хорошо одеваться, девушек дорогого вида, армянский коньяк и второй этаж гостиницы «Националь», где располагался бар для людей, предпочитающих все вышеперечисленное. Мы же все еще были плохо одетыми мальчиками, интересующимися прежде всего музыкой и складывающими деньги в коробочку из-под сигар. В воздухе пахло развалом.

Появился армянский человек по имени Рафик, осененный идеей проведения концерта суперзвезд московского рока на сцене ереванского Дворца спорта – затея, по тем временам граничащая с безумием. Рафик составлял московскую сборную. Для этого в комнате номер 8 «Энергетика» устраивались прослушивания. (На нашем аппарате, разумеется. Нет, дураками мы не были – просто очень добрыми.) Я втайне надеялся, что может случиться чудо и меня возьмут в этот сверхсостав. Хитрый Серега Грачев грел мою надежду как мог, так как для прослушивания и репетиций был нужен наш аппарат и барабаны, которые мы к тому моменту купили для Фокина (волшебная коробочка!).

Наивность моя, видимо, не имела предела. В состав супергруппы вошли: вокал – Серега Грачев и Леня Бергер (потрясающий по тем временам вокалист, работавший в ресторане «Сосновый бор» и имитировавший Рэя Чарльза), барабаны – естественно, Фокин; гитара – Серега Дюжиков и бас – Витя Дегтярев.

С искрометным искусством Дюжикова я столкнулся годом раньше. Тогда, завороженный садистской манерой игры Стасика Намина, я предположил, что он играет на гитаре вообще лучше всех. На что скромный Стасик сказал, что он все-таки лишь второй в мире гитарист, а первый, безусловно, Дюжиков из «Скифов». Стоит ли говорить, что на ближайшем же сейшене «Скифов» я уже торчал у сцены. Волшебное время потрясений! Дюжиков к тому времени был уже прилично знаком с творческой манерой Элвина Ли, а я еще слыхом не слыхивал ни имени его, ни музыки. Не надо забывать, что музыкальная информация попадала в нашу страну с трудом и не ко всем.

Мало того: зазвали Дюжикова на какой-то наш сейшн (как сейчас помню – в высотке МГУ), чтобы он как мастер дал оценку нашим рок-н-ролльным стараниям. Дурная была затея. Дюжиков честно сказал, что получается у нас говененько. Получалось и правда говененько, не обязательно было звать для этого Дюжикова.

Итак, мы, затаив дыхание, сидели на репетициях суперсостава. Рафик притащил целый рулон отпечатанных (в типографии!) афиш. Мог ли кто-нибудь вообразить себе такое? Афиша просто кричала: «Суперзвезды рока! Все из Москвы!» Дальше шли фамилии. Мы так волновались, что провожали Грачева и Фокина в аэропорт. Помню, они опоздали почему-то на самолет, и Грачев в замшевом пальто бешено матерился, стоя посреди ночного взлетного поля, овеваемый ревущими турбинами авиалайнеров.

Артисты вернулись через три дня, помешанные от счастья. Они рассказывали что-то невероятное. Про колоссальный аппарат, выставленный на сцене (два комплекта «БИГа»!), про ревущую толпу ереванских поклонников московского рока, про торжественный пронос артистов на руках от Дворца до гостиницы и т. д. Потом был суд над Рафиком, и участники супергруппы то и дело летали в Ереван давать показания.

Кончился альянс с «Лучшими годами» скоро. Серега Грачев все чаще исчезал из поля зрения на неопределенный срок, репетировать с ним становилось практически невозможно. А после одного из сейшенов у нас пропал наш волшебный японский орган – предмет гордости номер один. Пропал он при обстоятельствах, исключающих какие-либо «чудеса», а ушлый следователь тут же сказал нам, что искать надо среди своих (и даже среди кого именно), и предложил свою практическую помощь. Но такая «циничная» и трезвая мысль просто не могла уместиться у нас в головах – очень мы всех любили, и аксиома «хороший музыкант – хороший человек» не вызывала у нас сомнений. Мы с негодованием отвергли милицейскую версию, и дело повисло в воздухе. (Кстати, спустя почти пять лет орган нашелся в ситуации, сводящей на нет теорию вероятностей. Просто Кутиков от нечего делать забрел на «Мелодию», где писалась какая-то сибирская банда, и увидел родные клавиши. Орган, прошедший уже десяток рук, был возвращен, и справедливость восторжествовала.) Мы тяжело переживали потерю, а еще тяжелее – все, что с ней было связано. Не хочу называть имен – и дело давнее, и жизнь со временем все расставила по местам. Скажу одно – следователь не ошибся. Но ни минуты не сожалею о наших тогдашних блаженных убеждениях.

После истории с органом Грачев совсем пропал, а Фокин некоторое время репетировал и играл с нами – думаю, ему просто нравилось барабанить по хорошим барабанам. Потом, видимо собираясь соскочить, сделал попытку спереть у нас тарелки от хэта, но по неумелости своей был схвачен за руку, плакал, просил прощения. Было неловко. Мы его, конечно, простили. Очень уж он был гениальный барабанщик. Прощаясь с Фокиным, мне все-таки очень хочется даже сейчас, закрыв глаза, вновь увидеть его за барабанами. Глупое и бесполезное дело – писать словами о музыке, но ничего не поделаешь.

Если и существует понятие «божий дар» – то более яркого примера я бы вспомнить не мог. Было в этом какое-то волшебство – помимо техники, вкуса и всего такого. В каждый удар вкладывалось еще что-то. Поэтому даже самая ужасная установка типа «Энгельса», обтянутая шкурами животных, умерших своей смертью, даже любой стул, чемодан под его руками обретал звук. И никто больше такого звука извлечь из этого предмета не мог. В самой посадке за барабанами, в полуприкрытых его огромных марсианских глазищах жила магия. И – никакой позы, ничего специального. Практически все барабанщики той поры играли так или иначе «под Фокина» – это было даже смешно. Кумиром его был покойный Джон Бонам из «Led Zeppelin». Я уверен, что души их имели ближайшее родство. Фокин потрясающе чувствовал игру Джона и мог безошибочно предсказать, что тот, например, сыграет нового на следующей пластинке. Приходил в компанию беззвучно, садился на пол в уголок, просил поставить «Led Zeppelin», закрывал глаза и улетал. Мы для него в этот момент не существовали. Он даже пел вещи «Led Zeppelin» на концертах, не имея ни голоса Планта, ни голоса вообще, но пел не голосом, а своей любовью, и получалось гениально. А парень был простой, эрудицией не сверкал, писал без знаков препинания и любил звездной ночью поговорить о Боге. Вот так.

Юрка Фокин уже лет десять как в Америке, лет шесть как не играет на барабанах и, говорят, пребывает в сане православного священника в монастыре где-то под Сан-Франциско, и никогда мы его больше не услышим. Осталось несколько песенок, записанных «Скоморохами» в те давние годы, но представления о его игре они, конечно, не дают.

(Приезжал Юра Фокин с тех пор несколько раз, и совсем недавно, — это нам тогда казалось, что не услышим, любой отъезд за границу был навсегда. В монастыре не служил Юра никаким монахом, как у нас думали, — занимался всякими типографскими работами. И сейчас живет он в Сан-Франциско, издает практически собственноручно какую-то газету для эмигрантов. Музыкальная карьера у него не задалась. Находясь здесь, играл с «Цветами», и играл замечательно — изобретательно и очень ровно, но что-то самое главное, ошеломляющее из его игры ушло. И я не могу понять — действительно ли что-то ушло, или планочка у нас у всех за сорок лет настолько поднялась? Теперь на этот вопрос уже нет ответа.)

И вот «Машины» опять сами по себе. Два несомненных плюса: во-первых, Кавагое, насмотревшись на игру Фокина, заиграл почти как он — даже глаза стал полуприкрывать в фокинской манере. Во-вторых — с нами остался один из осколков «Лучших годов» Игорь Саульский.

Игорь, надо сказать, не вписывался в бригаду «Лучших». Он вообще никуда не вписывался. Но не в силу какой-то своей замкнутости – наоборот. В жизни я не знал более общительного человека. Почти всегда он был весел, и тогда все вокруг светилось и хохотало. Когда он мрачнел, в комнату становилось страшновато войти. Увлекался он буддизмом, китайской философией, а также кухней, подводным миром, путешествиями, джазом, авангардом, хард-роком, музыкой негров, народными напевами, регтаймом, блюзом – что еще я не перечислил? Все это находило немедленное отражение в его игре. Причем увлечение могло смениться в любой момент вплоть до концерта, и тогда уже сделанные вещи неожиданно расцветали новыми красками. Он не мог играть одно и то же два раза подряд. Играл он виртуозно и очень артистично.

Конечно, ему было тесно в пуританских рамках наших песенок. Гэдээровский «Вельтмейстер» под его руками то ревел раненым бизоном, то звенел фарфоровым китайским колокольчиком, то бренчал, как разбитое фортепиано из ковбойского салуна. Думаю, конструкторы этого бесхитростного органа и не ведали за своим изобретением таких возможностей.

Я в Игоре души не чаял и все его импровизации и отклонения от песенной канвы прощал. Педантичный Кавагое ворчал, внезапный полет творческой мысли называл халявой и призывал к музыкальной дисциплине. Не помню, сколько месяцев мы проиграли вместе (это означает – прожили вместе).

Также не помню, сколько раз Игорь уходил от нас и сколько возвращался. Отсутствие внутреннего стержня не позволяло ему сидеть на одном месте. А невероятная собственная легкость вела к тому, что малейший ветер уносил его вдаль. Он уходил в «Скоморохи» к Градскому, в театр Ленинского Комсомола, то есть в группу «Аракс», в «Арсенал» к Леше Козлову и – всегда возвращался. Мы, видимо, быстро росли, и когда он в очередной раз наигрывался в новом месте – мы уже звучали по-другому, и ему опять делалось с нами интересно. А потом – мы очень дружили. Каждый его уход был для меня трагедией в человеческом плане и катастрофой в музыкальном.

Летом семьдесят третьего мы снова двинули в «Буревестник» – уже без «Лучших годов». Нас приняли как старых знакомых, но эта поездка оставила меньший след в моей, например, жизни. Наверно, потому, что, когда заранее знаешь, как все будет хорошо, уже не так хорошо. Элемент внезапности – необходимое условие счастья.

Для справки могу сообщить, что играл с нами, вместо в очередной раз усвиставшего Саульского, Эдик Азрилевич – один из немногих не оставивших в «Машине» никакого следа. Пятым был примкнувший к нам Алик Микоян, двоюродный брат Стасика. Являл он собой полную Стасикову противоположность. Это был мягкий, тихий, до мучения застенчивый человек. Он играл на губной гармонике, иногда на гитаре и пел Яна Гилана. Кавагое считал, что хорошо. Мне не очень нравилось, но по общему уровню тех времен это было, видимо, все же неплохо, а потом, он был хороший парень и очень помогал нам в англоязычном отрезке программы, необходимом для южных танцев. В авторской части он практически не участвовал.

Алик, как и Эдик Азрилевич, не прижился в команде. Такое еще потом случалось не раз – и дело было, как правило, не в профессиональных качествах человека. Он просто отторгался организмом нашей группы, как инородная ткань.

И в конце концов уходил сам. Я даже не припомню случая, чтобы нам приходилось просить кого-то уйти.

Осень семьдесят третьего – смутное время «Машины». Что-то у нас не клеится. Между Кавагое и Сашкой то и дело возникают мелкие трения почти на подсознательном уровне. Этакое постоянное состояние легкого напряга без видимых причин. Мне приходилось тяжело – я все время находился между ними в качестве демпфера и не испытывал неприязни ни к тому, ни к другому, хотя и чувствовал их разность. И моими усилиями тянулось это до весны.

> *Это называется «совместимость». То есть в данном случае как раз «несовместимость». Циклоид Кутиков и шизоид Кава просто не могли плыть в одной лодке – они раздражали друг друга. К сожалению, в будущем у Кавы это качество сильно прогрессировало, и он уже ни с кем не мог ужиться. Но это еще потом.*

Надо сказать, за этот год команда наша стала известна сама по себе, без помощи обрамления «Лучших годов» – отчасти благодаря блестящему Игорьку Саульскому, отчасти благодаря новым песням, постоянным репетициям и сейшенам.

Стоит, наверно, упомянуть первую запись на пластинку – нас просил помочь Дима Линник, очень красивый интеллигентный парень, работавший диктором на иновещании, обладавший мягким приятным голосом и руководивший вокальным трио. Трио так и называлось – «Линник». Они очень музыкально и красиво пели под акустики американский фолк и что-то свое.

Добившись уникальной по тем временам возможности записать маленькую пластинку, Дима попросил нашу команду усилить их на записи нашим, так сказать, роком. Мы, конечно, согласились – и просто чтобы помочь, и в надежде увидеть наше название под грифом «Мелодии».

До этого мы уже дважды писались на радио и какое-то представление об этом процессе имели, но все равно жутко волновались и нервничали. Пластиночка состояла из двух русскоязычных произведений Линника и песни Боба Дилана «Грузовой поезд», названной, разумеется, американской народной песней. Прошло немного времени, и пластинка увидела свет. И действительно, на синем конвертике внизу под заглавием «Ансамбль «Зодиак» (так почему-то обозвали себя «Линники» – не путайте с прибалтийским «Зодиаком») можно было при известном усилии разглядеть строчечку «Инстр. ансамбль «Машина времени».

Это было первое упоминание нашего имени в официальных анналах. И в течение нескольких лет даже такой пустячок помогал нам существовать: в глазах любого чиновного идиота ансамбль, имевший пластиночку, – это уже не просто хиппари из подворотни.

Весной, несмотря на мои старания, случился разлад. Напряги Кутикова – Кавы достигли апогея. Очередным поводом послужило решение Сережи еще раз поступать в МГУ. Это лишало команду возможности поехать на юг и вообще нормально работать. Конечно, институт был поводом. Резкий Кава поставил вопрос фактически ребром – Кутиков или он. Кутиков, не любивший напрягов вообще, развернулся и ушел в «Високосное лето». Там были рады. Саульский, устав от этих склок, соскочил чуть раньше, а я поехал на юг.

Отказаться ехать играть на юг было выше моих сил. Ехать играть на юг – это уже было как наркотик. Наверно, с тем же чувством хиппи всего мира тянулись в Сан-Франциско. А тут последовало предложение проявить себя в новом месте – спортивный лагерь МГУ в Джемете. Тут же сколотилась команда – я, Леха Белов по кличке Вайт из группы «Удачное приобретение» и тот же Фокин. Поскольку к тому моменту Вайт был одним из известнейших гитаристов, а Фокин – само собой, барабанщик, мне оставалась лишь бас-гитара. Меня это совершенно не расстраивало – бас-гитара давно манила меня к себе, и я подозревал, что Кутиков извлекает из нее далеко не все, на что она способна.

Состав у нас получился неожиданно сильный и заводной. Скажу еще, что Джемете – чудное местечко под Анапой с песчаным пляжем, дюнами и тихим морем. Студенты жили в палатках, но руководству и музыкантам полагался деревянный домик. Я сказал «студенты» – это не совсем верно, так как на пятьсот студенток приходилось около двадцати юношей и еще, собственно, мы. Ничего больше рассказывать не буду.

По истечении месяца утомленный югом Вайт отбыл в Москву, а нас очень просили устроить оркестр еще на месяц, и я позвонил Кутикову. Он явился через два дня, привезя с собой басовый усилитель величиной с купе, в котором он с ним ехал. Что я всегда любил в Кутикове – так вот эту самую легкость. Я вернулся к гитаре. Каждый вечер игры с Фокиным был для нас праздником. Когда в таком маленьком составе хорошо играет барабанщик – то уже хорошо играет вся команда. И еще одно счастливое бесшабашное лето кануло в прошлое.

Стоит, наверное, рассказать только об отъезде. Дело в том, что понятия «рабочий сцены» и даже «звукорежиссер» тогда в нашем мире не существовало. Музыканты сами таскали колонки и крутили ручки усилителей. Наиболее ушлые умудрялись ногами во время игры наступать на выключатели, благодаря чему на сцене мигали три-четыре убогие цветные лампочки. Так вот, близилось время отъезда в Москву. Неожиданно за день до общего отбытия соскочили в столицу Фокин и Кутиков. Юрка поведал туманную историю о какой-то дальней внезапно заболевшей родственнице, что сочинил Кутиков – я уже не помню. Разумеется, лукавый Фокин просто не хотел переть на себе колонки, а Кутиков, видимо, попал под его влияние. В общем, я не стал унижаться, просить их не ехать и в результате остался один на один с неподъемным аппаратом: четыре тяжеленных ящика с динамиками, барабаны, усилители, микрофонные стойки и прочая мелочовка – этак килограммов на двести. Конечно, в лагере я оставался не один – студенты, покоренные нашим искусством, считали за радость помочь мне, но все-таки они были далеки от понимания той ценности, какую представлял для нас заработанный кровью аппарат. Мелочей было очень много, и все по каким-то чемоданчикам и коробочкам, и я жутко боялся что-нибудь потерять.

Погрузка в автобус прошла сравнительно успешно. В процессе выяснилось, что садимся мы в поезд не в Анапе, а на каком-то полустанке, что поезд проходящий и стоит он минуты три. Вторым неприятным обстоятельством явилось то, что руководство лагеря как-то забыло купить на меня билет – такие штуки случались с нами постоянно: чем ближе к концу, тем лагерные начальники становились забывчивей и забывчивей и в последний день могли выкинуть вообще все, что угодно. Я это предвидел, но поделать ничего не мог – денег у меня не было. Последние тридцать рублей умыкнули Фокин с Кутиковым на покупку собственных билетов.

Над перроном повисла черная южная ночь. Предстояло угадать место остановки вагона номер одиннадцать, который целиком предназначался нашему лагерю. В противном случае закидать все наши ящики в поезд представлялось нереальным. Ошиблись мы немного — метров на пятнадцать. Но случилось совершенно непредвиденное — проводница наотрез отказалась пускать нас в вагон с аппаратурой. Шириной она была как раз с дверной проем вагона и стояла в нем намертво, как пробка, пропуская внутрь лишь студентов с их хиленькими чемоданчиками. Три минуты истекли, на перроне оставалось все меньше моих помощников, тепловоз дал гудок. Я понял, что еще несколько мгновений, и я останусь один на платформе чужого южного городка с необъятным аппаратом и без копейки денег. Что-то во мне сработало само собой — я ухватил колонку и с диким ревом врезался в ненавистную тетку. Колонка весила килограммов двадцать, и удар оказался очень неожиданным — тетка пискнула и отлетела в глубь тамбура. Это было сигналом, этаким залпом «Авроры» — за считаные секунды в тамбур было закидано все, последние железяки бросали на ходу. Поверженная проводница слабо барахталась, придавленная горой аппаратуры, и, потеряв трудовой пафос и командный голос, униженно просила ее освободить. Поскольку места у меня не было, в процессе проверки билетов я шнырял из купе в купе, но, видимо, недостаточно убедительно, и мерзкая баба, которую мы незаслуженно выпустили, вычислила меня в два счета. Пришлось взять кепку и пройти по вагону. Было несколько унизительно, но смешно.

Путь от вокзала до моего дома, где мы частенько хранили аппарат, включая доставку его и подъем на седьмой этаж, я, как ни бьюсь, не могу восстановить в памяти. Знаю только, что сейчас я бы этого сделать, конечно, не смог. Сдох бы, а не смог.

И в один прекрасный день на моем пороге возник Сережа Кавагое с Игорем Дегтярюком. О Дегтярюке и команде «Второе дыхание» следует рассказать особо. Услышали мы их в «Энергетике» в составе Дегтярюк – Ширяев – Капитановский, и вызывали они у меня, например, чувство, близкое к священному ужасу. Технари они были страшные, вид имели крайне вызывающий, а тогда это было очень сильным плевком в морду общественному вкусу. Играли невероятно громко и на контакты не шли. Этот факт, кстати, работал на них – вслед за исключительной игрой воображение рисовало и другие исключительные качества, им как бы присущие. Люди они были, как оказалось, скандальные и неуживчивые, и Макс Капитановский постоянно их мирил. После ухода Макса к нам «Второе дыхание» тут же развалилось.

Коля Ширяев играл на безладовой бас-гитаре (до него никто в Москве ничего подобного не видел – я даже не знал, что такое бывает). На лице его располагалась борода величиной с бороду Энгельса. Над бородой за очками светились детские глаза. Вся жизненная энергия его уходила в бешеную игру на бас-гитаре. Взять ноту длительностью больше одной шестнадцатой было ниже его достоинства – это у него называлось «колупать на одной ноте». Весь остальной Колин словарь состоял из двух фраз: «Колюня!» – то есть он сам, и «Чушки кочумают». Под «чушками» подразумевались ортодоксальные советские слушатели, а слово «кочумают» определяло состояние, в которое их должна была повергнуть Колина игра.

Был момент, когда, оставшись без команды, Колюня пришел к нам, и мы даже имели пару репетиций и один концерт, но аккомпанировать его реактивной бас-гитаре мы, конечно, не могли. А от наших малахольных композиций чушки, по мнению Колюни, не кочумали. Мы легко разбежались.

И вот теперь Кава привел ко мне Дегтярюка. Был он черноволос, бородат, лохмат и необыкновенно колоритен.

Детали его одежды покрывала хипповая символика, пацифики и прочие фенечки. Передвигался он в самодельных сабо на деревянном ходу – последний хипповый писк, и они предвещали его приход жутковатым стуком задолго до появления.

Даже сейчас, в пору раскрепощенного сознания масс и так называемого плюрализма мнений, вид его вызывал бы если не праведный гнев, то по крайней мере недобрую усмешку. А в семьдесят четвертом все это воспринималось на уровне индивидуальной антисоветской демонстрации, за что Игорька постоянно хомутали и увозили в легавку. Интересно, что вся эта его атрибутика носила скорее внешний характер. Глаза у Игорька были голубые, трезвые и совсем не хипповые. Так же как и склад характера. Слышали мы про него всякие дурные истории. Ничего плохого за полгода совместной игры я про него сказать не могу. Но друзьями мы не были. Объединял нас только Джимми Хендрикс. За все время нашего сотрудничества исполнялась лишь одна моя песня «Ты или я», да и то втоптанная в Хендрикса до неузнаваемости. Я не особо переживал по этому поводу, так как был всецело поглощен совершенствованием игры на бас-гитаре. Состязаться мне приходилось с басистом Хендрикса Билли Коксом, а он, как я понимаю, был не последний парень в этом деле.

Игорек являлся счастливым обладателем усилителя «Hohner» мощностью 70 ватт. Равных по громкости в Москве не водилось. Не стоит говорить, что все ручки на нем выкручивались до правого упора. Усилитель ревел, как турбина самолета. На попытки Кавы привести этот рев в соответствие с громкостью общего звука Дегтярюк недобро поглядывал на него и говорил: «Чувак, я не виноват, что у меня такой усилитель». Попытка убавить громкость воспринималась как личное оскорбление, как плевок в самое святое. Оставалось одно – поднимать, подтягивать общую мощность под Игорев аппарат. Это, в общем, не шло вразрез с нашими планами. Понятия «громко» и «хорошо» были практически идентичными.

Через пару месяцев мой бас включался в усилок, соединенный с двумя огромными колонками, затянутыми нежным розовым капроном, и отдельную металлическую пищалку – вроде колокольчиков на вокзале. Мы играли так громко, что однажды после сейшена в общаге мединститута мне стало по-настоящему плохо.

Пожалуй, на этом отрезке жизни с нами случилось всего два события, заслуживающих внимания, – мое исключение из института и приобщение «Машины» к кинопроцессу благодаря фильму «Афоня».

Первое событие особых воспоминаний не оставило. Как выяснилось впоследствии, из райкома или горкома партии в институт пришла установка очистить ряды советских студентов от волосатой нечисти. Под эту категорию попал я, Лешка Романов и совсем ни в чем не виноватый студентик Олежка Раков. Установка, конечно, была закрытой, и поводом к исключению послужил какой-то идиотский предлог – что-то вроде несвоевременного ухода с работы на овощной базе.

Учились мы хорошо, хвостов не имели, и вся история выглядела бредово. Помню, как сокурсники наши стихийным табуном ломанулись к ректору за правдой и как они по одному выходили оттуда, пряча глаза и разводя руками. Я просто физически ощущал, как невидимая стена прошла между нами и ними, а ведь мы с Лешкой были совсем не последние ребята в институтской тусовке. Печальные похлопывания по плечу, виноватое «эк тебя, старик, приложили», беспомощные советы идти жаловаться в министерство — все это было противно. Хваленое лицейское наше братство рассыпалось в порошок без особых усилий со стороны. Через месяц я уже работал архитектором в институте «Гипротеатр», то есть Государственном институте проектирования театров и зрелищных сооружений. Об этом месте я расскажу чуть позже.

Что касается второго события, то есть кино, то произошло это так. На сейшене в столовой номер восемь филфака МГУ (легендарное, кстати, место!) к нам подошел усатый дядька и объявил, что он из съемочной группы Данелии и мы им нужны.

Ночь я провел в необыкновенном волнении. Перед именем Данелии я благоговел — недавно, где-то недалеко от третьих экранов, прошел фильм «Тридцать три», был он очень смешной и по тем временам редкой гражданской смелости, на грани запрета. Я не мог себе представить, зачем мы понадобились Данелии, и воображение рисовало картинки самые причудливые.

Оказалось, все очень просто. В эпизоде на клубных танцах нужна была на заднем плане какая-нибудь группа — так сказать, типичный представитель. Только и всего. Там даже вроде бы снимался «Аракс», но потом у них что-то не сложилось. Надо сказать, я не расстроился: я считал за честь принести пользу Данелии в любом виде. Быстро была записана фонограмма песни «Ты или я» — выбора, собственно, не было, других наших песен Дегтярюк играть не умел. Съемки прошли за один день (вернее, ночь).

Надо сказать, Данелия отнесся к нам очень уважительно и щепетильно: песня была у нас приобретена по всем законам, и спустя несколько месяцев я неожиданно для себя получил невероятную кучу денег – рублей пятьсот (случай для нашего отечественного кинопроизводства отнюдь не типичный). На эти деньги был приобретен в комиссионном магазине магнитофон «Грюндиг ТК-46», который долго потом заменял нам студию.

Что касается кино, то даже не помню, остались ли мы в кадре. Обрывки песни, кажется, звучат. Интересно было бы посмотреть.

Сейчас уже не посмотришь. Услышать еще можно – правда, запись все время как-то странно скачет. Дело в том, что к семьдесят пятому году песни наши у продвинутых владельцев магнитофонов на пленке уже попадались, а вот с нашими изображениями дело обстояло хуже – никто не знал, как мы выглядим. Поэтому, когда «Машина времени» появилась в кадре (мы на этом жутко настаивали – не чтобы нас в кино показали, а просто потому, что предыдущую песню играла группа «Аракс», поэтому всем должно было быть ясно, что вот они положили инструменты, а пришли мы. Нам это казалось страшно важным – представляю, как мы достали Георгия Николаевича!), нас можно было рассмотреть. Недолго – план длился секунды три. Конечно, ушлые киномеханики бросились вырезать себе каждый по кадрику с «Машиной» – девушкам дарить, и вообще. И очень скоро этот план из всех копий исчез – начисто. И песенка в этом месте судорожно прыгает. Еще можно сделать вывод, что в 1975 году никакого раздражающего фактора для советской власти «Машина» еще не представляла – а то хрен бы мы там вообще оказались.

Альянс с Дегтярюком мирно закончился сам собой где-то через полгода – кажется, Игорек ушел в «Арсенал» к Козлову. Вернулся Кутиков из «Високосного лета», и некоторое время мы играли в составе: я – Кутиков – Кавагое – Лешка Романов. Продлилось это до лета семьдесят пятого года – все было хорошо, и все же что-то не получалось, не чувствовал себя в своей тарелке Лешка, хотя ни он, ни мы не могли понять, почему, собственно. Мы пытались сделать несколько его песен, а мои он пел как-то не так – во всяком случае, мне так казалось. И еще одно обстоятельство: музыка на всех нас, видимо, действовала по-разному, нас она, например, приучила к невероятной дисциплине. Я даже не помню, чтобы кто-то опоздал на репетицию хотя бы на пять минут. А у Лешки это не выходило – в конце концов он пропал дня на два, я поехал к нему, долго плутал в потемках Теплого Стана, застал его дома, состоялся какой-то мутный разговор, из которого получалось, что он никак не может почувствовать свое место в нашей команде, – и мы расстались друзьями.

Память моя дает сбои, и этот кусок нашей жизни я почти не помню. А между тем группа существовала, мы писали новые песни, постоянно играли на сейшенах, и известность наша росла.

Сейшены происходили по налаженной схеме: кто-то из устроителей звонил мне, сообщалась дата, место и условия оплаты. Платили тогда немного – от ста до двухсот рублей на команду. Часа за два до начала мы собирались на базе – тогда это был клуб швейной фабрики «Красная роза» – и ловили автобус или «рафик». Транспортные услуги обходились в пять-десять рублей. Мы забрасывали наш аппарат в транспортное средство и ехали на место. Помню басовую колонку немыслимых размеров с портретом тогдашнего звукорежиссера Саши Катамахина прямо на фасаде. Она постоянно не влезала в автобусную дверь, и однажды мы в отчаянии отпилили от нее верхнюю часть прямо в процессе погрузки на глазах у изумленного водителя.

Сейшены устраивались в институтах, домах культуры, особой любовью пользовалась «кормушка» – крохотная студенческая кофейня в районе Каширки. Была она очень маленькая, денег там платили совсем ничего, но было там на редкость уютно и надежно: студенты сами заправляли всеми делами, и сейшены у нас практически не срывались. О других местах сказать этого было нельзя.

Итак, мы приезжали на точку и затаскивали аппарат внутрь, продираясь через толпу, – слух о сейшене летел впереди нас, и проворная московская система спешила попасть внутрь до того момента, когда дружинники в повязках начнут проверять билеты. Билет являл собой обыкновенную открытку с какой-нибудь новогодней чепухой на лицевой стороне и самодельной печаткой на обратной. Почти всегда находился умник, который накануне изготавливал такую печатку (благо дело было нехитрое), и количество билетов удваивалось.

Да что там было изготавливать! Печатка рисовалась на обычном ластике! Детское, святое время!

Система билетов не покупала: во-первых, по причине отсутствия денег, во-вторых, это было западло – считалось особым шиком проходить внутрь на шару. Для этого существовало несколько способов: прежде всего пристраивались поднести какую-нибудь деталь нашего аппарата; потом использовали элементарный прорыв заслона дружинников, и в конце концов – пролезали внутрь через окно туалета, люк канализации, по водосточной трубе и т. д. Дружинники держали оборону до последнего – занятие бессмысленное, так как все равно все в конечном счете оказывались внутри. Если в процессе доставки и занесения внутрь ничего из аппарата не исчезало и не ломалось – сейшн начинался вовремя. Правда, случалось это крайне редко.

В воздухе витал могучий дух единения. Все собравшиеся (включая самих музыкантов) ощущали, что происходит что-то запрещенное, добытое с таким трудом, самое дорогое на свете, словом – сокровенное. С того момента, когда рок-н-ролл стал доступен всем, как, скажем, футбол, этот дух навсегда исчез. Я не тоскую по тем временам, но вот этого состояния коллективного просветления мне очень жаль.

Вскоре, как правило, в зале появлялась либо насмерть перепуганная администрация заведения, либо милиция, либо товарищи в штатском, и сейшн благополучно заканчивался. Музыка обычно останавливалась поворотом рубильника, и музыкантам предлагали пройти в отделение, то есть в легавку. Их уводили под восхищенные взгляды фанов. Если сейшн удавалось доиграть до конца и никто не обламывал – это считалось большой удачей. Я лично помню несколько таких вечеров. Именно за эту надежность так ценились «кормушка» и «стекляшка» в Долгопрудном – вообще, как ни странно, в технических вузах позволялось больше, чем в гуманитарных. Видимо, считалось, что технари идеологически изначально стоят на более надежных позициях. В легавке всех рассаживали поодиночке и по очереди уныло пытались выяснить, кто организовал халтуру, продавал билеты и где деньги.

Милиционерам, как правило, было скучно сражаться с какими-то волосатиками, классовой ненависти они к нам чаще всего не питали, а главное – им было понятно, что дело дохлое: чтобы что-то доказать, следовало организатора поймать за руку, скажем, при продаже билетов. Билеты же продавались заранее в обстановке дикой конспирации по системе «звездочка»: то есть сам устроитель делил их на две пачки и раздавал двум своим доверенным людям, эти двое – своим и так далее. Система исключала возможность возникновения в ней слабого звена. Она, правда, имела и свой минус: у каждого устроителя в зале сидели практически одни и те же люди – через некоторое время я знал почти всех в лицо, и к семьдесят девятому году это стало уже невыносимым.

А милиция, ребята (пардон, полиция), – вот она изменилась сильно. Вы даже себе не представляете насколько. Ее бы, сегодняшнюю, туда, в семидесятые, – в два счета бы все доказали. Да и доказывать бы ничего не стали. И все бы сидели. Как миленькие. Еще чего – доказывать!

Итак, устроителя поймать за руку было невозможно, а музыкантов спасало то, что к организации мероприятия и продаже билетов они отношения не имели. Так что после нескольких часов сидения и допросов по уставной форме всех благополучно отпускали домой. Разве что могла прийти телега в вуз.

Один раз, правда, было хуже (году уже, кажется, в семьдесят восьмом). Мы к тому моменту репетировали в крохотном домике ЖЭКа № 5 в переулке недалеко от метро «Аэропорт». Взяли меня из института прямо с занятий (я к тому времени восстановился на вечернее отделение), выглядело это очень эффектно. Сидя в черной «Волге», я смотрел в крепкие затылки ребят и безуспешно пытался определить, какой из трех контор они принадлежат. Приехали мы, оказывается, не на Лубянку и не в легавку, а к нам на базу, где меня попросили открыть комнату и, быстренько описав наш аппарат, куда-то все увезли.

Очень настораживало, что взяли нас не на сейшене, а ни с того ни с сего. Потом начался разговор. Я уже имел некоторый опыт и знал, что беседа может пойти по двум руслам. Первое – гуманное, что-нибудь вроде «парень-то ты, я вижу, хороший, а отвечаешь неискренне». Второе – удар по психике: «Я тебе, мать твою, сейчас устрою тут буги-вуги! Посидишь – поумнеешь!»

Здесь допрашивающих было трое. Один – добрый и вежливый, второй орал, третий просто ходил по комнате и иногда вставлял совершенно неожиданные вопросы. Будь у меня практики поменьше, пришлось бы мне туго. Один из товарищей постоянно намекал на то, что организация у них исключительно серьезная, следят они за нами давно, все концерты переписаны, и, собственно, мое признание нужно лишь для облегчения моей же вины.

Ничего не добившись, нам выписали повестки в районное отделение ОБХСС на следующий день. Ситуация сразу прояснилась – стало ясно, с кем мы имеем дело. На следующий день все началось сначала. Выдержав и это, я понял, что надо действовать. На помощь я позвал Лешу Баташева. Он всегда относился к нам с какой-то нежностью и, несомненно, имел опыт по улаживанию аналогичных дел, правда, в мире джаза. Леша тут же приехал, и с его участием было составлено письмо в ЦК партии (на кого жаловаться, мы уже знали).

Через пять-шесть дней оттуда пришел ответ с просьбой зайти непосредственно в горком КПСС к товарищу такому-то.

Помню, какими глазами смотрел на меня красноармеец при входе в подъезд – очень уж я был волосат для горкома. Выяснилось, что некий заслуженный большевик или генерал написал письмо к ним же с требованием «ликвидировать указанный джаз» (нас то есть). То ли он сдуру оказался на сейшене, то ли просто жил рядом с нашим ЖЭКом № 5, и мы своим грохотом мешали ему спать. Горком, соответственно, переправил письмо в райотдел МВД с резолюцией «Разобраться». Ну а там уж разобрались как смогли. Надо сказать, что после моего визита к товарищу такому-то аппаратуру нам вернули, и даже было сказано, что органы, мол, перегнули палку. Невероятно! На время мы уверовали в конечное торжество справедливости. Между тем ОБХСС и милиция продолжали доставать нас аж до семьдесят девятого года, пока наша команда не получила профессиональный статус. Несмотря на постоянные задержания, закрытия сейшенов и т. д., никто из московских музыкантов, кажется, не пострадал, хотя под следствием были многие (кроме, пожалуй, идиотской истории с Лешкой Романовым, который сам себя оговорил). Так сказать, «за отсутствием в действиях состава преступления». Действительно за отсутствием состава.

Нет, про всю эту историю с горкомом КПСС надо рассказать поподробнее. Шли мы туда вдвоем с Мелик-Пашаевым и ожидали, естественно, чего угодно. В самое главное красное здание на Тверской – все очень серьезно. Ваник, которого уже тогда волновал в первую голову уголовный аспект происходящего, приготовил фразу, которая, по его мнению, должна была убить партийного оппонента наповал: «А вы докажите, что мы получали деньги!» Он все время повторял ее шепотом, видимо боясь забыть.

За дверями просторного кабинета нас ждал достаточно молодой человек интеллигентного вида с высоким лбом и в очках – Александр Иванович Лазарев. Я совсем иначе представлял себе партийное начальство и несколько опешил (забегая вперед, могу сказать, что с Александром Ивановичем нам действительно повезло – он, выполняя свою работу, все-таки был очень нетипичным представителем своего класса – мы могли попасть на такую морду, что мало бы не показалось). Про отъем аппарата было миролюбиво предложено наплевать и забыть – завтра вернут, погорячились ребята. Мелик-Пашаев не удержался и выпалил свою заветную фразу – других у него заготовлено не было. «А вы докажите!..» Александр Иванович тонко улыбнулся и сказал – ну что вы, ничего мы не собираемся доказывать. Надо будет – у нас для этого есть другие организации, они и докажут. Ваник потрясенно затих. Основной вопрос не в этом, продолжал Александр Иванович, а как с нами – то есть как нам самим быть дальше.

Встречались мы потом еще несколько раз. Один раз даже у меня дома – думаю, Александру Ивановичу предстояло написать очень подробный отчет обо мне и моей деятельности в смежную организацию из трех букв. А так он приглашал меня на беседу в бар Дома журналистов – место культовое и простому человеку абсолютно недоступное – ваше удостоверение, пожалуйста! Горкомовской красной книжечке все двери были открыты (а может, и не горкомовской – я не заглядывал). Мы беседовали (вернее, большей частью беседовали со мной), и выходило, что я должен определиться со своей позицией. Или я враг, как, скажем, Галич или Солженицын — ну что же, мы их уважаем как врагов, но и боремся как с врагами. Надумаете уехать — поможем. А если вы не враг — то пояснее выражайте в своих песнях, на чьей вы стороне. А то вот про вас «Голос Америки» говорит. Они знают, про кого говорить.

Я не хотел уезжать. И пытался объяснить (наивно, видимо), что они сами создают себе врагов на пустом месте и тем самым кормят сотрудников вражеских голосов. Чего нас гоняют и вяжут? Дайте нормально жить и работать — и голоса замолчат! И что такого мы спели против светлого коммунистического будущего? Солнечный остров скрылся в туман? Или нам начать комсомольские песни писать — про БАМ? И вообще — почему в театре на Таганке можно говорить со сцены то, что думаешь, а нам — нет? Потому что театр маленький, устало отвечал Лазарев, а вы своими записями заполонили всю страну, и вообще, ребята вы талантливые, и я очень не хочу, чтобы мои коллеги начали говорить с вами по-другому, — а они могут, они как раз только по-другому и могут.

В общем, я пообещал, что буду сообщать обо всех наших планируемых выступлениях. Я отлично понимал, что это означает сдать ментуре все сейшены, адреса, пароли и явки, поэтому если вдруг намечалось что-то, на мой взгляд, приближающееся к и так дозволенному — какой-нибудь институтско-

комсомольский вечер, – то я о нем докладывал, и он иногда даже не отменялся, об остальных – умалчивал. Например, о наездах в Питер – это вообще не его территория, утешал я себя. Но, кстати, идея прикрыть себя каким-нибудь театром – тем, где больше дозволено, как я думал, – и таким образом поменять свой статус – эта идея зародилась у меня уже тогда, и когда мы такой театр нашли – Лазарев нам помог. Об этом позже.

Забавно – когда в Москву приехали «Boney M» – выступали они в концертном зале «Россия», и попасть было просто невозможно – билеты даже не дошли до касс – я набрался наглости, позвонил товарищу Лазареву и, сославшись на ленинский принцип – изучать классового врага с тем чтобы взять у него лучшее – попросил помочь с билетом. Лазарев тяжело вздохнул, но контрамарку дал. Концерт произвел впечатление.

Летом семьдесят пятого года у нас опять случился развал. На этот раз инициатором совершенно неожиданно стал Кутиков. У него, по-моему, начались какие-то жизненные искания. Во всяком случае, он упорхнул не куда-либо, а в Тульскую государственную филармонию, где формировался новый, так сказать, ВИА, которому якобы будет позволено после обязательной программы под видом песен народов мира сбацать что-нибудь из «Криденс». Обещались также восьмирублевые ставки, комплект аппаратуры «БИГ» и вообще золотые горы.

Я чувствовал, что прощаемся мы надолго. Очень мне не по нраву было такое идейное кутиковское ренегатство, и в глубине души решил я ни за что обратно Кутикова не брать. В том, что эта тульская затея лопнет, у меня, в отличие от Саши, сомнений не было. Я уже достаточно реально осознавал окружающий мир.

Поразительное дело! В том, чтобы сыграть даже крохотный кусочек какой-нибудь битлятины, но с официальной сцены, виделась высшая цель, прямо какое-то героическое подвижничество. В программе «Поющих гитар» (тех самых, что с завидной лихостью выдавали инструментальные пьесы группы «Ventures» за свои собственные) была такая шутка: в процессе исполнения частушек а-ля «ярославские робята» они вдруг начинали отчаянно петь битлов. Выскакивал руководитель, пытался их безуспешно унять, после чего стрелял в воздух из пистолета, и частушки возобновлялись. Очень это было остро и смешно. Пожалуй, прямо вершина смелости.

В «Лужниках» комсомольцы проводили конкурс-смотр самодеятельных ВИА. Это был бесконечный поток кастрированных излияний с редкими вкраплениями народной либо военно-патриотической тематики. Попасть во дворец было невозможно. Билеты спрашивали от входа в парк. Еще бы – смотр групп! Стасик, оказавшийся в финале этого смотра (что-то Саша Лосев у него задушевно-русское пел), поклялся, что сбацает со сцены Джимми Хендрикса, сколько бы комсомольских жизней это ни унесло.

Заявление звучало дерзко до невероятности, но, зная Стасика, я не имел оснований ему не верить. В репертуарные списки, трижды утвержденные, заверенные и просвеченные насквозь, песня Хендрикса «Let me stand next to your fire» была вписана в последний момент как «произведение негритянского борца за свободу Хендрикса «Разреши мне стоять в огне нашего общего дела».

С первыми аккордами, которые после пресного вокально-инструментального повидла прозвучали как выстрелы, комсомольцы опомнились – но было поздно. И тогда кто-то из наиболее догадливых кинулся к звуковому пульту и убрал весь звук, который он был в силах убрать. Вторая половина пьесы дозвучала комариным писком, но победа была одержана. Стасику жали руки. Комсомольские головы полетели, как капуста. Такая вот имела место акция.

В целом бездонная пропасть лежала между профессиональными ВИА, даже если они робко пытались пискнуть что-то со сцены в свое оправдание, ВИА самодеятельными, бравшими с них пример, и группами. Это, однако, не переходило в конфронтацию. Все понимали, что так устроен мир. Пойти, например, работать в «Веселые ребята» к Слободкину так и называлось – продаться в рабство. Это компенсировалось спокойной жизнью без цепляний, милиции, хорошей аппаратурой и стабильным по тем временам высоким заработком. Чесали тогда ребята по три, по четыре в день. Было ясно, что эти суровые условия диктует сама жизнь, и никто из подпольных продавшимся в спину не плевал. Но от Кутикова я такого хода все же не ожидал и очень огорчился.

Как ни противно, считаю обязанностью своей закрыть уже сильно поднадоевшую тему – были ли группы семидесятых отважными антисоветскими героями или, напротив, хитрыми комсомольскими конформистами – очень уж много по этому поводу вдруг появилось рассуждений и даже вони, причем, как правило, в исполнении людей, заставших эти самые времена в детском возрасте. Между тем описать эти времена человеку, их не заставшему, мне представляется мало возможным. Мне это время более всего напоминает сыр — вонючий и весь в дырах. Внутри этих дыр и этой вони проходили годы — можно было вдруг непредсказуемо выбраться на свет или, наоборот, уткнуться в тупик. Дышать было тяжело — но ничего, дышали, попривыкли. Просто вязкий этот сыр сводил с ума не хуже каторги: на каторге все ясно. А так — ничего: пытались, да не посадили, хотели забрить, да не забрили, выгнали, да восстановили. Или не восстановили — кого как. Из разных людей время состояло — как и сейчас, впрочем. Даже по телевизору могли показать — раз в год. Или не показать. Это вам, товарищ Прилепин.

Не помню, кто из нас и как нашел Маргулиса. По-моему, Кавагое. В общем, по предварительным описаниям, ожидался виртуоз гитарной игры, которого я втайне планировал пересадить на бас. Когда же увидел очень молодого, бледного, заросшего щетиной человека, да еще с фингалом под очками (впоследствии это оказался ячмень), в душу мою закрались сомнения.

На гитаре были небрежно сыграны два пассажа из Хендрикса. Мне понравилась легкость, с которой Маргулис согласился сменить инструмент на бас, честно заявив при этом, что баса он в руках никогда не держал и как на нем играть, понятия не имеет. Я обещал показать. Не знаю, насколько я оказался хорошим учителем, но дело у нас пошло.

Выяснилось, что Гуля очень способен, легок в общении, обладает прекрасным чувством юмора и, что важно, ничто его в жизни не обременяет. То есть он работал, кажется, санитаром в какой-то больнице или морге, но вклад его в отечественную медицину носил чисто символический характер, и я даже не помню, ходил он туда или нет. Стало быть, все время мы могли посвятить нашей музыке. Что мы и делали. Кава на том отрезке времени был тоже свободен, как птица. Самым занятым оказался я – я работал в «Гипротеатре» и учился на вечернем в родном Архитектурном.

Но в институт можно было ходить два раза в год на экзамены – к работающим по специальности студентам относились в этом смысле с пониманием. А на работе я добился зачисления меня на полставки, то есть ходил через день. Моему шефу, замечательному художнику и человеку Сомову, наши рок-н-ролльные деяния были по нраву: он сам был в душе подпольщик и абстракционист, и отпускал он меня со службы по мере надобности. Спасибо ему за это.

Репетировала «Машина» к этому моменту в совсем уж удивительном месте – Министерстве мясной и молочной промышленности РСФСР. Место оказалось неожиданно удобным: клубы и дома культуры, напуганные нашим честным именем и всем, что с ним связано, нас уже не брали.

То есть за случившийся у него сейшн директор дома культуры клал на стол партбилет автоматом – мы это понимали и в местах, где удавалось пристроиться репетировать, старались никаких сейшенов не проводить и вообще вести себя максимально тихо. Но дурная слава уже бежала впереди нас. Вот беседа двух директоров домов культуры в фойе Дома народного творчества, куда их, возможно, вызвали на инструктаж. Подслушано Вл. Матецким, за достоверность ручаюсь. Место и время действия – Москва, вторая половина 70-х.

> *1-й (матерый): «Ты сам-то эту «Машину времени» видел?»*
>
> *2-й (помоложе): «Я – нет! А вы видели?»*
>
> *1-й: «А я видел!»*
>
> *2-й: «И как это?»*
>
> *1-й: (горько усмехаясь): «Как? Ну, значит, так: волосы у всех до пояса. На ботинках – черепа! Выходят на сцену, снимают ботинки, остаются в мягких тапочках».*
>
> *2-й (в ужасе): «Зачем?!»*
>
> *1-й: «Мягкие тапочки – чтобы было удобнее нажимать на педали. Нажимают – и начинают орать в микрофон. По-английски и по-французски. Они в зал: «Йе-е!» И им из зала – «Йе-е!!» Понял, чем это пахнет?»*
>
> *Когда Мацкий пересказал мне этот диалог, мне почти не было смешно. Сейчас немножко смешнее.*

А в министерстве, далеком от проблем рок-н-ролла в нашей стране, даже не знали, кто мы такие. Мы скромно выступили у них на вечере, и румяным мясным и молочным тетенькам очень понравилось, как мальчики поют. Вопрос был решен на нижнем уровне – без участия министра. В нашем распоряжении оказался конференц-зал и каморка за сценой для хранения аппарата. Кроме всего прочего – ансамбль Министерства мясной и молочной промышленности! Согласитесь, это звучало.

У Маргулиса оказался классный блюзовый голос. Правда, он наотрез отказывался им пользоваться, мотивируя это тем, что сперва следует с бас-гитарой разобраться. Он, конечно, кокетничал, с бас-гитарой разбор произошел очень быстро. Через какой-нибудь месяц мне уже нечего было показывать и объяснять, а потом я и сам начал тайком поглядывать, что и как он играет. С исчезновением застарелого напряга Кавагое – Кутиков дышать и работать стало несказанно легче.

Атмосфера в команде – самое главное. Особенно у нас, когда ты не связан никакими контрактами, написать хорошую песню – твоя единственная перспектива, а отсутствие профессионального мастерства не позволяет ничем компенсировать холод человеческих отношений. Потому-то Москва была полна виртуозов-одиночек, полупризнанных гениев соцандерграунда, а групп оставалось меньше и меньше. Нам же, видимо, просто очень везло друг на друга.

Чуть позже в команде появился скрипач Коля Ларин. Не помню, откуда он взялся и откуда вообще возникла идея использовать струнные смычковые – во всяком случае, никак не от «Аквариума», о котором мы еще слыхом не слыхивали.

Хотя, в общем, понятно: после Саульского за клавишами как-то никто уже не смотрелся, втроем играть – не хватало красок, а такие вещи, как «Mahavishnu Orchestra» с бешеной скрипкой или, скажем, Жан Люк Понти, были у всех на ушах.

Коля был убежденный авангардист, что не очень-то вязалось с нашей музыкой, но у нас была группа, а он был один – и это решило все.

Вспоминая такое странное сочетание, я могу сказать только одно: мы испытывали потребность в экспериментах и никаких рамок перед собой не видели. Может быть, это вообще витало в музыке тех лет, а может, было присуще только нам – мы каждый день что-то для себя открывали: то «Soft Machine», то Чика Кореа, то трио Ганелина, и это тут же, как в зеркале, отражалось в наших вещах, при том что мы играли совершенно другую музыку. Были у нас даже многочастные длиннющие композиции типа «Молитвы», куда было понапихано черт-те что. Все это называют словом «эклектика». В таком случае это была прекрасная эклектика.

Примерно к этому времени относится наша первая профессиональная запись.

(Вру, вторая. Первая случилась на радио в 1970 году и, по-моему, даже однажды звучала в эфире, но думаю, что ее в природе уже не существует. Туда входили песни «Солдат», «Продавец счастья», «Помогите», сопливая лирика «Последние дни» и патетическая антивоенная пьеса «Я видел этот день». Очень было бы смешно послушать. Увы.)

На этот раз нас попыталась вытащить на голубой экран вечная ведущая «Музыкального киоска» Элеонора Беляева. Узнала она о нас от своей дочери и, видимо, не предполагала, с какими трудностями ей придется столкнуться в связи с нашим приглашением.

За один день мы записали и свели «Круг чистой воды», «Ты или я», «Из конца в конец», «Черно-белый цвет», «Марионетки», «Флаг над замком» и «Летучего голландца» – единственную нашу песню на чужие стихи, а именно Бори Баркаса. И хотя за пультом был Володя Виноградов, я все равно не понимаю, как это мы уложились. Собственно, записью все и закончилось – никуда она, конечно, не пошла. Но это была первая наша нормальная запись, и разлетелась она по изголодавшейся стране со скоростью звука. Мы узнали об этом чуть позже.

Бывало и смешно. Мы приехали в Таллин (извините, буду писать по-старому, как привык), на фестиваль «Таллинские песни молодежи-76» (об этом чуть дальше), и сразу познакомились с очаровательным парнем, журналистом Николаем Мейнертом — он и был одним из инициаторов-организаторов фестиваля. В первый же вечер мы оказались у него в гостях, и он торжественно завел нам нашу запись 75-го года — дескать, все у них есть! Я пришел в ужас — на Колиной записи звучал только один канал, поэтому, например, пресловутая «Ты или я» состояла из моего голоса, барабанов и бас-гитары — остальные инструменты отсутствовали. Я тут же достал из сумки оригинал записи (всегда таскал его с собой!) и попытался восстановить художественно-историческую справедливость. Услышав первоисточник, Коля очень расстроился и признался мне, что его вариант нравится ему гораздо больше.

Необъяснимые вещи творились с нами — и творились по 1986 год, когда мы, будучи уже семь лет профессионалами, добились разрешения работать в Москве. Масса хороших людей, энтузиастов своего дела, пытались пропихнуть нас то туда, то сюда, то на страницы газет, то в «Голубой огонек», то в передачу «Запишите на ваши магнитофоны» — и всегда в последний момент чья-то бесшумная мягкая лапа останавливала любые поползновения. У меня даже возникало такое ощущение, что мы волей случайностей стали эдаким громоотводом для всего направления в целом.

Имя наше было притчей во языцех, и благодаря тому, что не пускали нас, кому-то удавалось быстро под шумок занять наше место. А может, мне все это кажется. Не знаю, кому персонально и чем мы так насолили, — ходили разные легенды, что нас очень не любит Гришин, что нас очень не любит Шауро, что нас очень не любит кто-то в КГБ; проверить все это мы не могли. Но присутствие этой мягкой лапы я физически ощущал все время.

Вот ведь забавно! Остановите сейчас на улице сто человек – хоть вместе, хоть по очереди – и спросите: кто такой Гришин? Кто такой Шауро? А ведь как гремели имена, как трепетали народы! Воистину все – тлен и суета…

Помню, нас снимал Ролан Быков для какой-то своей телепередачи. Он был уверен в успехе, говорил, что пойдет к самому Лапину, если будет надо. Туда он и пошел в конце концов. И вышел молча, разводя руками. Разговаривать о песнях не имело никакого смысла – их просто не хотели слушать. Достаточно было нашего названия. Все это тяготило безмерно, но, с другой стороны, рождало уверенность в том, что мы все делаем правильно. Жизнь, в общем, продолжалась.

Поскольку никому, вплоть до вышеуказанных органов, было по-настоящему не известно, что таким командам вроде нашей можно, а что – нельзя, никаких правил и законов не существовало, все в конечном счете сводилось к наличию у ансамбля «литовки», то есть программы, утвержденной так называемым Домом народного творчества (я имею в виду не финансовую сторону концертов – тут вообще никто ничего не понимал, – а просто право выступать на публике).

Дом с таким волшебным названием располагался на Малой Бронной. Я шел туда с гордостью за то, что наше творчество занесено в разряд народного, и вообще с большим интересом. Мне казалось, что в этом доме должна кипеть какая-то яркая жизнь, воздух дрожать от народных танцев, былин и сказаний. Подойдя к подъезду, я не услышал гуслей и балалаек и, зайдя внутрь, увидел мертвые коридоры, выкрашенные тем цветом, что идет у нас в стране на детские сады, школы и больницы, – типичная советская контора. Почти все кабинеты оказались закрытыми – видимо, давно и навсегда.

Я разыскал наконец человека, ответственного за жизнь и деятельность команд вроде нашей. Носил он непростую фамилию Эстеркес, имел интеллигентную внешность с наличием бородки, в глазах его стояло застывшее страдание. Он сознавал своим административным умом, что «литовку» нам подписывать нельзя (название «литовка» было, естественно, условное – никакого отношения к государственному ЛИТу все это не имело), но аргументов найти не мог. Помню, как он в отчаянии перебирал листочки с нашими песнями и пожимал плечами.

Мне было его по-человечески жалко, но другого выхода я не видел – клубы и институты наотрез боялись принимать нас без проклятой бумажки. Действительна же она была на один отдельно взятый концерт. Это потом уже я поумнел и множил ее на ксероксе. Пару раз Эстеркесу удавалось непостижимым образом исчезнуть из кабинета, узнав, что я на пороге. Возможно, он вылезал в окно.

Впоследствии я уже не подвергал себя такому испытанию, а посылал к нему приглашающую сторону, то есть устроителей. Однажды помог тот факт, что фамилия моя совпала с фамилией зам. главного архитектора Москвы – большого человека. Это тогда работало.

У меня до сих пор валяется несколько тех самых, когда-то вырванных с кровью «литовок». Вписывал я туда, конечно, все, что угодно, вплоть до русских народных песен, но душа моя протестовала против совсем уже тотального вранья, и несколько своих песен я там оставлял. На одной из «литовок» рукой Эстеркеса вычеркнута песня «Марионетки». Что-то там в ней ему, Эстеркесу, не понравилось.

В 1976 году случилось событие, открывшее новые горизонты в нашей жизни, — нас вдруг пригласили в Таллин на фестиваль «Таллинские песни молодежи-76». Организовывал это ЦК ВЛКСМ Эстонии, и название фестиваля носило отпечаток эдакого комсомольского камуфляжа — это, конечно, был рок-фестиваль, но слово пока было запрещенное. Не помню, с помощью какого финта мы заполучили бумагу с грифом родного мясомолочного министерства, где говорилось, что нас командируют на фестиваль. Мы ехали туда как на самый главный праздник в своей жизни. К радости примешивалась робость — мы слышали, что в Эстонии музыкальная жизнь куда свободнее, чем в России, и что там очень сильные группы.

Поразило сразу все — красота и чистота таллинских улочек, вежливость и серьезность местных комсомольцев, покрытых сильным рок-н-ролльным налетом, — очень они были непохожи на наших привычных, в галстуках и с бегающими глазами. Еще поразило то, что у входа в зал Таллинского политехнического института, где проходил фестиваль, нет толпы: оказывается, билеты давно проданы, а воспитанная эстонская молодежь не станет без толку ломиться, раз билеты все равно кончились. Это казалось невероятным, у нас-то в Москве все было иначе — самый верный способ создать толпу — это сказать, что билетов уже нет.

Скрипача Коли Ларина с нами уже не было, его вольная авангардистская душа не вынесла нашей врожденной дисциплины, и место его занимал некто Сережа Осташев — скрипач, конечно, послабее, но зато старательный (он, кстати, с нами тоже долго не прожил).

Мы приехали в Таллин позже остальных участников, оказалось, что все гостиницы уже заняты, и нас повезли в какое-то студенческое общежитие, оставленное как резерв. Мы по гостиницам еще никогда не жили и никаких претензий не имели, настроение было необыкновенно приподнятое, во всем ощущалось преддверие какого-то счастья – настоящий рок-фестиваль и почти за границей. Ехали мы в эту общагу почему-то на троллейбусе, в котором нам представили необыкновенно интеллигентного юношу в овчинном тулупе, явно студенческого вида, с милой спутницей и гитарой в матерчатом мешке. Звали юношу Боря Гребенщиков.

В общагу мы приехали сильно продрогшие и тут же предложили ему согреться нервно-паралитическим – наш звукорежиссер Саша Катамахин производил это пойло путем настаивания чистого медицинского спирта на большом количестве стручкового красного перца, привезенного специально для этой цели из Ташкента. Он всегда возил этот динамит с собой – якобы на случай простуды кого-нибудь из нас. Повод был достойный. Согрелись мы основательно и, кажется, заснули по пути к койкам, а Борька – по дороге к своему номеру, которого у него, кстати, так и не оказалось.

Борька нам очень понравился. Мы ему, по-моему, тоже. Он со своим «Аквариумом», который тогда представлял собой милый акустический квартет, явился в Таллин без всяких приглашений и чуть ли не пешком. И им разрешили выступать! По законам московской жизни такое даже невозможно было себе представить.

Собравшиеся с разных концов страны на фестиваль хиппи рассказывали совсем уж фантастические вещи: их встречали на вокзале (руководствуясь их внешним видом), предлагали комнаты в общежитии, а по окончании фестиваля – обратные билеты, и все бесплатно! (Естественно, откуда у хиппи деньги?) Это вместо того, чтобы волочь в кутузку, стричь и выяснять, откуда, собственно, они взялись. Мы чувствовали, что попали в другую страну.

Грянул фестиваль. Эстонские группы оказались действительно сильными, но какими-то замороженными, что ли. В их музыке было все, кроме того, что заставляет тебя притопывать ногой в такт помимо собственной воли.

Кроме, пожалуй, Гуннара Грапса с его командой – он был какой-то неприбалтийский: заводной и рок-н-ролльный до мозга костей.

Москву представляли мы, блюзово-рок-н-ролльное «Удачное приобретение», Стасик Намин с группой из двух человек (Слизунов и Никольский). Из Ленинграда приехал «Орнамент», тот же «Аквариум», кто-то еще, из Горького – группа «Время». Остальные команды из Прибалтики.

Концерты шли днем и вечером. По три-четыре группы в каждом. Мы выступали вечером первого дня. Не знаю уж, в каком приподнятом состоянии духа мы пребывали, но зал аплодировал минут десять – было ясно, что это победа (что для нас стало полной неожиданностью, кстати: у нас ведь до этого не было возможности сравнить себя с другими командами, кроме московских). Не знаю, что тут сработало – то ли наши песни, сделанные из очень простой музыки, то ли странное сочетание бит-группы со скрипкой, а может, наш завод, у прибалтов отсутствовавший. Наверно, все вместе.

Назавтра днем состоялось второе наше выступление. Оно прошло похуже из-за нашего состояния – очень уж нас накануне все поздравляли, но это уже было неважно. Сережа Кавагое, постоянно ратовавший за профессиональное поведение на сцене, договорился с нами, что в случае какой-либо технической поломки во время выступления следует не ковыряться в проводах, стоя спиной к залу, а быстро и с достоинством покинуть сценическое пространство, пока все не починят. И когда на второй песне что-то у меня отключилось (дело обычное), Сережа бросил палки и с такой скоростью усвистал за кулисы, что зал испуганно притих — все решили, что это какая-то творческая наша задумка.

Уезжали мы из Таллина пьяные от счастья и коктейля «Мюнди», увозя с собой бесценную бумагу, подписанную секретарем ЦК ВЛКСМ (ну и что, что Эстонии?), где говорилось, что мы не враги народа, а, напротив, художественно и идеологически выдержанные и заняли первое место на советском молодежном фестивале. Эта бумага виделась нам спасательным кругом, на котором еще долго могла продержаться наша безопасность в московских джунглях. Еще мы увозили обещание Борьки пригласить нас сыграть в Питер — по его рассказам, там шла подпольная, но совершенно роскошная рок-н-ролльная жизнь.

В Питере мы оказались очень скоро. Нас встретили как героев. Это было приятно. Дружное хипповое, какое-то немосковское подполье, очаровательный, едва уловимый ленинградский акцент, кофе в «Сайгоне» — все это было великолепно.

И сейчас — прибыв в 8 утра на «Стреле», выхожу на Невский, смотрю першпективу в сторону Генштаба. Похоже? Непохоже. И вот что: в советские времена были очень некрасивые вывески, но они были ОДИНАКОВО некрасивые, исполненные в одной стилистике, и было их гораздо меньше, а рекламных щитов не было вовсе, и не могли эти серенькие «булочная», «ресторан», «гастроном» скрыть или даже поломать могучую архитектуру Питера. Иное дело теперь – спасибо Саше Розенбауму, хоть растяжки убрали его усилиями. Такая красота наляпана на каждом сантиметре – глаз не оторвать! А идешь, скажем, по Лондону – и нигде (за исключением двух торговых улиц) никакой наружной рекламы! А знаете, почему? А потому что нельзя! А почему? А потому что некрасиво – вид города портит! Ну не деревня?

По первому ощущению питерская тусовка чувствовала себя куда свободнее московской – и весьма этим гордилась. К вечеру, уже несколько набратавшиеся, мы большой волосатой толпой двинули на сейшн в ДК Крупской. Он оказался где-то почти на окраине (как мне показалось), но – фантастика! – милиции не было!

Первой играла команда с названием «Зеркало» – и никаких особых впечатлений ни у нас, ни у зрителей не оставила. Мы приободрились – народ уже знал, что мы должны играть, и посматривал на нас с плохо скрываемым восторгом. Представляю, как уже успела расписать наши достоинства хипповая молва.

Вслед за «Зеркалом» вышел «Аквариум». Играли они чистую акустику и, следовательно, прямой конкуренции составить нам тоже не могли. Их принимали тепло, но без остервенения.

Потом на сцене появились «Мифы». Их я уже видел пару лет назад в Москве – не знаю, каким ветром их туда занесло. Уже тогда в них все было шикарно – мощный, какой-то фирменный вокал Юры Ильченко, издевательские тексты, тяжелые аранжировки, волосы до плеч и драные джинсы – все чуть-чуть свободнее, чем в Москве. А теперь они вышли на сцену с духовой секцией – трубой и саксофоном! Дудки победно сверкали.

С первыми аккордами я понял, что нам конец – если два года назад они меня поразили, то теперешнюю мою реакцию не описать. Я был растоптан. Помимо всего прочего у «Мифов» напрочь отсутствовали сценическая зажатость и старательность, столь характерные для московских групп и, наверно, для нас самих. На сцене стояли абсолютно отвязанные жизнерадостные нахалы, явно торчавшие от собственной музыки. Пианист Юра Степанов время от времени оставлял инструмент и пускался вприсядку. В зале творилось невообразимое.

Маргулис задвинул свою бас-гитару ногами куда-то под кресло и заявил, что если после «Мифов» я хочу видеть его на сцене, то для начала придется его убить.

Поздно! «Мифы» доиграли свой последний хит, пригласили на сцену «Машину времени», и их трубачи грянули какой-то бравурный марш. Не выйти было нельзя. Не помню, как мы с Сережей выволокли Маргулиса за кулисы. Занавес закрыли на пять минут – ровно на столько, чтобы попытаться настроить гитары, воткнуть их в аппарат и выяснить, какая песня первая. Тряпку раздернули, я зажмурился, и мы грохнули «Битву с дураками».

Я выжимал из себя и из гитары все. Я не раскрыл глаз до конца песни. Мне было страшно. Последний аккорд потонул в таком реве, что глаза открылись сами собой. Впоследствии я никогда не видел, чтобы пятьсот человек могли произвести звук такой силы. Страх улетучился мгновенно. Были сыграны «Ты или я», «Флаг над замком», «Черно-белый цвет», и я почувствовал, что надо уходить, потому что у человеческих эмоций есть предел, и следующую песню зал уже с таким накалом встретить не сможет просто физически.

Потом мы шли разгоряченной толпой во всю ширину какой-то темной улицы. Кажется, от нас валил пар. Мы двигались в сторону Московского вокзала, особенно, впрочем, не заботясь о направлении. Откуда-то возникла бутылка водки и крохотная хрустальная рюмочка, которую всякий раз перед тостом торжественно ставили на асфальт посреди улицы и наполняли. Местные менеджеры бежали за нами, на ходу выкрикивая предложения, – все это уже было неважно. Это вот ночное ленинградское счастье живо во мне до сих пор. А в Питер мы вернулись скоро. Ровно через неделю.

И началась наша гастрольная жизнь. Конечно, гастролями это в сегодняшнем смысле назвать было бы никак невозможно. Гастроли – это что-то такое длительное, профессиональное. Нам же звонили уже знакомые организаторы из Питера либо друзья-музыканты, мы покупали билеты, грузили свой аппарат в купе «Стрелы» и отправлялись в колыбель революции.

Когда я сейчас пытаюсь представить себе, как это мы перли все наши ящики по платформе, затаскивали их в вагон, невзирая на вопли проводницы, помещались между ними и на них в купе, утром выволакивали все это на продрогший питерский перрон, везли к какому-нибудь безумному нашему фану на квартиру, задыхаясь, поднимали на пятый этаж – ленинградские подъезды не баловали нас лифтами, – а через пару часов уже спускали наши драгоценности вниз, чтобы закинуть в пойманный левым путем автобус и разгрузить все это в рискнувшем принять нас Доме культуры, науки или техники, настроить звук, потом, пьяные от успеха и общения с питерской тусовкой, опять все развинтить, собрать, довезти, невзирая на вопли проводницы, и ничего не потерять по дороге — я не понимаю, сколько сил в нас бурлило и какой магический завод нами двигал.

Колонки самого популярного (и самого, надо сказать, надежного) комплекта «REGENT 60» производства ГДР (ламповый усилитель на 40 ватт, две неподъемные тумбы с динамиками, оклеенные дерматином цвета немецкой военной формы, включалось туда все, что можно) были ровно такого размера, чтобы занять собой все купе — они входили в дверь миллиметр в миллиметр. Дальше надо было, невероятно извернувшись, упасть на верхние и нижние полки — получалось только лежа, а на колонках уже открывали бутылки и резали колбасу. Проводницы бесились, но сделать ничего не могли — у них не получалось даже сдвинуть наши колонки с места, а мы за ними сидели как в крепости.

Понятие «техперсонал» тогда отсутствовало начисто, рассчитывать приходилось только на фанов, мечтающих проскочить на заветный сейшн. По окончании они, как правило, исчезали либо находились в состоянии, не позволявшем допускать их до аппарата.

Пожалуй, на тот период достойных конкурентов, кроме «Мифов», в Питере у нас не было. Бешеный прием ленинградцев грел нас, как доброе вино. Были и другие причины наших миграций — в родной Москве мы уже задыхались в кругу одних и тех же знакомых по сейшенам лиц, а новые не могли нас увидеть, хоть застрелись, из-за проклятой конспиративной системы распространения билетов. Круг устроителей сузился до нескольких человек, у которых обломы случались не каждый раз, а, скажем, через два на третий. А ехать по приглашению какого-то новичка, зная, что потом придется долго и нудно давать показания, да еще тащиться ради этой радости, скажем, в Электросталь крайне не хотелось. Питер стал для нас спасением – правда, тоже ненадолго.

С первых же приездов я слышал постоянно имя какого-то легендарного Коли Васина. Произносилось оно с особенным уважением и чуть ли не трепетом. На одном из сейшенов мне сообщили, что Васин будет. Я, между прочим, волновался.

После нескольких песен на меня налетел, смял и поднял в воздух здоровенный малый в бороде и хипповых атрибутах. Между поцелуями он оценивал нашу игру словами, которые я здесь при всем желании и торжестве гласности привести не могу. По глазам окруживших меня ленинградских друзей я почувствовал, что их «отпустило». Потом я узнал, что Коля Васин, как правило, в оценках строг, а с мнением его очень считались.

Этим же вечером мы оказались в его доме. Долго тряслись на трамвае, друзья-музыканты, загадочно улыбаясь, поглядывали на нас, и я понимал, что нас ожидает какой-то шок. Я даже предвидел, что связано это будет с битлами. Но такого я, конечно, не ожидал. Какой там дом! Какой музей! Мы вдруг очутились внутри волшебной шкатулки, заполненной битлами.

Не было ни квадратного миллиметра без битлов. Пространство уходило в полумрак и хотя, как я понимаю сейчас, было небольшим – казалось безбрежным и многомерным. Битлы смотрели с фотографий, постеров, картин самого различного художественного достоинства, со значков на портьерах, с самих портьер, с книжных полок и полок для пластинок и кассет. В углу даже располагалось чучело Ринго Старра в натуральную величину, показывающего всем «козу», то есть «лав». И все это горело безумными красками и дышало истинным хипповым духом.

Может быть, на свете есть несколько человек, не уступающих Коле Васину в информированности о жизни «Битлз». Какой-нибудь Хантер Дэвис. Не знаю. Но всезнание Коли меня поражало. Поражало, как он все это собрал по крохам, живя в Ленинграде, и на какой любви все это было замешено. Его можно было спросить, что, скажем, делал Джон одиннадцатого августа 1964 года часов в восемь вечера, и в ответ шел немедленный рассказ, причем, произнося имена битлов, Коля заикался от нежности.

Его хата надолго стала моим любимым местом в Питере. Я мог оставаться там на несколько дней и, когда Коля уходил на работу, брал один из его альбомов и читал до вечера. Альбомы Коля делал сам. Их невозможно описать – их следует видеть. Это были неподъемные фолианты, содержавшие жизнь битлов в статьях, текстах песен, фотографиях, его же, Колиных, картинах и картинках, а также комментариях. Это великий труд, пропитанный такой неподдельной любовью, что от осевшей в альбомах Колиной энергетики они чуть не светились в темноте.

Коля был максималист. Он или любил – до удушения в объятиях, – или не любил совсем, отводил глаза, физически не мог сказать что-то хорошее, если ему не нравилось. Да что я все «был» да «был». Жив Коля Васин, слава богу, и давно переехал с дикой Ржевки в центр Питера и перевез свой музей, только вот смерть Джона Леннона сильно его согнула, и, может быть, от этого он оставил себя в том, что было до восьмидесятого года. Может, так оно и надо. Я его вижу иногда и очень его люблю.

Четыре раза в год – в дни рождения Джона, Джорджа, Пола и Ринго – Коля устраивал грандиозные, чисто питерские сейшены в их честь. Энергия его не знала границ. Художники рисовали плакаты и картины, музыканты разучивали песни именинника специально к этому дню. И все это происходило абсолютно без участия каких-либо денег, что приводило в изумление и неверие бдительных ленинградских ментов. Сейшены проходили с огромным количеством групп, в конце они обычно играли что-то вместе – дух праздника приближался к религиозному. Даже портвейн в туалете пился одухотворенно, только за битлов, и ни в какое безобразие это не переходило. Я пару раз побывал на этих днях рождения и унес грустное чувство, что питерская музыкальная тусовка как-то дружнее московской (хотя и в столице все мы были друзья).

Я не мог представить себе такого по-детски чистого, альтруистического всеобщего собрания людей, такого общего просветления в столице нашей родины. А может быть, у Москвы просто не было своего Коли Васина.

Мы не оставались в долгу и по мере своих сил вытаскивали питерские команды в Москву. В качестве рупора использовался Архитектурный институт, где я как-никак все еще учился. Таким образом Москве были показаны «Аквариум» и «Мифы».

Московско-питерская музыкальная дружба доросла до того, что по окончании одного из наших наездов на Ленинград солист «Мифов» Юрка Ильченко отказался расставаться и вместе с нами укатил в Москву. Причем решение было принято прямо на вокзале минут за пять до отхода поезда, а так как все имущество Ильченко состояло из гитары, которую он притащил с собой, – никаких проблем не возникло.

Юрка вообще был (да, наверное, и остался) необыкновенно легким человеком. Я, пожалуй, легче и не встречал. Он был настоящий человек рок-н-ролла. Деньги у него тогда в принципе не водились, а если случайно и появлялись, то расставался он с ними с радостью, граничащей с отвращением. Места проживания он менял так часто, что домом ни одно из них назвать было нельзя. От его паспорта, сложенного обычно вчетверо, милиционеры падали в обморок. Хипповое начало было у него не элементом моды, как у девяноста процентов тусовки, а росло где-то внутри, как небольшое дерево. Комплексами он не страдал вообще, и это как раз затрудняло длительное общение с ним людей, комплексы имеющих, то есть всего остального человечества.

Он подтверждал собой ту истину, что если человек талантлив, то талантлив во всем. Брал в руки карандаш – и оказывалось, что он прекрасно рисует. Пробовал шить – и через неделю уже делал это лучше и быстрее всех остальных, и половина Питера ходила в построенных им клешах. Делал гитары, на которых сам и играл.

Не было в нем только стержня, без которого невозможно ни одно дело довести до конца. Я это очень чувствовал, когда он писал какую-нибудь новую песню. После того как он находил что-то для себя главное – удачное четверостишие, музыкальный ход, в общем, феньку, – вся остальная работа по доделке теряла для него всякий интерес, и я безуспешно пытался заставить его что-то подчистить. Хотя песни он писал отличные, на гитаре играл именно так, как надо, не поражая скоростью, но очень вкусно и с удивительным ощущением стиля – то, что у большинства наших виртуозов отсутствует.

Про его манеру петь я уже не говорю. Вообще петь по-русски умели тогда единицы, не корежа русский язык английским прононсом (меня от этого могло стошнить прямо на сейшене). У нас и сейчас-то от этого далеко не все отделались, а уж тогда это, видимо, казалось единственным способом сблизить свои беспомощные поэтические опыты с как бы проверенным американским роком. Юрка пел удивительно — абсолютно по-русски, легко и свободно, и это был настоящий рок. (В жизни он слегка заикался и говорил голосом, отнюдь не наталкивающим на мысль, что этот парень может петь.) Думаю, что был он одним из лучших вокалистов нашего рока вообще — по тем временам, во всяком случае.

Мне трудно сейчас оценить музыку, которую мы играли вместе с Ильченко. Коля Васин считает, например, что это был самый сильный состав «Машины». Мы с Юркой совместно ничего не написали — просто играли и его, и мои песни и помогали друг другу доводить их до ума. Наверно, был хороший контраст: при массе общего мы с ним все-таки были очень разные. И в музыке тоже. Но нам нравились песни друг друга, и из этого, видимо, что-то выходило.

Продлился наш альянс около полугода. Жил Юрка все это время у меня на кухне, и совместное наше проживание лишний раз доказывало мне, что все на свете относительно и не такой уж я хиппи, как мне самому казалось.

Ничто в жизни не обременяло Юрку, кроме музыки, и он мирно спал, когда я, опухший и злой, бежал на работу в постылый «Гипротеатр». Где-то к обеду я ломался и засыпал.

На этот случай в столе под чертежами была проделана дырочка, куда вставлялся грифелем твердый карандаш, после чего на него можно было «повесить» кисть правой руки. Левой рукой подпиралась голова, и образ архитектора, задумавшегося над проектом, был налицо. В этой трудной позе я чутко спал до семнадцати тридцати, после чего летел в институт засветиться, узнать, когда и какие зачеты, и, наконец, к девятнадцати ноль-ноль оказывался на репетиции, где меня уже ждал свеженький, только что проснувшийся и заботливо накормленный моими родителями Ильченко.

Беспомощная зависть смешивалась во мне с праведным гневом труженика. Конечно, Юрка ни в чем не был виноват. Скорее всего, мы просто за полгода сыграли вместе все, что нам хотелось. Но сейчас кажется мне, что это было долго и хорошо, а летом мы еще устроили с Борзовым путешествие в дикую Карелию, а потом рванули с Ильченко в Гурзуф — любимое мое место тогда. Золотое это было время! И Гурзуф был еще Гурзуфом, и в «чайнике» рядом с причалом продавали волшебный ялтинский портвейн, от которого делаешься только лучше и добрее, и море было хрустальной прозрачности, и не существовало еще слова «спид», и городишко Чернобыль ничем не выделялся на поверхности страны.

Расставание с Ильченко случилось не вдруг. Мы чувствовали, что к этому как-то шло. И все же, когда он сказал, что истосковался по Питеру и не в силах более бороться с зовом родной земли, стало грустно. Расстались мы друзьями.

А дальше случилась с Юркой, в общем, грустная вещь. Расставшись с нами, он еще некоторое время поколбасился на питерской сцене, а потом куда-то исчез — я, во всяком случае, потерял его из вида лет чуть не на двадцать. Короткое исключение составила работа над фильмом «Перекресток» с Ярмольником в главной роли. Я тогда вообще сотворил невозможное — написал пять песен за месяц — они с Астраханом вдруг решили, что главный герой будет музыкантом, а через месяц или чуть меньше уже надо было снимать. Ладно придумать — их надо было еще записать на студии, а главное — спеть. Ярмольник надеялся, что я спою, а он в кадре будет открывать рот. Я убедил его, что Ярмольник, поющий голосом Макаревича, — самое глупое, что можно себе представить. В идеале, конечно, петь он должен был бы сам. Он бы и спел — если бы было в запасе месяца три. В фильме «Московские каникулы» я практически заставил его это сделать, но на одну песню ушел месяц — Леня хороший артист, но, в общем, не певец. В результате в музыкальном фильме под ударом оказалось то, что в нем должно быть главным, — музыка. Чертов совок. Днями и ночами я искал поющего человека с голосом, похожим на голос Ярмольника. Пробовал петь даже Гриша Константинопольский — выходило смешно, но Ярмольником не пахло. И тут я вспомнил про Юрку Ильченко. Разыскал его, он тут же прилетел и сделал то, что от него хотели. Имитации Лениного голоса все равно не получилось, но слух (и глаз) не резало, и я думаю, многие даже не догадались, что поющего Ярмольника озвучивал Ильченко. Юрка спел, получил деньги и снова пропал.

А потом вдруг объявился недавно, с пачкой дисков. Он снова собрал группу и записал альбом. Я много раз наблюдал (увы, были примеры): уезжает человек за границу и застывает ровно в том времени, из которого уехал. Потом встречаешь его через десять лет — а с ним ничего не произошло, и разговор с тобой он начинает с того места, на котором вы его оборвали десять лет назад, и он ничего не замечает, а тебе не дает покоя странное ощущение — ты прожил целую эпоху, а он — нет! Распалась связь времен. Это можно объяснить, если человек уехал в другую страну и жил только своими воспоминаниями. Но Юрка-то никуда не уезжал! Было чувство, что те же самые «Мифы» записали альбом — только на дворе тот же семьдесят восьмой год. И то, что стреляло тогда, было клевым и современным, вдруг оказалось совершенно никаким сегодня — все мимо. Я даже растерялся. Юрка хотел, чтобы я показал альбом в Москве на всяких радиостанциях. Я честно попытался — никто его не взял. И Юрка опять исчез.

Жалко. Редкого таланта мужик.

«Машина» наша за эти полгода с Ильченко приобрела такое плотное звучание, что возврат в трио был уже невозможен. Мы как-то вяло поиграли втроем, съездили в Таллин во второй раз — теперь уже фестиваль проходил не в зале ТПИ, а во Дворце спорта «Калев». Мы никогда еще не играли на такой большой аудитории. Выступили мы хуже, чем за год до этого, — нас уже ждали как героев, а я накануне отъезда простудился так, что ни петь, ни говорить, ни шептать не мог.

Меня шатало от аспирина, меда, коньяка, и прошли мы во многом благодаря прошлогодней славе. «Високосное лето», приехавшее в Таллин впервые, нас явно затмило. Было обидно, но не очень — все-таки наши, московские! Приехав домой, мы поняли, что дудочное звучание «Мифов» не дает нам покоя.

И мы кинулись искать духовую секцию. Меня лично привлекал совсем не джаз-рок, входивший тогда в моду. Мы хорошо относились и к «Чикаго», и к «Blood, Sweat and Tears», и к Леше Козлову, но шли не за ними. В сверкающих дудках было что-то победоносное и необъяснимо жизнеутверждающее. Мне наша духовая секция виделась почему-то в парадных никелевых пожарных касках. Жаль, что за год ее существования я этих касок так и не смог достать.

Надо сказать, что у нас практически не было знакомых в духовом мире, который не очень-то пересекался с рок-н-ролльным. За помощью мы обратились к нашему другу Саше Айзенштадту, человеку из джаз-роковой прослойки. Очень скоро он прислал к нам саксофониста Женю Легусова, эдакого смешного блондинистого парня, который неожиданно оказался очень деловым, уяснил задачу, нами поставленную, и обещал духовиков в ближайшие дни набрать. Так как у нас не было опыта в аранжировках духовых, мы в порядке испытания дали ему песню «Посвящение хорошему знакомому» с условием вписать туда дудки.

Буквально дня через три Женя позвонил и доложил, что задание выполнено. Через час мы собрались на нашей базе в ЖЭКе № 5. Женя и два незнакомых малых вынимали из чехлов сверкающие золотом инструменты, что-то там подвинчивали, вставляли, поплевывали – так готовят оружие к бою. У меня по спине шли мурашки от ожидания. Потом появились листочки с нотами. Это нас потрясло. Мы за все время существования «Машины» нотами не пользовались и вообще считали нотную запись продажной девкой официальной эстрады. Мы грянули «Посвящение», и я от восторга не мог петь. Пришлось раза три или четыре начинать сначала. Это было потрясающее чувство – когда слышишь свою песню в совершенно новом звучании и становится ясно, чего же ей не хватало все это время. Как будто за нашими спинами появилась артиллерия, поддерживающая нашу атаку мощными медными залпами. Ничто не заменит звук живых дудок!

Третий духовик – тромбонист – через несколько дней куда-то исчез, но это было неважно, вполне хватало саксофона и трубы. На трубе играл Сережа Велицкий – человек с ангельским взором и мягким южным говором. Родом он был из Керчи, имел прекрасный классический звук. В команду нашу он, в отличие от Легусова, как-то сразу не вписался.

Я часто раздумывал над этим явлением – такое происходило у нас частенько с новыми людьми. И никогда не случалось, чтобы, скажем, сначала не вписался, а потом – ничего, подошел. Это было ясно с самого начала, и в конце концов человек всегда уходил. Не могу объяснить, в чем тут дело. И уж никак не в том смысле, что, мол, мы хорошие, а он – плохой. Какие-то очень тонкие понятия из области юмора, взаимопонимания, поведения, вкуса, не знаю, чего еще. Нам никогда не приходилось объяснять это друг другу – но «наш – не наш» бывало порой важнее всех музыкальных талантов новобранца.

Много лет спустя я снимал в Ливерпуле фильм про ежегодный проходящий там битловский фестиваль – группы-двойники (сходство с оригиналом иногда до мурашек), базар-обмен битловскими раритетами, музыка с утра до ночи. Среди прочих гостей на фестивале была Синтия Леннон – первая жена Джона. Я брал у нее интервью и среди прочего спросил, почему Пит Бест, такой красавец, не вписался в «Битлз». «Они не совпадали по чувству юмора», – сказала Синтия. Вот это самый точный ответ.

Но на этот раз оказалось не до того – слишком захватил сам звук, новые звуковые возможности. Мы с Кавой кинулись сочинять аранжировки для духовых. Это нас настолько увлекло, что техника записи этих аранжировок на нотную бумагу далась нам за несколько дней. Меня, правда, поразило, что для духовых существуют различные ключи записи и для трубы, например, следовало всю партию записывать на тон ниже. Жуткая глупость!

Кава вообще ненавидел ноты как класс. Он не мог понять, почему это мы можем играть импровизируя, сразу в любом стиле, а дудкам обязательно нужен для этого проклятый листок с закорючками. И вообще нотные пюпитры (слово-то какое!), стоящие на сцене, лишают ее рок-н-ролльного начала. Поэтому с духовиков было потребовано учить партии наизусть. Если обещание не сдерживалось, Кава запросто мог во время концерта посреди песни выскочить из-за барабанов, сшибить ногой ненавистный пюпитр и довольный вернуться на место.

На носу маячило лето, и нас тянуло играть на юг. Это уже было неизлечимо – команда, однажды съездившая поиграть на юг, оказывалась навсегда отравленной этим сладким ядом и готова была идти на любые, самые унизительные условия, лишь бы оказаться там вновь. Условия, впрочем, были практически везде одинаковы: «будка и корыто».

Правда, одно дело – «Буревестник» с роскошными коттеджами, чешским пивом, столовой ресторанного типа и всем женским цветом страны и совсем другое – палаточный лагерь какого-нибудь Тамбовского института связи с перловой кашей по утрам и обязательным обходом в 23.00. Но даже это было неважно. Бесплатная счастливая жизнь, возможность играть и репетировать, не прячась в подполье, и высокий авторитет в глазах женской части отдыхающих — за это можно было пойти на все.

И когда в начале июня мне позвонил какой-то массовик-затейник и сообщил, что нас ждут в такой-то точке Кавказа, в таком-то пансионате с такого-то числа, — я лично принялся считать дни до отъезда. Дальше случилось непредвиденное — на южной станции нас никто не встретил. Чувствуя неладное, но не теряя надежды, мы поймали грузовик, закидали туда колонки и с большим трудом отыскали в темноте южной ночи нужный нам пансионат, где нам хмуро сообщили, что массовик такой-то в отъезде, а оркестр для танцев у них уже есть. На чем беседа и закончилась.

Ночевали мы на лавочках того же пансионата, стараясь во сне прикрывать какой-либо частью тела часть аппарата, стоявшего тут же. Утром на оставшиеся деньги были куплены яблоки, и мы с Легусовым двинулись вдоль побережья в поисках работы. Баз отдыха и пансионатов вокруг располагалось хоть отбавляй. К сожалению, все они уже имели своих музыкантов.

Прошагав целый день и вдоволь наунижавшись, мы набрели на палаточный лагерь в поселке Джубга. Не помню, какому ведомству он принадлежал. Кажется, МВД. Во всяком случае, начальник лагеря в недавнем прошлом был начальником совсем другого лагеря, о чем нам сразу сообщили. Но музыкантов у них не было. К счастью, наше название, уже вызывавшее трепет в хиппово-студенческой среде, оставалось еще совершенно неизвестным административной прослойке Черноморского побережья, и нас взяли на неопределенный испытательный срок. Очень скоро зав. культсектором лагеря (он же баянист-затейник) почувствовал, что совершена крупная идеологическая ошибка. «Опять одни шейки! – в ужасе кричал он после очередных танцев. – Слишком много шейков!»

Мы попробовали перейти на блюзы, но сметливый работник культуры справедливо заметил, что блюз – тот же шейк, только медленный. По побережью шныряли разного рода комиссии – проверить идеологически-художественный уровень отдыха трудящихся, а заодно выпить и отдохнуть на шару, и баянист понимал, как лицо ответственное, что его южная жизнь висит на волоске.

Честно говоря, мы сами были не в восторге от Джубги – место оказалось глухое, наша публика отсутствовала начисто, а мрачный престарелый туристский контингент базы никак не врубался в нашу музыку.

Золотозубые тетки с высокими пергидрольными прическами неловко топтались под наш молодежный андерграунд и поглядывали на нас неодобрительно. Знаете, почему музыканты, как правило, не танцуют? Они нагляделись. На всю жизнь.

Не помню уже, кто посоветовал нам, не дожидаясь взрыва, сложить свои пожитки и двинуть в Ново-Михайловку на турбазу «Приморье». После скучной плоской Джубги место показалось райским. Дорога, идущая вдоль моря, упиралась в ворота базы и заканчивалась. Дальше шли дикие скалы. С другой стороны база была ограничена лагерем Ленинградского политеха, наполненным милыми девушками. Сама база стояла на крутом склоне горы, утопая в зелени. Между деревянных домиков бродили куры, чудом удерживаясь на склоне. Место было что надо. Старшим инструктором оказался могучий человек по фамилии Черкасов – любитель походов, Высоцкого, туристской песни. Не знаю, чем мы ему понравились. Знаю, что он принял на себя несколько атак всяких идеологических комиссий, но нас отстоял. На счастье, в ларьке «Союзпечать», стоявшем прямо на территории базы, продавалась наша пресловутая пластиночка с трио Линник, то есть «Зодиак», подтверждавшая наше, так сказать, официальное существование.

Южная жизнь наладилась. Единственное, что слегка огорчало, – это постоянное чувство голода. Кормили на базе скромно, к тому же наш жизненный распорядок шел в полный разрез с установленным расписанием. Спать мы ложились примерно за час до завтрака и, естественно, попасть на него никак не могли. Так что обед у нас переходил в завтрак, ужин – в обед, а вечером мы уже кусали локти. У ворот базы торговали люля-кебабами. Запах бесил нас, но денег не было.

Расхаживающие по территории куры, толстые, как свиньи, не давали нам покоя. Принадлежали они, видимо, обслуживающему персоналу базы, и было их много, из чего возникло предположение, что пропажу одной из них никто не заметит. Духовая секция разработала несколько планов покушений. Хитрые куры, спокойно гулявшие под ногами, проявляли небывалую прыть при попытке просто поймать их руками. Первым делом была испробована мышеловка. Она щедро усыпалась крошками хлеба и заряжалась. При этом делалось предположение, что если курицу и не прихлопнет, то, во всяком случае, неожиданный удар по голове лишит ее на мгновение бдительности и тем самым позволит ее пленить. Терпеливый Легусов полдня просидел в кустах, но догадливые птицы склевывали все, кроме последнего кусочка непосредственно на мышеловке. Было предложено использовать мое ружье для подводной охоты, но я не мог позволить осквернить честное оружие таким образом. Наконец однажды путем сложных уговоров Легусов заманил курицу в душевую. Душевая представляла собой бетонный бункер с единственным дверным проемом, впрочем, без двери. В качестве вратаря в этот проем встал трубач Велицкий, и Легусов медленно пошел на птицу. Когда курица осознала, что попала в скверную историю, она закричала страшным голосом, вышибла худенького Велицкого из дверей на манер ядра и унеслась в южное небо. Я и сейчас вижу ее, дерзко парящую над зелеными кипарисами и лазурным морем.

Год семьдесят восьмой ознаменовался заменой в секции духовых. Вместо Сережи Велицкого в команду пришел Сережа Кузминок, человек с могучим здоровьем, тонкой поэтической натурой и трубой, граненной как стакан. Пытались сделать запись с помощью нашего тогдашнего звукорежиссера Игорька Кленова и двух бытовых магнитофонов. Ютились мы в то время на территории красного уголка автодормехбазы № 6 (куда только не заносило!). Запись производилась ночами, когда за окнами не ревели грузовики и никто нами не интересовался. Получилось лучше, чем можно было ожидать, но запись эта у меня не сохранилась.

Весной случилась еще одна занимательная история. Мне позвонил Артем Троицкий – ныне известный критик и авангардист – и сообщил, что по его рекомендации мы приглашены в Свердловск на рок-фестиваль «Весна УПИ», где он пребывает в составе жюри. Окрыленные таллинскими победами, мы махнули в Свердловск.

Фестиваль обещал быть грандиозным – около шестидесяти групп. Но с первых же минут мы поняли, что попали куда-то не туда. Таллином тут не пахло. Шел типичный комсомольский смотр патриотических ВИА. Исключением была группа Пантыкина. Они играли совершенно заумную музыку, но без слов, и это их спасало. Все остальное находилось на идеологическом и музыкальном уровне «Гренады».

Хитрый Троицкий задумал подложить бомбу в виде нас под комсомольское мероприятие. В нас самих проснулся нездоровый азарт ударить московским роком по всей этой клюкве. Не знаю уж, в каких лживых розовых красках расписал Артем «Машину» организаторам, но когда они увидели наши концертные костюмы, они заметались — все остальные выходили на сцену либо при комсомольских значках, либо в военной форме, либо и в том, и в другом.

Наше первое выступление должно было состояться вечером. По мере приближения назначенного часа росла паника комсомольцев и ажиотаж зрителей. К началу зал был заполнен минимум дважды — люди стояли у стен, толпились в проходах, сидели на шеях у тех, кто стоял у стен и в проходах. К тому же все музыканты шестидесяти групп-участников потребовали места в зале, а когда им попытались объяснить, что мест нет, они заявили, что приехали сюда не комсомольцев тешить, а посмотреть «Машину», и если их не пустят, они сейчас запросто двинут домой. Согласитесь, это было приятно. Музыкантов запустили в оркестровую яму, в боковые карманы сцены и за задник. Концерт задержали почти на два часа.

Последней запрещающей инстанцией оказался обезумевший пожарный, который, наверное, никогда во вверенном ему зале не видел такой пожароопасной обстановки. Я не помню, как мы играли. Видимо, хорошо.

Вечером состоялся банкет для участников — последнее место, куда нас пустили. Дальше фестиваль уже продолжался без нас. Члены жюри хлопали нас по плечу и улыбались, музыканты жали руки, комсомольцы обходили стороной. В конце вечера они, отводя глаза, сообщили, что лучше бы нам уехать с их праздника. Возражений, собственно, не возникало – мы уже выступили и доказали, что хотели. Правда, трусливые и мстительные комсомольцы не выдали нам денег на обратную дорогу, и не помню уж, каким чудом мы их наодалживали.

В Москве до меня дошли слухи, что «Високосное лето» нашло какую-то студию и пишет там альбом! Это было невероятно. Вскоре детали прояснились.

Кутиков, после лопнувшей тульской затеи вновь оказавшийся в «Високосном лете», устроился на работу в учебную речевую студию ГИТИСа. Устроился не без задней мысли задействовать данную студию по назначению. Работал там также веселый и легкий человек Олег Николаев, спокойно позволявший в свободное от занятий время всякие безобразия. Оборудование студии было бедным – два СТМа, тесловский пультик, и все. Зато это была настоящая студия со звукопоглощающими стенами и режиссерской кабиной за двойным стеклом. Мы о таком не могли и мечтать.

Естественно, я попросил Кутикова оказать содействие старым друзьям. Кутиков, не прекращавший питать к нам симпатии, пообещал все уладить с Олегом и через пару дней сказал, что можно начинать. Он же вызвался быть звукорежиссером.

Я страшно волновался весь день. Первым делом я отпросился на работе на максимально возможный срок, пообещав, что потом, в какой-нибудь трудный для «Гипротеатра» момент, все отработаю – за мной не заржавеет. Получилась целая неделя. Писать предстояло ночами. То есть с утра в студии шли всякие занятия, часа в четыре они заканчивались, и до вечера студия превращалась в этакий театральный клуб. Там еще была третья комната, большая, с длинным столом, покрытым зеленым сукном. И вот в ней собирались выпускники, какие-то молодые непризнанные и признанные режиссеры, сценаристы. Они спорили, читали сценарии, пили дешевое арбатское вино.

Я слушал их раскрыв рот. Они все казались мне такими гениальными! Это уже было неофициальное время, но нам начинать было нельзя, так как на звуки музыки мог заскочить какой-нибудь засидевшийся в институте педагог или, скажем, пожарный. К тому же мне очень не хотелось останавливать беседу об искусстве за зеленым столом. Да я, в общем, был и не вправе. И только после десяти, когда здание института вымирало, мы распаковывали аппарат и начинали.

Первый день, то есть ночь, ушел на настройку. Назавтра работа пошла. У нас не было определенной концепции альбома (мы в этом отстали от ленинградцев – они сразу начали мыслить альбомами). А мы просто хотели записать по возможности все, что у нас есть. Ночи через три студия представляла собой удивительное зрелище. Хипповая Москва прознала, что «Машина» пишется в ГИТИСе, и в комнате с зеленым столом собиралась тусовка. В принципе, это были наши друзья и знакомые, и, в общем, они нам почти не мешали: сидели довольно чинно и тихо, интеллигентно выпивали что у кого было, гордые своей приобщенностью к сокровенному акту искусства, творившемуся за дверью. Тут же на них можно было проверить качество свежей записи. А если вдруг они начинали шуметь, Кутиков их легко выгонял.

Мы работали как звери. Может быть, с тех самых пор мы на студии постоянно работаем быстро, и это, кстати, не всегда идет на пользу конечному результату. Но тогда у нас были все основания спешить – никто не знал, сколько еще ночей у нас впереди, а успеть хотелось как можно больше. Помню странное ощущение, когда мы, измученные, опухшие и небритые, выходили на Арбатскую площадь часов в восемь утра (примерно в это время приходилось заканчивать), и я с удивлением видел свежих, выспавшихся людей, спешащих на работу, и всякий раз не мог отделаться от мысли, что у них уже сегодняшний день, а у нас еще вчера, так как мы не ложились и отстали на сутки.

Несколько лет спустя я, так и не избавившись от этого впечатления, написал песенку «Чужие среди чужих» – она открывала собой одноименный альбом – вот не помню, писали мы его у Володи Ширкина или уже на своей собственной студии.

Запись получилась отличная. Оригинал ее утерян, и копия, которая осталась у меня, – не лучшая. Но сейчас, слушая ее, я удивляюсь, как мы добились такого звука при той убогой аппаратуре.

Технология была проста. Сначала на первом СТМе писалась болванка, то есть, скажем, барабан, бас и гитара. Если все получалось, то эта запись переписывалась на втором СТМе с одновременным наложением дудок и еще одной гитары. Если опять все получалось, то все переписывалось обратно на первый магнитофон с наложением голосов. Какое-либо микширование исключалось, вернее, происходило в момент записи, и если кто-то слажал, то приходилось начинать заново. Все приборы обработки состояли из сиротского пленочного ревербератора «Swissecho», купленного случайно по газетному объявлению. Кутикову, конечно, за работу в таких условиях следовало тут же в студии поставить памятник.

Помню, как мы записывали посвящение Стиви Уандеру («Твой волшебный мир»), и я как-то очень удачно и проникновенно спел и возрадовался, потому что тональности тогда выбирал запредельные и пел на грани возможного, а помощник по записи Наиль нажал не на ту кнопку и стер мое гениальное исполнение, и я потом корячился всю ночь, бился об стену, гасил в студии свет для состояния, выпил почти бутылку рома для связок, чуть не сорвал голос, но так хорошо уже не получилось.

Мы не предполагали, что эта запись принесет нам такую известность. Мы даже не думали, что она будет кому-то нужна, кроме нас самих, – ну, может быть, самым близким друзьям. Но деловые ребята в ларьках звукозаписи настригли из нее альбомов по своему усмотрению, и машина завертелась. Я до сих пор не знаю, как эта пленка у них очутилась. Может быть, практичный Олег подсуетился. Лично я помню одного мальчика откуда-то из Сибири. Он приехал специально за этой записью, долго искал нашу студию (как он вообще узнал?). Мы никогда не были против распространения наших песен, а то, что за это можно просить деньги, нам вообще не приходило в голову. К тому же у мальчика был совершенно немеркантильный вид. Но я не могу себе представить, чтобы из одних рук песни разлетелись в таком количестве. Через месяц эта запись звучала уже везде.

Видимо, духовный голод наших молодых людей, не впечатленных официальной молодежной музыкой, не знал границ.

В начале 80-х кто-то из моих друзей (кажется, Володя Матецкий) представил меня молодому человеку курпулентного сложения. Тот, убедившись, что это именно я и что в ближайшие три дня я ничем важным не занят, немедленно купил мне (и себе) билет на самолет в Якутск. А на мой удивленный вопрос, что именно происходит, ответил: «Слушай, я столько денег заработал на твоих записях, что должен хоть как-то ответить!»

Звали его Володя, и он оказался хозяином всех звукозаписывающих ларьков края. Сейчас молодому меломану трудно объяснить, что такое ларек звукозаписи — он уже родился с Интернетом. Тогда Интернета не было, по-моему, даже в планах — во всяком случае, у нас. И молодой меломан в поисках любимых групп — наших и западных — шел в ларек звукозаписи. Если там не оказывалось того, что он искал, — он оставлял заказ, ему находили, что могли, и записывали на кассеты или бобины. За деньги, разумеется. Таких жаждущих меломанов по стране бродили десятки миллионов. В общем, хозяева ларьков неплохо зарабатывали. С авторами делиться было не принято, так что я отнес предложение моего нового знакомого к разряду благородных. К тому же я на тот момент не бывал в Якутске.

Поездку эту я запомнил навсегда. Это был нечеловеческий трехсуточный банкет с оркестрами, танцами, Ленскими столбами по берегам (мы еще куда-то плавали) и прочими атрибутами дикого и слегка цивилизованного Севера — Володя оказался человеком больших возможностей. Не знаю, как я не умер.

Меня могут спросить — что же вы сейчас так воюете с пиратами? А ларьки-то разве были не пиратские? Ну что же, причин две. Первая — в основном благодаря этим самым ларькам наша музыка разлеталась по стране, других путей доставки ее к слушателю не существовало. Вторая – сами эти ларьки были непонятным полусамодеятельным (хотя и массовым) явлением, не поддавались ни учету, ни контролю, то есть по положению своему ничем не отличались от нас, «неофициальных» групп, и тоже, полагаю, жили на пороховой бочке. СССР тогда не входил в международную конвенцию по авторским правам, и с западной музыкой вопросов не возникало – вся страна была один очень большой пират. Наши группы, видимо, шли заодно.

Ну а сегодня, когда мы наконец учимся соблюдать законы, мало того – когда ты можешь издать результаты своего труда совершенно легально, как это делается в мире, – зачем нам пираты? Мне, например, на фиг не нужны.

Пару месяцев назад, проходя мимо ГИТИСа, вспомнил я нашу студию, и черт дернул меня зайти внутрь и подняться на второй этаж. Я увидел закрытую на замок дверь и в щелку за ней – стулья, стулья друг на друге, какой-то хлам, тлен и запустение. Было чувство, что я стою на разграбленной могиле близкого человека. Говорят, там сейчас иногда идут занятия по гражданской обороне. Очень может быть.

Потом – уже в наше время – там опять была студия, частная, говорят, очень хорошо оборудованная. Что происходит сегодня – не знаю.

А потом опять настало лето, и нас вновь потянуло на юг. На этот раз предложение поступило от Московского авиационного института, который имел лагерь в Алуште. Не помню, по какой причине Кава не смог поехать с нами, и я позвонил Алику Сикорскому. Образ его в моей душе и до сих пор занимает одно из самых светлых мест: не дай он нам сыграть тогда, в шестьдесят девятом, что бы с нами было? Алик слегка покочевряжился, мотивируя тем, что уже сто лет не играл на барабанах, впрочем, упорствовал недолго.

В Алуште нам не понравилось. Лагерь оказался палаточным, стоял он на совершенно голом глиняном откосе над мутноватым морем. Контингент авиационных студентов при почти полном отсутствии студенток тоже особой радости не обещал. И когда в лагере появился деловой человек из Гурзуфа и предложил переехать к нему на танцплощадку, мы не раздумывая согласились. К тому же у нас наработалась роскошная танцевальная программа – вся классика блюза и рок-н-ролла. Алик замечательно пел и барабанил. Сейчас уже так не поют и не барабанят – это уходит, как время. А в Гурзуфе к нам еще присоединился истосковавшийся по нам Кава.

Поселили нас в Гурзуфе совершенно замечательно. Бывавшие там, конечно, знают узенькую древнюю лестницу, спускающуюся от центральной площади, где автобусы, к морю. В самом ее узком и древнем месте слева оказывается бывший дом Коровина, а ныне – Дом творчества художников, справа – двухэтажное здание, на втором этаже которого в те времена был расположен ресторан, а на первый этаж вела загадочная дверка, выходящая прямо на вышеуказанную лестницу. Сколько я помню, дверка эта всегда была заперта. Так вот за ней обнаружился самый настоящий клуб с фойе, залом и даже каменным Лениным на сцене. Клуб занимал весь первый этаж и не функционировал, видимо, никогда. Ловкий человек, пригласивший нас, оказался директором этого самого клуба. Нам был вручен ключ от заветной дверцы. Когда эйфория от возможности круглосуточно владеть самым центральным в Гурзуфе зданием прошла, мы робко осведомились, на чем, собственно, спать. Директор задумался, и к вечеру на грузовике подвезли полосатые солдатские матрасы – штук тридцать. Это было все. Матрасы, видимо, списали в казарме по истечении двадцатипятилетнего срока годности. Это был настоящий рок-н-ролл.

Танцплощадка наша находилась (и находится) в другом конце городка, возле «Спутника». Аппарат убирать было некуда, посему один из нас еженощно оставался спать на сцене под южным небом во избежание кражи. Обещались нам за работу деньги в размере шестидесяти процентов от сбора. Мы было возрадовались, но зря. Ловкие ребята на контроле забирали у входящих билеты и тут же продавали их вновь, поэтому танцплощадка была полна, а по количеству проданных билетов нам выходило по червонцу на рыло. Впрочем, мы не голодали. Приличная уже известность группы, древний родной Гурзуф, друзья и подруги из Москвы, Киева, Питера, дикие ночи с ними на сцене клуба под бесстрастным монументом в темноте (свет нам включать не рекомендовали), утреннее пиво в тени кустов туи под шум моря и восхитительная вяленая ставридка – это была наша последняя настоящая южная поездка. Мы и потом ездили на юг, играли там (это уже называлось – гастролировали), но вот этот святой бесшабашный хиппово-рок-н-ролльный дух – он остался там, в Гурзуфе семьдесят восьмого.

Я не поеду больше в Гурзуф. Нет больше того Гурзуфа, и постоянное сопоставление картин, бережно хранимых памятью, с реальностью вызывает мучительное чувство. Кто-то безобразно расширил мою набережную, понатыкал бездарных зонтиков, как будто это какая-нибудь Ялта, и нет пива в «стекляшке» и портвейна в «чайнике», и дело вовсе не в пиве или портвейне, а в том, что дух — дух ушел, умер, стал другим. В «Спутнике» вместо озорных иностранных студентов живут унылые семейные комсомольцы, и пьют они теперь не в «тарелке», а в номерах под одеялом, и с катеров, подходящих к пирсу, звучит совсем другая музыка, и над клубом нашим соорудили какой-то немыслимый стеклянный переход из дома Коровина по второму этажу, и что там теперь внутри, я даже боюсь подумать.

И только танцплощадка наша цела и невредима, и так же точно мажет кто-то дегтем верх решетки, ее окружающей, чтобы, значит, не лазить бесплатно, — маленький нелепый островок прошлого. Так нам и надо. Ничего не бывает вечно.

Осенью мы расстались с дудками. То ли мы наигрались в духовые, то ли ребята слишком любили выпить, но скорее всего, нам захотелось чего-то нового. Видимо, захотелось синтезаторов. Они тогда были в большой моде, постоянно доходила информация о каких-то новых невероятных клавишных, долетали волшебные слова «Мелотрон», «Полимуг», «Клавинет Д6». Электроника вошла в «Машину» в лице Саши Воронова. Саша Воронов делал сам приличные синтезаторы и играл на одном из них. Саша не был нашим человеком. Я не могу сейчас вспомнить, почему мы его все-таки взяли. Честно говоря, после Игорька Саульского играть с любым клавишником казалось мучением. Самое тяжелое — объяснить человеку, как здесь следует сыграть (если он сам, конечно, не чувствует). Нот, я уже говорил, мы принципиально не писали, и если вкус человека отличался от нашего, добиться от него двух нужных нот было пыткой и для нас, и для него.

Вообще в группе было нехорошо. Зрели внутренние напряжения, и все мы чувствовали, что сделать тут ничего нельзя. Может быть, мы сыграли вместе все хорошее, что могли, и нужна была какая-то ломка. Впрочем, одна из причин напряга мне известна.

Сережу очень задевало, что мое имя все чаще и чаще звучало в связи с «Машиной времени», а имена остальных, соответственно, реже. Сережа был сторонником святого равенства во всем – как у битлов (мы тогда не знали, что и у битлов такого равенства не было).

Я тоже выступал за это самое равенство всей душой, и меня огорчало то, что происходило, но происходило это само собой и, естественно, из-за того, что я писал песни, я же их и пел. Никаких усилий для роста своей персональной популярности я, конечно, не прилагал, скорее наоборот. Но Сережа страдал ужасно.

Разумеется, это была не единственная и, думаю, не основная причина. Что-то не клеилось у нас с музыкой. Мы теряли наше взаимопонимание – главное, на чем мы держались. Маргулис в наших спорах занимал, как правило, молчаливую нейтральную позицию, ждал, пока мы перейдем на личности, после чего заявлял, что мы оба дураки. Думаю, он переживал за нас обоих.

Мы с Сережей видели, что корабль тонет, специально вдвоем ездили на рыбалку, чтобы поговорить, все выяснить и сделать как было раньше, и на словах все сходилось и должно было получиться, а на деле рассыпалось в прах. Может быть, поэтому нам уже неважно было, наш или не наш человек Саша Воронов. Речь шла уже о нас самих.

Мы дотянули до весны семьдесят девятого. Последней каплей, переполнившей мою чашу, был концерт «Машины» в горкоме графиков на Малой Грузинской.

А случилось вот что. Художники-авангардисты (как их тогда называли) наконец-то добились права учредить свой комитет и получили помещение с выставочными залами. У всех еще на памяти была «бульдозерная» выставка в Измайлове. Я постоянно тогда ошивался на их полуподпольных вернисажах то на ВДНХ, то по квартирам, очень за них болел, и виделись они мне все если не героями, то, во всяком случае, людьми, делающими одно с нами дело. И когда они попросили меня о концерте «Машины» для них всех в их же новом зале, я, конечно, согласился. Ни о какой оплате, естественно, речь не шла — у меня и язык бы не повернулся говорить со своими собратьями о каких-то деньгах.

Кава встал на дыбы. Он заявил, что, если им интересно, пусть приходят к нам на концерт и там слушают, а специально для них он играть не поедет. Центрист Маргулис, накануне давший мне согласие, включил задний ход, и я оказался в одиночестве. Я не помню, как я их уговорил. Концерт состоялся, но прошел отвратительно.

Если можно представить себе ситуацию, когда музыканты, играя, издеваются над зрителями, то именно так все и выглядело.

Да чего там «издеваются»! Просто Кава и Гуля в компании вдруг пришедшего Кости Никольского нажрались как свиньи — у художников в подвале был настоящий бар, все как у взрослых. К Косте Никольскому никаких претензий не было и нет — не его концерт, пей на здоровье. Но наши-то! Кава ронял палочки. Гуля три раза подряд спел один и тот же куплет в песне «Маски». Конечно, картина несколько смягчалась тем, что зрители, то есть художники, сами были, скажем, не кристальной трезвости. Но мне от этого легче не делалось.

Очень надеюсь, что честные художники ничего не поняли. Мне еще никогда не было так стыдно.

Вдобавок оказалось, что Сережа со свойственной ему восточной логикой решил, что я собираюсь вступить в члены горкома графиков, и для этого мне нужно устроить для них концерт, и я таким образом заставляю группу работать на себя. Такой глупости я ему уже не мог простить. Это был конец.

Я попросил всех ребят после концерта заехать к Мелик-Пашаеву (он уже работал с нами в это время). У него на кухне я и объявил, что из данной группы ухожу и всех, кроме Сережи Кавагое, приглашаю следовать за собой. Сообщение произвело эффект разорвавшейся бомбы. Все молчали. Я сказал, что немедленного решения от каждого не жду, и уехал домой. Очень мне было плохо. Случались у нас в команде напряги, приходили и уходили люди, но такого не было еще никогда.

Маргулис обещал думать три дня. Думал он три, четыре, пять, шесть дней, и я никак не мог его поймать. Наконец случайно я отловил его в «Лужниках» на каком-то концерте, и он, отводя глаза, сказал, что, пожалуй, останется с Сережей, потому что, дескать, у меня и так все будет хорошо (с чего бы это?), а Сереже нужна поддержка. Это был тяжелый удар. Я очень рассчитывал на Женьку. Зря. Так я остался один.

Я упомянул здесь Мелик-Пашаева, который проработал с нами несколько лет в подполье и в Росконцерте и даже одно время считался нашим как бы художественным руководителем. Многие удивятся, почему о нем так мало. Дело в том, что стараюсь рассказывать про всех честно. В этом случае мне пришлось бы рассказывать честно и о Мелик-Пашаеве, а мне бы этого не хотелось.

Впрочем, к музыкальной стороне дела он отношения не имел.

Не помню, сколько прошло дней. Вероятно, немного. Думаю, слух о нашем расколе уже облетел музыкальную общественность. Это бывает очень быстро.

Кстати, это для меня загадка. Радостные слухи расходятся гораздо медленнее или не расходятся вообще. Пусти, скажем, кто-нибудь слух, что «Машину» наградили, например, медалью за спасение утопающих, — и не пойдет такой слух гулять, заглохнет в самом начале пути. Зато если команда развалилась или у кого-нибудь что-нибудь сперли — такой слух летит впереди звука, и завтра все уже знают все, включая детали.

Не помню, почему шел я среди солнечного теплого дня вниз по улице Горького и столкнулся с Сашей Кутиковым. Я просто пожаловался ему на жизнь. У меня и в мыслях не было звать его с собой, так как играл он к этому времени в «Високосном лете» и дела у них вроде шли в гору, а одним из моих принципов было никогда не воровать и не переманивать людей из других команд. Кутиков, однако, имел вид человека, который все уже давно знает, все решил и организовал (хотя клянется, что идея пришла ему в голову именно в ту минуту). Оказывается, у «Високосного лета» свои сложности, вследствие коих Ситковецкий расходится с Крисом (из чего вскоре вышли «Автограф» и «Рок-ателье»), а Кутиков под это дело забирает Ефремова и идет ко мне.

Ефремов мне очень нравился. Был он молчалив, играл плотно и правильно. (Он, собственно, таким и остался.)

Работал Ефремов в каком-то химическом институте, расположенном над Парком культуры и отдыха имени Горького, точнее, над тем его местом, где торгуют пивом. Мы приехали прямо в обеденный перерыв. Пиво оказалось кстати, переговоры прошли непосредственно за ним и много времени не заняли. Нас стало трое. Четвертый, вообще говоря, был на примете. Звали его Петя Подгородецкий.

После нашей записи я продолжал частенько забегать в студию ГИТИСа, где работал Кутиков. Забегал под разными предлогами — мне просто там было интересно. Я мог провести там час, два, три — в зависимости от свободного времени. И все это время в соседней комнате кто-то играл на пианино. Игра производила странное впечатление. Это некий музыкальный поток сознания — видимо, богатого, но крайне безалаберного. Куски джазовых пьес, регтаймов, какой-то жуткой советской эстрады с сильным запахом кабака соседствовали с цитатами из классики, причем выбор был более чем произвольный. Паузы практически отсутствовали. В третий раз меня заело любопытство, и я тихонько приоткрыл дверь.

За пианино сидел стройный молодой человек с гоголевским носом и вьющимися волосами. Он, казалось, думал о чем-то своем, а может, вообще ни о чем не думал. Руки играли сами. Петя только что вернулся из армии и буквально жил в студии. Разговоры об искусстве его, в отличие от меня, не интересовали. Тут просто можно было играть с утра до ночи. Иногда просили помочь музыкой в каком-нибудь учебном спектакле. Петя с радостью соглашался. Он мог играть двадцать четыре часа в сутки. Я еще никогда не видел такого человека. Кандидатура была подходящей.

Мы бросились репетировать. Свежая кровь — это великое дело. Я сразу почувствовал, как мы привыкли друг к другу в предыдущем составе и сколько в этом было минусов (а я-то видел только плюсы).

У меня к этому моменту накопилось довольно много вещей — мы с Кавой и Гулей просто не знали, как их делать. Мы чувствовали друг друга насквозь, играли втроем, как один, и уже не могли из этого выйти. Новых идей не рождалось. А тут на меня обрушилась лавина свежих мыслей.

Удивительным в этом смысле был Петя. Он мог с ходу предложить сто вариантов своей партии, и надо было только говорить ему, что годится, а что нет, потому что сам он не знал. Обычно Кутиков, как всегда переполненный мелодиями, но плохо знавший расположение клавиш, напевал Пете на ушко что-то такое, и это немедленно находило воплощение в конкретных звуках.

Программа получилась ударной — «Право», «Кого ты хотел удивить», «Свеча», «Будет день», «Хрустальный город». Почти сразу мы написали «Поворот» и «Ах, что за луна». Все шло на колоссальном подъеме, мы очень нравились друг другу и чувствовали себя на коне. Первые сейшены прошли с успехом и утвердили нас в наших начинаниях. Тяготило только одно — полнейшая замкнутость сейшенового круга зрителей.

Когда в очередной раз мы приезжали в какую-нибудь Малаховку и я не мог найти в зале ни одного незнакомого лица (они все, как и мы, тащились туда из Москвы), у меня пропадало всякое желание играть. К тому же после истории с неудавшейся конфискацией аппаратуры контроль за нами осуществлял не кто-нибудь, а непосредственно горком партии в лице инструктора по культмассовой работе т. Лазарева, и я понимал, что рано или поздно все это плохо кончится.

Я бешено завидовал группе «Аракс», которая неожиданно обрела как бы профессиональный статус, оказавшись в театре Ленинского Комсомола. Во-первых, театр с приходом Марка Захарова заставил заговорить о себе всю Москву (собственно, взять в театр группу и ввести ее в действие и было идеей Захарова). Я ходил на «Тиля» раз пять, и мне очень нравилось. И группе было совсем не стыдно в этом участвовать – никакой вокально-инструментальной проституцией здесь не пахло. Но самое главное – помимо всего этого можно было спокойно заниматься своей музыкой и своими песнями, и тогда уже сейшн становился не криминально-подпольным мероприятием, а вполне легальной творческой встречей с артистами известного театра. Я понял, что в этом наше спасение.

Мы лихорадочно стали искать театр. Возможности для поисков были, так как мы теперь практически жили в студии ГИТИСа, и все ее посетители готовы были нам помочь. Говоря «жили», я не грешу против истины. Я часто отпрашивался из дома на ночь под тем предлогом, что надо, дескать, стеречь хранящийся на студии аппарат. Это была неправда – просто очень уж на студии было интересно и уходить не хотелось вообще. Велись, помню, даже переговоры о нас с Театром на Таганке, но Любимов сказал, что пока наличие группы в театре в его планы не входит.

И вот однажды вечером к нам в студию приехал настоящий театральный режиссер. Имел он внешность более чем режиссерскую, руководил Московским гастрольным театром комедии при Росконцерте, и фамилия его была Мочалов. Он тут же принялся читать нам отрывки из комедии Шекспира «Виндзорские насмешницы» в какой-то своей новейшей интерпретации. Он просто весь горел. Я плохо слушал трансформированного Мочаловым Шекспира. Я видел, что фортуна преподнесла нам волшебный шанс и что с завтрашнего дня и навсегда жизнь наша пойдет по совсем другим, неведомым и радостным рельсам. Мочалов ушел в ночь, унося наше согласие.

Мне предстояла небольшая формальность – увольнение из «Гипротеатра». Прощание было трогательным. Меня провожали, как старика на дембель. Ровно месяц спустя, когда мне понадобилась какая-то бумажка, я заехал в «Гипротеатр». Время было обеденное, и я, никого не встретив, поднялся на третий этаж, зашел в свою комнату и сел за чертежный стол, за которым просидел шесть лет. Шесть лет. И мне стало страшно, что я мог бы сидеть за ним и дальше. Простите меня, братья архитекторы.

Началась наша трудовая жизнь в театре. (Сейчас мне будет сложно.) Я совсем тогда не разбирался в театрах. Я и сейчас-то в них не очень разбираюсь. Хотя очень люблю. И поскольку относительно редко в них бываю, каждый поход в театр для меня уже праздник. А тогда это была первая встреча с театром изнутри. И все было в новинку, все интересно. Во мне с детства жило жуткое любопытство, как же это все делается – кино, театр. И тут у меня есть одно серьезное оправдание. Если человек никогда в жизни, скажем, не видел птицу, то можно показать ему комара и сказать, что это птица, и он так и будет думать. Пока, конечно, не встретит птицу настоящую. А может и не встретить.

Театры бывают разные. Бывают хорошие, бывают не очень, бывают плохие и очень плохие. Наш был какой-то совсем особенный. Я это понял не сразу. Где-то через полгода. Примерно столько мы в нем и проработали. Наверно, в каждом театре живут склоки. В каждом театре артисты, скажем так, выпивают. Ничего нового. Дело, видимо, в степени. Степень в нашем театре была превосходная. Но и не это главное. Главное в любом деле – результат.

Начались читки текста пьесы. Мне велено было присутствовать с целью рождения музыкальных идей (мы ведь были композиторами спектакля!). Ах, как все это сначала было мне интересно – читки! Когда пошли репетиции, у меня кое-где возникали сомнения по поводу безупречности режиссуры. Но жила во мне святая уверенность, что все люди, занимающиеся творчеством, относятся к своему делу так же, как мы к своему, и если, скажем, мы не можем позволить себе схалтурить, то и они тоже. Я, честно говоря, и сейчас, как ни странно, пребываю в том же заблуждении. Может быть, просто не у всех получается. (Часто я с этой уверенностью садился в лужу.) Так что я без особых усилий свои сомнения отогнал, мотивируя тем, что режиссер – это режиссер, а я – нет, и ему, стало быть, видней.

Мы довольно легко написали музыку и несколько песен на стихи Шекспира и Бернса. Настало время сценических прогонов. В конечном счете режиссерская концепция комедии выглядела следующим макаром: посреди сцены, чуть в глубине, на небольшом возвышении располагалась группа «Машина времени» в грубых шерстяных шарфах, что должно было тонко намекать на принадлежность действия к семнадцатому веку. Действие происходило непосредственно на нашем фоне. По ходу его мы должны были время от времени играть музыку, но так, чтобы не заглушать голоса актеров, которые работали, естественно, без микрофонов. Получалось тихо до отвращения. На этом же уровне громкости мы исполняли написанные нами песни, честно стараясь не нарушить художественной ткани спектакля.

Сдача спектакля худсовету Росконцерта и Министерства культуры прошла на ура. Очень, кстати, помог наш куратор из горкома партии, который дал нам блестящую словесную характеристику и выразил чувство глубокого удовлетворения по поводу того, что мы прибились наконец к серьезному берегу. Как я понимаю, он был просто счастлив, что, став профессиональными артистами, мы уходим из его культмассового ведомства под бдительное око совсем другого куратора. Итак, спектакль приняли на ура.

Когда я увидел афишу, что-то нехорошее во мне зашевелилось вновь. Афиша выглядела так: очень крупно наверху – «Ансамбль «Машина времени» и дальше мелко, на грани разборчивости – «В спектакле Московского театра комедии «Виндзорские насмешницы» по пьесе В.Шекспира».

Обезумевший молодняк, впервые увидев наше подпольное имя на официальной афише, ломанулся на спектакль. Они действительно увидели любимую команду на сцене. Мало того, могли любоваться на нее два с лишним часа, но все время мешали какие-то актеры со своей чепухой.

В первом акте наши честные фаны еще надеялись, что мы одумаемся и сбацаем если не «Поворот», то хотя бы «Солнечный остров». Мы же вместо этого играли совершенно неизвестные песенки на грани разборчивости звука. У меня все время было ощущение, что мы участвуем в каком-то обмане, хотя вроде никакого обмана не получалось. Кстати, спектаклю хлопали – вот что поразительно! Загадочен и непредсказуем наш зритель.

Потом случилась зима. Театр наш не имел тогда своего помещения – базировался он во дворце культуры «Серп и молот», а вообще считался гастрольным. И вот в декабре мы с театром отправились на двадцатидневные гастроли в Сочи. (Я до сих пор не могу постичь глубины этой затеи – почему в декабре и в Сочи? Можно ведь было и в Арктику.)

Странная это была поездка, как, впрочем, и все связанное с нашим театром. Я вспомнил все до мелочей, когда посмотрел фильм «Асса».

Мы привыкли видеть Сочи жарким и пыльным, доверху наполненным народом. Город был пуст, насколько может быть пуст город. Пальмы от зимы спрятали внутрь странных конструкций из досок и мешковины, и они торчали вдоль набережной, как диковинные истуканы. Двери кофеен, забегаловок, ресторанов были открыты, и – никого. А сквозь облака проглядывало солнце, и трава хранила зеленый летний цвет, и море гуляло по безлюдному пляжу, и что-то в этом было нереальное и совершенно замечательное. Из всех двадцати дней пьеса с нашим участием шла дважды – в первый день и, кажется, в последний. Мы были предоставлены самим себе.

На самую середину гастролей пришелся мой день рождения. Все мы очень ждали выдачи зарплаты к этому моменту. Зарплаты не случилось. И тогда мы сделали самое, казалось бы, нелогичное в этой ситуации – взяли шапку и выгребли из карманов все, что оставалось, до копейки. Хватило на два ящика замечательного молдавского ординарного «Каберне» и почему-то на мегафон (кажется, мне в подарок).

Мегафон доставил нам немало радости. Оказывается, психология нашего гражданина устроена таким образом, что команда, звучащая через мегафон, обретает просто магическую силу. Во всяком случае, самые причудливые распоряжения, отдаваемые нами с балкона четвертого этажа гостиницы «Ленинград», выполнялись людьми и автомашинами беспрекословно. В лучшем случае человек мог начать исподтишка озираться: откуда это им командуют? Но наверх посмотреть не догадался никто. Сильная вещь – мегафон!

По возвращении в Москву случилась история, совсем уж укрепившая меня в мысли, что театр мы выбрали не тот. Режиссер Мочалов, потерявший, видимо, голову от сборов, наконец-то полившихся в кассу театра с нашей помощью, решил убить слона. С этой целью был объявлен спектакль в городе Воскресенске. Состояться ему надлежало в местном Дворце спорта. Рукописная афиша была выполнена еще более произвольно, чем обычно, и, кроме нашего участия, понять в ней вообще ничего было нельзя.

Посреди громадного Дворца спорта сверкало льдом хоккейное поле. Прямо за воротами, в торце, располагалась сцена. Стояла лютая зима. Изо рта у актеров валил пар.

Актеры, надо сказать, за два часа автобусной тряски до Воскресенска сильно замерзли и попытались в дороге согреться. Возможно, они переусердствовали. Я не могу их осуждать. Во всяком случае, путали они уже не слова и фразы, а свои роли, и в процессе спектакля почти все поменялись друг с другом. Иногда они падали не к месту. Впрочем, все это не имело никакого значения, так как слова все равно не долетали до трибун. Трибуны были полны.

Терпеливые воскресенские хлопцы молча сидели и ждали, когда кончится вся эта бодяга и будет обещанная «Машина времени». Молчание зала становилось все более недобрым. К антракту стало ясно, что будут бить.

Прибежал режиссер в слезах и просил ради спасения жизней сыграть хоть маленький концерт. Это было невероятно — мы возили на спектакли ровно столько аппарата, сколько нужно для того, чтобы не заглушать голоса артистов. Но я понял, что выхода нет. Второй акт Шекспира отменили. Вместо него состоялся импровизированный концерт «Машины времени» на комарином, правда, звуке, зато на большом подъеме. Воскресенцы кидали вверх шапки и требовали «Поворот». Гроза миновала.

Не думаю, чтобы мы долго еще оставались в театре после этой истории. Но помогло нам следующее. В Росконцерте, видимо, решили, что с нас можно стричь значительно больше, если, скажем, отделить от театра и задействовать на полную катушку. Вследствие чего нам и было предложено показать нашу собственную программу худсовету. Мы долго настраивали аппарат, стараясь уловить ту середину, которая позволит сохранить приличное звучание и в то же время не напугает комиссию. Задача оказалась невыполнимой. Получалось или громко, или плохо. Я был в отчаянии.

В назначенное время в зал вошли несколько благообразных филармонических старичков, и нас попросили начинать. Я понял, что мы пропали. Мы никогда еще не играли на пустом зале, не считая позорного прослушивания в Бит-клубе в 69-м. То есть репетировали, конечно, но это совсем не то. Поддержка зала, его дыхание были нам необходимы. Зал щерился на нас пустыми креслами, старички примостились где-то во мраке. И тут меня взяла злость. Мысль «пропадать – так с музыкой» наполнила меня детским восторгом, и мы грянули. Я целился в невидимых старичков каждым словом, каждой нотой. Очень страшно, когда заканчивается песня и вместо шума, крика, аплодисментов – мертвая тишина. Никакой артист, я уверен, в подобной обстановке хорошо работать не сможет. Но мы старались. Мы сыграли так, как нравилось нам.

Я ждал чего угодно. Разноса, вежливого отказа, увольнения из театра и прочих мерзостей. Выходя из зала, старички по очереди нам улыбались. Я ничего не понимал.

На следующее утро нас пригласили в Росконцерт. Мы, робея, вошли в дверь с тяжелой доской золотом по черному «Директор – художественный руководитель объединения художественных коллективов Росконцерта Холопенко Б.М.». Худсовет был в сборе. На нас поглядывали радостно и плотоядно. Называли ласково и фальшиво «ребятками». Я понял, что вопрос уже решен. Тут же сидел на стуле онемевший от горя режиссер Мочалов. У него только что отобрали курицу, несущую золотые яйца. Он слабо пытался удержать уходящий поезд. На него цыкали довольно бесцеремонно.

Через несколько дней мы получили лит на нашу программу (настоящий лит, а не липовую печатку Дома народного творчества), и сам министр культуры РСФСР Флярковский утвердил наши ставки. Ставки были десятирублевые, и в вокально-инструментальном жанре, к которому нас отнесли, это являлось потолком.

(Одна из многочисленных загадок законотворчества Министерства культуры: почему просто вокальные ставки могли быть и 12, и 14, и 16 рублей, то есть если ты просто поешь, то, видимо, затрачиваешь труда больше, чем когда поешь и еще сам себе аккомпанируешь. Вообще обо всех этих чудесах стоило бы написать отдельную книгу.)

Присвоенные ставки позволяли нам за выход на сцену в концертном зале получать по 10 р. на рыло, за выход на сцену Дворца спорта или стадиона – двойную ставку, то есть 20 р.

За выход – это тоже гениальное изобретение Минкульта. Сколько ты работаешь на сцене – одну песню, пять, десять или целый концерт, – не имело значения. Это все был выход. Поэтому, скажем, конферансье, появлявшийся перед нами и торжественно произносивший: «А сейчас – «Машина времени», получал больше нас, так как имел разговорную ставку 17 р. Произнеся заветную фразу, конферансье шел пить кофе, а мы пахали час за свои вокально-инструментальные 10 р.

Я несколько углубился в финансовые рассуждения, при том что огромному количеству людей, не заставших советские времена, все это сегодня непонятно – 10 р., 20 р. – сколько это?

Попробуем разобраться. Средняя зарплата архитектора – 110 рублей в месяц. Институтская стипендия – 30 рублей. Водка – 4,12. Коньяк (самый дешевый – три звездочки) – 8,12 (правда, встречались иногда болгарские «Плиска» и «Слънчев бряг», кажется, то ли по 6, то ли по 7. Гадость страшная). Хороший коньяк – скажем, «Белый аист» – стоил уже 15, а лучше – больше. Сходить с подругой в ресторан – в среднем 25. Ну, что еще? Хлеб – 15–20 копеек, колбаса – 2,20 кило, сигареты наши – 30–40 коп. пачка (я курил «Приму» за 14), американские – только начали появляться – 1,50. Что еще? Билет в кино – 30 коп., такси по Москве – от рубля до трех. Джинсы у фарцы – от 70 до 120 р. Машина «Жигули» стоила тысяч семь с чем-то, но поскольку купить ее можно было только с рук (если ты несчастливый обладатель места в какой-нибудь блатной ведомственной очереди – тогда всего года два-три ожидания) – умножайте цену на два, на три, на четыре. Нормальную электрогитару на черном рынке можно было найти тысячи за две. «Gibson» и «Fender» – от трех и выше. Съездить на поезде в Питер – 11 р. Фирменные домашние акустические системы в комиссионных магазинах – какие-то запредельные тыщи. На что еще можно было тратить? Ну, мороженое – 20 коп., пачка пельменей – 51 коп. Дальше фантазия не идет. Вот и считайте – много мы получали или мало.

В принципе, нас никто не заставлял работать целое отделение. Но зритель шел на нас, воспринимая все остальное как нагрузку. Без нагрузки нас тоже не пускали – должен же был кто-то эту нагрузку кормить. А обмануть зрителя, пришедшего на нас – спеть три песни и поклониться, – мы не могли.

Итак, прошло несколько дней с момента, определившего нашу самостоятельную профессиональную судьбу, и мы уже ехали на первые гастроли в город Ростов. Теперь это были самые настоящие гастроли, а не подпольная вылазка на сейшен. Многое поражало – и то, что билеты на поезд тебе кто-то покупает, и что тебя уже ждет гостиница, и ты живешь в ней как человек, а не мыкаешься по квартирам друзей-музыкантов. А самое поразительное – это то, что и с вокзала до гостиницы и от гостиницы до дворца и обратно тебя везут на специальном автобусе. Служа в «Гипротеатре», я все время ездил на работу на метро, и мне как-то не приходило в голову, что у артистов существует другой способ передвижения. Я еще некоторое время шарахался по привычке от милиционеров во дворце. Прошла пара месяцев, пока я привык к мысли, что теперь они приходят нас не вязать, а охранять.

Нам повезло: в первую поездку с нами отправился ансамбль эстрадного танца «Сувенир» под управлением Тамары Головановой. (Третье гениальное изобретение Минкульта – сольные концерты во дворцах спорта были запрещены. Место имели так называемые сборные – может быть, кто-то еще помнит? Этакий концерт, в котором сразу все: акробаты, цыгане, медведи, Кобзон, искрометный юмор конферансье и, скажем, мы. Ничего нельзя было поделать.)

С «Сувениром» нам тем не менее действительно повезло – они были лучше многого из того, что нам могли навязать. Мы сразу влюбились друг в друга – такие они все были замечательные, веселые, дружные, какие-то прямо инкубаторские и очень самостоятельные. Они на нас тоже смотрели с восторгом, как на героев из некоего параллельного мира.

Вообще в том, что мы вдруг оказались на легальной эстраде, было что-то невероятное. У «Сувенира» имелся уже богатый гастрольный опыт с поездками за рубеж, и мы слушали их нескончаемые истории раскрыв рты.

Общались артистки и артисты «Сувенира» на совершенно отдельном языке, ими же созданном. В общем, в основе лежала русская фонетика и морфология, но отличался он от ортодоксального русского в корне. Жалко, никто не составил словаря этого языка – он ушел в прошлое, как санскрит.

Танцевали в «Сувенире» тогда здорово, вкалывали, как звери, получая еще меньше нас (песенка моя «Заполнен зал, в котором было пусто» как раз относится к тем временам). Могу добавить, что проездили мы с ними долго и наша нынешняя балетная группа как раз из того «Сувенира» – восьмидесятого года.

Помню животный страх на первом концерте в Ростове – «Сувенир» отплясал свое, объявили антракт, и нам предстояло за пятнадцать минут выставить аппарат на сцену. На сейшене этот процесс занимал гораздо больше времени, и всегда что-нибудь не работало. Дворец спорта превышал по размеру любой наш сейшеновый зал раз в десять, и я не представлял себе, что делать, если что-то откажет. В первый день все обошлось. Случилось, когда я уже успокоился, – на третий. Профессионализм – вот чему нам предстояло учиться. За Ростовом последовал Харьков, потом Одесса. И потекла гастрольная жизнь, пока светлая и безоблачная.

В это же время случился знаменитый фестиваль в Тбилиси «Весенние ритмы-80». Устроен он был с истинно грузинским размахом: приглашена масса групп, концерты идут целую неделю, напечатаны плакаты, значки, присутствует пресса, даже иностранная, — словом, все это выглядело просто невероятно. Участвовали и профессиональные, и любительские команды на равных. Это было принципиально ново. В жюри председательствовал Юрий Саульский, и дух фестиваля обещал быть радостным и демократичным.

Одна, правда, вышла накладка — как всегда, с аппаратурой. Всем участникам было обещано, что в Тбилиси их ждет комплект «Динакорда» — по тем временам недосягаемая мечта любой команды. Поэтому никто практически с собой ничего не привез. Так вот, «Динакорда» на месте не оказалось. Пришлось выходить из положения подручными средствами. В каждом концерте играли по три группы, и они вынуждены были в складчину выставлять на сцену все, что найдется. Кто с кем и когда играет — решала жеребьевка.

И нам опять повезло — выпал день с группой «Интеграл», которая приехала в Тбилиси прямо с гастролей и чисто случайно привезла полный трейлер аппаратуры. Удача!

Мы сыграли где-то в середине фестиваля, кажется, на третий день. Чувствовали мы себя, конечно, уверенней, чем четыре года назад в Таллине, но на такой успех не рассчитывали. Очень уж много участвовало групп — хороших и разных. И, кстати, всех принимали блестяще, кроме, пожалуй, «Ариэля» и группы Стаса Намина. И не потому, что они плохо играли — сыграли они отлично, — а потому, что «Ариэль» со своими как бы народными перепевами и Стасик с песней Пахмутовой «Богатырская наша сила» совершенно не попали в настрой фестиваля. Это была не «Красная гвоздика» и не «Советская песня-80». Призрак оттепели летал над страной, легкий ветерок свободы гулял в наших головах. В воздухе пахло весной, надвигающейся Олимпиадой и всяческими послаблениями, с ней связанными. Нам-то, дуракам, казалось, что это надолго.

Конечно, степень этого ветерка свободы переоценивать не надо – Боря Гребенщиков, игравший тогда в панк (никаким панком он, конечно, никогда не был), огреб за эту телегу от оргкомитета фестиваля, вследствие чего и вылетел из славного Ленинского Комсомола, а заодно и из института. Вообще после фестиваля было много разборов, и в Москве тоже. Но это уже было потом.

Итак, мы выступили, и повторилась таллинская история семьдесят шестого года – по реакции зала было ясно, что все уже хорошо. На первое место мы ей-богу не рассчитывали, нам достаточно было этой реакции. Все музыканты нас поздравляли. Нервное напряжение спало, начался праздник.

Надо сказать, мы ехали в Тбилиси с некоторой опаской – это был не первый наш визит в столицу солнечной Грузии. Первый визит прошел весьма криминально и закончился хорошо просто чудом.

Еще в семьдесят втором году один грузинский музыкант пообещал нам устроить в Тбилиси комплект «БИГа».

«БИГ» – это была наша золотая, так и не сбывшаяся мечта. Этакий пионерский комплект аппаратуры производства ВНР, куда входило сразу все – усилитель, акустика, микрофоны, стойки для них, даже специальная подставочка на колесиках для звукооператора, куда ставились все усилители. То есть один такой комплект – и уже не надо ни над чем ломать себе голову. Думаю, о «БИГе» тогда мечтали все команды.

Магазинной цены этот волшебный комплект не имел, так как распределялся только по организациям и на черном рынке тянул где-то на четыре тысячи, или, как тогда объявляли, четыре куска, деньги по тем временам немалые. Вот за четыре куска нам и пообещали такой «БИГ» в Тбилиси.

> *Из сегодняшнего дня могу добавить, что это был, конечно, совершенно ужасный аппарат. Даже тогда было понятно, что это не лучший аппарат в мире – тот же гэдээровский «Регент» был надежнее, – но подкупал внешний вид: «БИГ» был больше похож на настоящие усилители, а мы их видели на картинках. А потом – можно сколько угодно обсуждать рабочие качества «Регента» и «БИГа» (и на это уходили дни и ночи) – но когда нет в досягаемом пространстве ни того ни другого...*

Полетели мы втроем – я, Кутиков и бывший «скомороший» оператор Женя Фролов, он тогда собирался работать с нами. Не буду описывать всех перипетий нашего путешествия. Скажу только, что нас намеревались, напоив по законам грузинского гостеприимства, швырнуть. Причем первая часть программы удалась приглашающей стороне на славу, и я до сих пор не понимаю, как это у них сорвалась вторая. Сорвалась благодаря случайной помощи совершенно посторонних людей, доблести Кутикова и крайней безалаберности швыряющих. В общем, мы вернулись в Москву сильно потрясенные, но живые, не побитые и даже со своими деньгами. Так что теперь, восемь лет спустя, нам предстояло сломать в своих головах сложившийся стереотип коварного восточного человека. Это произошло, надо сказать, довольно безболезненно.

Сразу же после нашего выступления нас стали приглашать в гости. Причем приглашавших было значительно больше, чем нас. Между ними возникали перебранки, переходящие в драки. Во избежание кровопролития нам приходилось максимально делиться, чтобы каждому досталось по маленькому кусочку «Машины». Молодые мы были и очень, видимо, выносливые. Сейчас бы мы такого гостеприимства не выдержали.

Сугубо мужское грузинское застолье, завораживающие древние тосты, молодое кахетинское, шашлык во дворике, заверения в вечной дружбе – все это обрушилось на нас шквалом. В гостиницу мы возвращались под утро, из разных мест, на неверных ногах, распевая битлов и грузинские песни.

Фестиваль между тем подходил к концу. Попасть в здание филармонии было невозможно – его окружало двойное кольцо милиции. В зале сидели зрители исключительно мужского пола – женщин до таких серьезных дел не допускали. По мере приближения к финалу ажиотаж нарастал. Все ждали решения жюри.

(Спустя несколько лет я с изумлением узнал, что во всем мире фестивали – в отличие от конкурсов – вообще не предполагают раздачу каких-либо мест. Какие места могли быть, скажем, на Вудстоке? Тогда мне это не приходило в голову. Силен все-таки во всех нас дух соцсоревнования.)

Жюри заседало долго. Музыканты томились у дверей, как школьники на экзамене. Зал ждал. То и дело доходили сведения о том, что из Москвы звонит высокий чиновник от культуры и требует определенных мест для определенных артистов. Но жюри, растроганное отечественным рок-н-роллом и опьяненное призрачным ветерком свободы, решило по-своему. Мы поделили первое место с «Магнетик бенд».

(Я сейчас вижу, что эти мои записки превращаются в список сплошных побед, удач, радостей и вообще эдакого безостановочного счастья. Конечно, все было не так гладко и весело. Просто, видимо, голова моя устроена таким образом, что светлые моменты сохраняются в ней значительно лучше, чем все остальные. Тут уж ничего не поделаешь.)

В Москву мы вернулись на коне, «лопаясь от скромности», увешанные грамотами, призами и подарками. «Советская культура» напечатала какую-то маленькую, растерянную, но, в общем, позитивную заметочку о нашем лауреатстве. Тогда попасть в «Советскую культуру» – это было что-то. В те времена газеты еще о ком попало не писали. Впереди рисовалась долгая счастливая жизнь. Так нам казалось.

Веселая это была жизнь, но какая-то странная. Популярность наша достигла апогея.

Под словом «популярность» я понимаю не количество людей, которые нас знают и хорошо к нам относятся – сейчас таких людей больше, чем тогда, – а степень буйного помешательства на нашей почве определенного круга молодых ребят.

Во дворцах спорта творилось невообразимое, количество милиции приближалось к количеству зрителей, а единственным рупором, кроме концертов, оставались наши бедные самостийные записи. Да, пожалуй, еще недавно возникшая радиостанция «Radio Moscow world service» крутила нас постоянно. Прослушивалась она на средних волнах не хуже, чем «Маяк», музыку передавала каждые тридцать минут из шестидесяти, а англоязычные комментарии можно было опускать.

Я усматривал во всем этом дальновидную внешнюю радиополитику – дескать, показать миру накануне Олимпиады, что у нас все есть. Теперь я понимаю, что объяснялось все проще – личными симпатиями младшего состава редакции, безграмотностью руководства и общим бардаком.

В редакции этой работал тогда тот самый Дима Линник, который руководил трио «Зодиак» – мы им помогали записывать пластинку года три назад.

Дима был замечательным парнем. Он просто попросил у меня наши записи — и они зазвучали на их волне! Это продолжалось не меньше полугода — видимо, начальники полагали, что если станция ведет вещание на английском языке, то и слушать ее будут одни иностранцы, поэтому музыкальным наполнением они не очень заботились. Кончилось, правда, все плохо — был большой скандал, Диму уволили.

Словом, топтать нас еще не взялись — пока просто не замечали. Большой идеологический слон только начал поворачивать свою удивленную голову в нашу сторону.

Мы тем временем готовили так называемый сольный концерт в двух отделениях — категория, которая позволила бы нам хотя бы в концертных залах выступать без нагрузки. Мы восстанавливали «Маленького принца».

Впервые он был сделан года полтора назад и пережил несколько редакций. Литературную часть исполнял некто Фагот — старый наш приятель по хипповой тусовке, человек весьма своеобразный и колоритный.

Иное определение нашего «Маленького принца», кроме как чудовищно звучащее сочетание «литературно-музыкальная композиция», я подобрать, увы, не могу. Фагот сидел сбоку на сцене за столом с настольной лампой и книгой в руках. Он проникновенно читал в микрофон фрагменты из книги Экзюпери, а мы продолжали каждый фрагмент песней, которая, как нам казалось, продолжает смысл этого фрагмента. Юноши и девушки в зале взирали на это действо затаив дыхание. Господи, какое было милое, наивное время!

Сделаны были специальные декорации в виде черных и белых ширм, костюмы шил не кто-нибудь, а сам Вячеслав Зайцев. Мы готовили триумф. Непосредственно после успешной сдачи программы предполагались сольные концерты в самом Театре эстрады, и билеты уже поступили в продажу. Слово «поступили» здесь не годится. Они исчезли, не успев возникнуть. Несколько суток у касс ночевали молодые люди. По ночам они жгли костры.

А закончилось все очень быстро и просто. На сдачу нашей программы приехал товарищ из ЦК партии с очень популярной русской фамилией.

Фамилия ему была Иванов. Товарищ Иванов.

Не знаю уж, чем мы обязаны были столь высокому вниманию — видно, докатился доверху шум от тбилисского фестиваля. Товарищ посмотрел нашего «Маленького принца», произнес магическое слово «повременить» и уехал. Больше мы с ним не встречались. Мы, собственно, и тогда не встречались — обсуждения проходили при закрытых дверях.

А временили нас после этого лет шесть. Не разгоняли, не сажали, не увольняли по статье, а именно временили. И это, наверно, было самое противное. Олимпиада просвистела в один момент, не оставив никаких особенных следов в нашей жизни. И гайки со скрипом закрутились.

В «Московском комсомольце» примерно в это время появился хит-парад. Первого января восемьдесят первого года песня «Поворот» была объявлена песней года. Она продержалась на первом месте в общей сложности восемнадцать месяцев. И все эти восемнадцать месяцев мы не имели права исполнять ее на концертах, потому что она была, видите ли, не залитована, а не залитована она была потому, что редакторы Росконцерта и Министерства культуры не посылали ее в ЛИТ, так как имели сомнения относительно того, какой именно поворот мы имели в виду. То, что «Поворот» звучал на «Radio Moscow» по пять раз на дню, их абсолютно не волновало.

А скорее всего, они об этом даже не догадывались – каждый следил за своим ведомством.

Это было потрясающе забавное время! Я пытаюсь вызвать в памяти атмосферу тех дней, и мне это уже почти не удается. Как легко все забывается! Время казалось вечным – оно не двигалось. Три генеральных секретаря отдали богу душу, шли годы, а время стояло, как студень. Время какого-то общего молчаливого заговора, какой-то странной игры. И как это бывает в полусне – все вяло, все не до конца, все как в подушку. Наверняка в тридцатые годы было страшнее. А тут и страшно-то не было. Было безысходно уныло. Один шаг в сторону, и – нет, никто в тебя не стреляет – просто беззвучно утыкаешься в стену. Солженицын считал, что стена эта на соломе нарисована – ткни, и рассыплется. Мне же она всегда представлялась студнем, который трудно проткнуть. Зато в нем очень легко увязнуть.

В восемьдесят втором году «Комсомольская правда» грянула по нас статьей «Рагу из синей птицы». В принципе, по нас уже постреливали и раньше – то Владимов затевал полемику на тему «Каждый ли имеет право?» (выходило, что мы не имеем), то кто-то еще, но все это размещалось на страницах газет типа «Литературной России», и никто к этому, конечно, серьезно не относился. А «Рагу» было уже рассчитано на добивание. И общепатетический тон в лучших традициях Жданова, и подписи маститых деятелей сибирского искусства (половина этих подписей потом оказалась подделкой) — все это шутками уже не пахло.

> *Вот еще один эпизод, совершенно непонятный современному молодому читателю. Ибо сегодня в газете можно написать что угодно — и если это даже произведет какое-то впечатление на аудиторию, то все равно никоим образом не отразится на судьбе того, о ком это написано: собачки лают, ветер носит. В советские времена вся пресса была государственной. И поэтому выражала мнение государства. Уж такие монстры, как «Правда», «Комсомольская правда» — в первую очередь. А на указания государства нижестоящие организации обязаны были отреагировать. Поэтому, говоря, что статья такого рода являлась практически приговором, я не кокетничаю. Просто сейчас это трудно себе представить.*

Если бы стены были из более жесткого материала, нас бы по ним размазали. Или бы мы пробили их собой и оказались с той стороны. Но студень амортизировал. И мы остались живы. А может быть, помогла защита миллионов наших поклонников.

Я видел в редакции мешки писем под общим девизом «Руки прочь от «Машины». Время от времени мешки сжигали, но приходили новые. Писали студенты и солдаты, школьники и колхозники, рабочие и отдельные интеллигенты.

> *Забавно — Анатолий Борисович Чубайс, тогда студент института, написал письмо в нашу защиту не только в газету, но и главному «подписанту»*

статьи – писателю Виктору Астафьеву. И Астафьев ему ответил! Он сравнил «Машину» с «молью, сидящей на пиджаках иностранного покроя, украшенных шестиконечными звездами с берегов Мертвого озера». Ни много ни мало. Я думал о нем лучше, ей-богу. А письмо у меня лежит – спустя тридцать лет мне его подарили. Спасибо, Анатолий Борисович!

Коллективные письма дополнялись рулонами подписей. Я не ожидал такого отпора. В газете, по-моему, тоже. Поэтому они тут же разулыбались и свели все к такой общей беззубой полемике – дело, дескать, молодое, и мнения тут могут быть, в общем, разные.

Я писал письмо заведующему отделом культуры ЦК ВЛКСМ, как сейчас помню, товарищу Боканю, где перечислил все ляпы и ошибки статьи. А ляпов там было предостаточно. Думаю, что автор Ник. Кривомазов, дав статье подзаголовок «Размышления после концерта», на концерт наш не ходил, а выполнил социальный заказ, не покидая кабинета, прослушав кое-какие записи, часть из которых была вообще не наша, а группы «Воскресенье», а часть относилась к семьдесят восьмому году. Мне было даже обидно, что по нас так неточно и невпопад стреляют. Получил я ответ от т. Боканя, что не туда, дескать, смотрю. Что не на мелочи всякие следует смотреть, а в корень, а в корне деятели сибирской культуры вкупе с Кривомазовыми правы, и надо бы мне, как младшему товарищу, к их мнению прислушаться. Храню этот ответ как ценную реликвию.

А Коля Кривомазов жив-здоров, очень прилично выглядит и даже получил повышение – служит нынче уже не в «Комсомольской», а в самой настоящей «Правде». Бежит времечко!

«Рагу из синей птицы» совпало с нашим очередным и последним расколом.

Я уже несколько месяцев знал о том, что Мелик-Пашаев собрался валить, причем не один, а с Петей Подгородецким, Игорьком Кленовым, нашим тогдашним звукорежиссером и очень способным музыкантом, и Димой Рыбаковым — он числился у нас рабочим, но при этом писал смешные славные песенки. Я знал, что они втихаря репетируют, и очень мне было неприятно, что все это как бы втайне от меня. С другой стороны, расход с Мелик-Пашаевым ощущался как неизбежность — как-то не жилось нам вместе. В уходе остальных ребят была, конечно, доля его заслуг, но в то же время, если люди хотят делать свое дело, глупо на них обижаться или им мешать.

Тяготило одно — с каждым разом становилось все труднее искать новых музыкантов, знакомиться с ними, репетировать старые вещи, словом, еще раз проходить уже пройденный тобой путь. На этот раз как-то никто не искался. Вечная наша беда с клавишниками! Петя умудрялся заполнять своей игрой очень большое пространство в нашей музыке, и теперь заполнить его было нечем. Может быть, поэтому на его место пришли два человека.

Сережа Рыженко предложил себя сам. Знакомы мы были давно, знали его по «Последнему шансу». Это была самая настоящая площадная скоморошья группа — такие бродили, наверно, по городам лет триста назад. Звуки они извлекали из чего угодно — из стиральной доски, пустых банок из-под пива, каких-то дудочек. Имел место настоящий тумбофон: фанерный ящик, из которого торчала палка с единственной веревкой — струной. Кроме тумбофона, Сережа играл на скрипке, гитаре, деревянных флейтах, на всех видах банок и погремушек, пел, скакал и вообще очень был на своем месте и очень хорош. Меня в его предложении смущали две вещи – я не хотел разваливать «Последний шанс» и не был уверен, что скоморошья манера Сережи подойдет для «Машины». Оказалось, что из «Шанса» он и так уже ушел по своим соображениям, а образ можно попробовать и изменить. Образ он, надо сказать, так и не изменил, потому что острой необходимости в этом не возникло – он вполне вписался и так.

Расстались мы год спустя, и, я думаю, по той причине, что Сереже приходилось исполнять у нас в музыке сплошь вспомогательные роли. То есть когда вещь была практически готова, но чего-то чуть-чуть не хватало, брался Рыженко со скрипкой, дудочкой или чем угодно, и брешь затыкалась. В «Шансе» Рыженко был одним из лидеров, и, конечно, ему стало неинтересно заниматься «отделочными» работами. К тому же к моменту ухода Сережи Заяц уже освоился, окреп, и мы вполне могли обходиться вчетвером.

Заяц, то есть Саша Зайцев, выявлен был в окружающей среде по наводке Вадика Голутвина. Мы договорились по телефону о встрече у меня дома, явился Кутиков, и мы принялись ждать. Заяц оказался совсем молодым человеком с небесно-голубым взором и мягкими манерами. Во взоре читалось некое просветление. Выяснилось, что вездесущий Кутиков уже знал его по какой-то его прошлой группе (меня всегда поражала эта вот способность Кутикова всюду поспевать). Что до меня, я не был потрясен манерой зайцевской игры, но все остальное мне очень понравилось.

Поначалу Заяц с трудом замещал Петину вакансию. Если от Петиной игры смело можно было убавлять, то к зайцевской хотелось что-то все время добавить. К тому же в каких-то уже сделанных вещах ему приходилось просто исполнять придуманные Петей партии, а это было тяжело и физически, и морально, я думаю. Однако все встало на свои места. Все в конце концов встает на свои места с течением времени.

А потом было множество поездок по большой нашей стране, а потом нас наконец пустили с концертом в Москву, и то сначала не в Москву, а в Сетунь (не так, кстати, давно – в восемьдесят шестом), а потом в Польшу, а потом вдруг сразу в Японию, а потом было еще много стран, и первая наша пластинка, которую на «Мелодии» в ознаменование перестройки спешно сляпали без нашего участия, а потом вторая, которую мы делали сами, и музыка для кино, и съемки, и многое другое, чему здесь не хватает места.

С первой поездкой – в Польшу – случился казус. В Польше проходил фестиваль альтернативной музыки «Морковка» – поляки всегда очень любили все альтернативное. И звали туда они совсем не нас – они хотели видеть группу «Свинцовый туман». Какой-то сотрудник ЦК комсомола оформил вместо «Тумана» (о котором он и слыхом не слыхивал) «Машину времени». Я думаю, он искренне желал нам добра. К тому же он не имел понятия о том, что такое альтернативный рок, и на всякий случай слово «альтернативный» в приглашении заменил на «политический». Сочетание «политический рок» меня несколько смутило, но времени на раздумья не было. Если бы мы знали, что нас посылают вместо кого-то, мы бы, конечно, не поехали. Но нас в такие тонкости не посвящали.

Когда я увидел, какие ребята выходят на сцену, я понял, что случилась крупная подстава. «Звуки

Му» на их фоне показались бы пионерским ансамблем. Мы со своими песнями были как раз тем, чему они яростно составляли альтернативу. А отступать было некуда. И мы отыграли – под оглушительный свист и улюлюканье зрителей, которые тоже, естественно, были альтернативными. Никогда не любил это направление. После Польши – особенно.

Но дверь за кордон была приоткрыта – по тогдашним неписаным правилам необходимо было сначала посетить соцстрану. И если поездка проходила без нареканий, то советскому гражданину можно было доверить поездку в страну капиталистического лагеря. Несмотря на то что к власти уже пришел Горбачев, все менялось не в один день.

Дорогой Михаил Сергеевич! Мне сейчас уже невозможно представить себе, что, если бы не вы – жизнь моя (что там моя – жизнь каждого из нас!) могла быть совсем другой. И я никогда бы не увидел мира – мы так бы и катались из Ростова в Барнаул, и проходили бесконечные переаттестации, и унылые партийные сволочи контролировали идеологическую направленность наших песен, а потом гаечки бы еще чуть-чуть затянули, и нас бы в конце концов разогнали к чертовой матери и в лучшем случае вытурили бы за кордон. Люди уже не помнят, что благодаря вам мы смогли ощутить себя частью мира – что может быть важнее? Просто мы живем в очень неблагодарной стране, Михаил Сергеевич. Не болейте и не обращайте внимания на идиотов.

Буквально пара месяцев после испытания в Польше – Япония! Международный рок-фестиваль! Ронни Джеймс Дио, Джеймс Браун, Джордж Дюк! И мы! Разбудите меня!

Я так психовал, что в самолете у меня пропал голос. Совсем. Это была какая-то молниеносная адская ангина на нервной почве – ни до, ни после со мной такого не случалось. Я молился, съел все таблетки – сначала свои, потом японские, которые принесли мне сотрудники посольства. Не брало. Я пил виски «Сантори» с кипятком – проверенное самурайское средство. Не помогало. На этом фоне впечатление от Токио было несколько стертым. Просто не покидало ощущение, что мы на Марсе.

В общем, мы сыграли. Конечно, не так, как могли бы, но в целом не позорно, и я даже умудрился что-то пропеть, а потом был банкет и джем-сейшн в ретро-рок-н-ролльном клубе, и мы братались с настоящими звездами рока, и я угощал их гаванскими сигарами – у нас на родине этого добра было еще много, и стоили они копейки, и все это было похоже на сон, и впечатлительный Заяц напился так, что заблевал весь потолок в своем номере.

А потом была двухмесячная поездка в Америку, и отличные концерты, и впервые в жизни работа на настоящей студии в Далласе, а потом уже масса стран, включая совершенно экзотический Мозамбик. Про каждую поездку можно было бы написать небольшую книжку – столько происходило интересного, неожиданного и смешного. Может быть, когда-нибудь соберусь.

А ведь всего этого могло и не быть. Как же нам повезло!

Нет, про Мозамбик расскажу. Бог его знает, как мы там оказались, — в перестроечные времена происходили самые разнообразные чудеса. В общем, мы приехали в город Мапуту играть в ночном клубе «Замби». Клуб принадлежал бывшему боксеру и совершенно опереточному бандиту по имени Алекс Барбозо. Работа нас не утомляла, тем более что местное черное население в клуб «Замби» не ходило по причине отсутствия денег, а немногочисленные дипломаты и представители всякого рода международных миссий имели выбор — клубов в городе было два. Так что играли мы не каждый день.

Развлечений у нас почти не было. Мы ходили в гости к Саше и Оле — оба журналисты ТАСС, жили там с двумя маленькими дочками и черным слугой Мануэлем. Жена Мануэля была известная колдунья, жрица вуду. Еще в городе располагались наши военные вертолетчики — как я понимаю, последние слезы нашей советской поддержки: по периферии Мозамбика шла гражданская война, в городе совершенно незаметная.

Вертолетчики были славные ребята, и мы с ними сильно выпивали — а что было еще делать? Однажды мы досидели до утра, когда им надо было лететь на задание. Ребята не хотели расставаться с нами и позвали нас с собой. Сейчас я понимаю, что, если бы я был к этому моменту трезв, я бы нашел в себе силы отказаться — ни фига себе, на задание!

«Ну, вы же над Африкой никогда не летали!» – сказали ребята. К тому же ничего страшного не предполагается: никого бомбить не будут, они вообще транспортная авиация – так, привезти припасы и медикаменты в одну деревню. Если есть раненые – забрать. Все.

И мы полетели.

Над джунглями вставало солнце. Мы шли низко, как в фильме «Апокалипсис», почти касаясь колесами верхушек пальм. Я был настолько заворожен этой картиной, что не сразу заметил, что по радио кто-то ругается – на местном наречии. «Что это?» – спросил я. «А, это повстанцы, – равнодушно ответил пилот. – Вот он мне грозит – шестой, шестой, я тебя знаю, я тебя сбью!» Я похолодел. «А собьет?» – «Не собьет, – сказал пилот. – Смысл? Мы вот сейчас в деревне товар сгрузим, а они ночью наедут и все заберут. Мы их уже два месяца кормим». – «А на обратном пути?» – на всякий случай спросил я. «А завтра кто добро повезет? Не, зачем им нас сбивать?»

Вскоре внизу показалась деревня – соломенные конусы крыш. От деревни к вырубленной в джунглях вертолетной площадке шеренгой бежали местные жители. Они размахивали руками и что-то кричали. Кого-то несли на носилках. «Радуются», – подумал я.

Мы обогнали их и приземлились, я вылез из вертолета. Солнце поднялось уже довольно высоко, прямо метрах в десяти от меня начиналась глухая стена тростника выше человеческого роста. Я, замирая от счастья, двинулся к ней. Как же я мечтал в детстве оказаться в настоящих джунглях! И – вот оно! В тростнике что-то шуршало, пробирался какой-то невидимый зверек, грохотали кузнечики, один, величиной с чайную ложку, сидел прямо передо мной. Время остановилось.

«Андрюха!» – услышал я дикий крик пилота. Он кричал совсем нехорошим голосом. «Андрюха, стоять!!» Я послушно замер. «Развернулся! И! По своим следам! В машину!» Я проделал все как робот, совершенно не понимая, что происходит. Оказалось, что повстанцы ночью заминировали взлетную полосу – об этом нам и спешили сообщить жители деревни.

В общем, на обратном пути нас тоже не сбили.

Кино в нашей жизни сыграло отчасти спасительную роль. Нас выручала несогласованность ведомств – этакая система удельных княжеств. В результате в тот момент, когда нас готовились дотоптать на эстраде, вдруг выходил на экраны фильм «Душа», и мы как ни в чем не бывало улыбались с афиш из-за спин Софии Ротару и Боярского, а когда три года спустя в разгар съемок «Начни сначала» до руководства «Мосфильма» доходило указание, что снимать нас все-таки не следует, мы приносили охранную грамоту, из которой следовало, что «Машина» является участником культурной программы XII Международного фестиваля молодежи и студентов в городе-герое Москве и, стало быть, топтать нас опять-таки не за что. А когда месяц спустя мы получали плюху от Министерства культуры за то, что что-то там не то на этом фестивале спели, – кино было уже снято, и поздно было махать руками.

Все эти тактические игры вспоминаются сейчас как дурной сон из Средневековья. Позвонил мне недавно один знакомый литератор-публицист и предложил выступить с серией разоблачительных материалов о разных чиновниках от культуры эпохи застоя, которые сегодня, значит, спрятали свой звериный оскал под розовыми масками перестройщиков и перестройщиц. Я отказался, и не потому, что я кого-то боюсь или жалею, а потому, что дело не в них. Эти ребята – честные солдаты своей армии, и пока есть у нас министерства культуры, управления культуры (что, кстати, не одно и то же), отделы культуры и т. д., глупо предполагать, что вот этот у них как бы хороший, а этот, скажем, плохой. Все они и сегодня в едином строю. И такие, какими им сегодня велено быть. Надо будет, все что угодно перестроят.

Что меня действительно пугает – так это то, что время с каждым днем идет все быстрей. Когда я был маленьким, день казался длиною в год и весь был доверху наполнен удивительными и неповторимыми событиями. Время было воздушное, прозрачное и медленное, как мед. Каких-нибудь двенадцать лет назад я умудрялся ходить днем на работу, вечером в институт, почти каждый день на репетицию, при этом успевал жить сложной и насыщенной личной жизнью, читал книжки, рисовал картинки и писал песни. И все вроде бы получалось само собой. Если не получалось – тоже само собой.

А сейчас время сжалось, потяжелело, потеряло прозрачность, и я уже не вижу через него, что там впереди. Оно движется мимо меня, как электричка, и скорость его растет.

Кажется, вчера только отгуляли наше двадцатилетие, а уже прошел целый год. Год! На двадцатилетии было очень весело и трогательно, что ли.

Я панически боюсь всякого рода чествований и юбилеев, но, по-моему, юбилеем там не пахло. Получился просто праздник для друзей, как бы банально это ни звучало. Я подозревал, что у нас есть друзья, но когда они вдруг собираются вместе и ты видишь, как их много, – это здорово. Говорят, много друзей не бывает. Хочется верить, что мы являемся счастливым исключением.

> *Отношение мое к юбилеям и теперь не изменилось – разве что ухудшилось. А было их с тех пор страшное количество. Ничего невозможно поделать – наша страна мыслит юбилеями, это осталось с советского времени и, видимо, не лечится. Я однажды, проезжая по городу, специально стал читать афиши концертов наших артистов – сплошные юбилеи! В общем, смешно. А пропусти свое какое-нибудь летие – обидишь зрителей. Они все помнят. И любят тебя. И кормят, кстати.*

Я с трудом слушаю сегодняшнюю музыку. Нет, это не касается Тины, Стинга, Джаггера, Клэптона, Коллинза и прочих стариков. Мы с ними еще из того, из иного измерения. Я до сих пор жду, что возникнет какая-нибудь юная команда и вновь перевернет мир, как битлы четверть века назад. Напрасно я жду. Видимо, с помощью музыки можно перевернуть мир только один раз.

И даже «Ласковый май», как ни верти, не вызывает у меня слез умиления, и я торчу из рыдающего моря пятнадцатилетних с абсолютно сухими глазами. Я ловлю себя на том, что, если бы мне сейчас было пятнадцать и я услышал то, что слушают они, – я бы совершенно точно выбрал в жизни другое занятие.

Есть такое понятие: цепляет – не цепляет. Не цепляет.

Когда-то, еще давно, я вывел для себя определение, по которому человека можно отнести к старым. Старый человек тот, кто перестает воспринимать и начинает вспоминать. Что ж, судя по тому, чем я в данный момент занимаюсь, меня смело можно отнести к этой категории. С одной только оговоркой. Я помню, сколько грязи и непонимания лили на любимых моих битлов двадцать лет назад старшие товарищи и граждане и как я отстаивал их со слезами на глазах и готов был биться до последнего. Недавно я видел девочку, грудью вставшую на защиту ее любимого «Ласкового мая», и вспомнил себя. Все, конечно, течет. Ничто не бывает вечным. Если только не забывать, что битлы и «Ласковый май» стоят чуть-чуть на разных ступеньках. С точки зрения искусства, что ли. Или духа. Или я ошибаюсь?..

Это было написано в 1990 году. Сидел и думал – двадцать три года прошло! Надо же что-то к этому добавить! Нечего добавить.

Извините.

Март 1990

Фотоальбом

Десятый класс. Я, Мазай, Борзов.
Максимально допустимая степень битловости

Подпольный сейшен в Инязе. 1973

Это уже подпольный Питер. 1976

Костюмчики шили сами или с помощью подруг

Кадр из фильма «6 писем о бите». Я, Кава, Гуля. 1976

На съемке фильма «Душа» с Боярским

Мишка Меркулов, Маргулис, Юрка Ильченко и я.
1978

Мы с Рыженко

Таллин. 1977. Во грива была!

Кутиков тоже хорош

Я и Кутя

1978. После сейшена. Не повязали!

Тбилиси-80

Костюмчики от Славы Зайцева
(в шляпе Мелик-Пашаев)

Питер. 1980. Ефремов, Кутя, я, Петя

1983. Чистая битлятина

Примерно тогда же.
Я, Кутя, Ефремов, Рыженко и Зайцев (сидит)

После концерта с «Наутилусом»

Во дураки!

А тут вполне нормальные, только молодые

На концерте Маккартни. И как я рядом оказался?

Дом

Довольно рано я начал жить один.

То есть сначала я жил вместе со своей бабушкой в крохотной однокомнатной квартирке на Комсомольском проспекте. За стеной, в нормальной квартире, жили родители с маленькой моей сестрой – мама каким-то образом все это устроила путем хитроумных обменов.

Бабушка умерла, и я остался в квартирке один. Кухня у меня отсутствовала, так как мама настаивала, чтобы ел я у них и по возможности на ее глазах, и из кухни получилась вторая, совсем уже малюсенькая комната.

У одной стены стояло пианино, а у другой – старая немецкая фисгармония, доставшаяся мне от уехавшего в Америку Фокина. Между инструментами оставалась узкая щель, в которую с трудом входил вращающийся табурет, и можно было, поворачиваясь на 180 градусов, играть то на одном, то на другом.

В другой комнате располагался маленький диванчик, у которого сбоку выдвигалась полочка, на нее клалась подушка со спинки того же диванчика, и он становился соизмеримым с человеческой длиной – на нем можно было спать. Правда, в этом случае в комнату было уже не войти, не выйти – полочка с подушкой перекрывала дверь.

Еще в комнате находилась радиола «Симфония» – шик начала семидесятых – две здоровенные колонки на рахитичных ножках, затянутые веселенькой желтой тканью, и между ними – длинный гроб с музыкой. «Симфония» осталась у меня от уехавшего в Америку Игоря Саульского.

(Отъезды, кстати, тогда были совсем не то, что сейчас. Человек уезжал на другую планету, и было совершенно ясно, что не увидимся мы уже никогда. К тому же любой отъезд рассматривался как акт безусловно антисоветский, поэтому до последней минуты о нем говорилось только шепотом или не говорилось вообще – из желания не навредить ближним. Да и себе: между прочим, советская власть неохотно расставалась со своими сыновьями, могла в последний момент передумать и не отпустить. Поэтому ходил человек как ни в чем не бывало, общался, шутил, только, может быть, иногда казалось – нервничает как-то, а потом вдруг приглашал тебя на проводы, и в квартире уже пусто, потому что проданы и мебель, и квартира, и в кармане у него билет на утренний самолет, и прощались навсегда, и все равно гуляли шепотом и все время выглядывали с балкона – не стоит ли у подъезда какая-нибудь черная «Волга».)

Еще в комнате была книжная полка, и у окна – стол с чертежной доской и рейсшиной. Я уже учился в Архитектурном, и отец, когда делал проект дома, приходил работать ко мне.

Из всей «Машины» я был единственным обладателем такой роскоши, как отдельная квартира, поэтому сидели все у меня.

Еще можно было сидеть во дворе или в подъезде – для посещения четырех имевшихся в Москве кафе – «Московское», «Космос», «Метелица» и «Октябрь» – требовались деньги: рубль – швейцару за вход, так как мест нет, и хотя бы рубль тридцать две на девичий коктейль с замысловатым названием «Шампань-коблер». Мужской коктейль, «Юбилейный» – коньяк с ликером, – стоил уже рубль восемьдесят пять. В домашних условиях на эти деньги можно было упиться портвейном. (Огнетушитель «Розового противного» – рубль двадцать семь!) К тому же в «Московское» нас, молодых и волосатых, еще как-то пускали, а в остальные – не всегда.

Сидение у меня состояло из выпивания упомянутого напитка, слушания музыки и споров о ней же. В подвале дома находилась непонятная пустая комната, и одно время мы там репетировали – пока не взвыли жильцы.

К сидениям нашим родители мои относились на удивление лояльно. Иногда приходили девушки, но тут мама проявляла потрясающую бдительность. Невероятным образом по щелчку замка – как я его ни смазывал – она определяла пол и количество моих гостей, даже если дамы шли от лифта, сняв туфли и неся их в руках. Тут же раздавался телефонный звонок, и мама интересовалась, что это девушки делают так поздно в гостях и не пора ли им домой. Не ошиблась она ни разу. Конечно, можно было не отпирать дверь и пойти на конфликт, но праздник все равно оказывался испорченным. Как мне иногда удавалось ее перехитрить – одному богу известно.

Потом я вдруг женился и переехал на Ленинский проспект. Но к этому моменту началась гастрольная жизнь, и ощущение дома перенеслось скорее на гостиницы, чем на новую квартиру, – в ней я проводил меньше времени.

Я до сих пор обожаю гостиницы. Мне кажется, я совершенно спокойно мог бы в них жить, переезжая с места на место и не заботясь домом, в который нужно возвращаться.

Во-первых, я очень люблю путешествовать. Причем путешествие люблю именно за отъезд, а не за возвращение. Во время поездки звонки домой даются с трудом: мне все время кажется, что там какие-то неприятности, а я все равно не смогу помочь, находясь далеко, и только изведу себя и близких. Номер гостиницы — идеальная вещь, если тебе надо работать, а, допустим, не очень хочется: дома у тебя масса соблазнов на что-нибудь отвлечься, а в номере отвлечься не на что — нет ничего лишнего. И телефон молчит и не приводит тебя в исступление, как это бывает дома, когда час не можешь отойти от него больше чем на два шага, отвечая на всякую ерунду, а выключить все равно не можешь — а вдруг что-то важное и срочное, а тебя не найдут?

Всю жизнь завидовал людям, которые легко выключают телефон. Хотя если задуматься — почему это человек, звонящий по телефону, приобретает такое преимущество в праве на контакт? Вот вы сидите за столом, и в гостях у вас очень хорошие люди, и пошла замечательная беседа, и вдруг — звонок, и вы прерываете дорогого вам человека на полуслове, ставите на стол рюмку, опрокидывая стул, бежите к ненавистному аппарату и слышите абсолютно неинтересный вам голос: «Привет. Ну, как у тебя дела?» (А есть категория знакомых, которые умудряются звонить тебе исключительно в таких ситуациях.) Все это равносильно тому, что вдруг открылась дверь, вошел некто и, перебивая всех, заговорил о своем. И все равно бежим к телефону!

Но вот интересно — в гостинице я могу выключить телефон с легким сердцем. Все равно для всех я уехал, а если что-то очень нужно своим — я в соседнем номере, постучи в дверь. А если ты на гастролях со своей командой, то гостиница дает идеальные возможности как для общения, так и для самоизоляции. Две минуты — и мы вместе, и еще позвали, кого не хватает, и не надо ему ехать к нам из Чертанова, он этажом выше, а устал — в двух шагах твой номер, а там уже кем-то все прибрано, постель заправлена и в ванной чистые полотенца.

Конечно, гостиницы, в которых мы останавливаемся сегодня, это совсем не те гостиницы, в которых мы жили в восьмидесятом — с запахом дуста и горелого лука из буфета, который закрылся за десять минут до твоего возвращения с концерта.

Вообще надо было очень сильно ненавидеть человека, чтобы придумать во всех деталях гостиницу советских времен. Отголоски этой ненависти я наблюдаю до сих пор — если номер двухкомнатный (так называемый полулюкс), то непременно телефон и телевизор будут стоять в одной комнате, а кровать — в другой. Ну какой идиот смотрит телевизор, сидя на стуле?

Бдительность швейцаров не знала границ. Визитки при входе проверяли, как пропуска на секретный объект. Для проведения в гостиницу знакомых (преимущественно женского пола) существовали разные способы.

Проще всего было отдать свою визитку даме, а самому идти чуть сзади, устало улыбаясь и пряча лицо в цветах. Следовало, правда, учитывать, что в некоторых гостиницах в свете борьбы именно с этим способом визитки различались на мужские и женские — скажем, голубые и розовые.

В большой компании практиковался метод под названием «Константин Заслонов» — когда шесть человек плотно окружали швейцара, тряся визитками и одновременно крича: «А который сейчас час? А на каком этаже буфет? А что, он уже не работает? А как пройти в библиотеку?» В этот момент девушки, пригнувшись, просвистывали в лифт. Правда, если все это удавалось, это еще не означало окончательной победы — дежурная по этажу, учуяв подозрительное, могла стукнуть вниз администратору, и тот вызывал милицию, и милиция вламывалась в номер с криками: «Проверка! Почему темно?»

Вопросы питания решались проще. На случай, когда директору коллектива не удавалось договориться с официантками ресторана, любящими молодежное искусство, чтобы нам оставили чего-нибудь в кастрюльке, у нашего осветителя Саши Заборовского был специальный чемоданчик. Содержимое его включало электроплитку, кипятильник, кастрюльки и сковороду. Поскольку все перечисленное было строжайше запрещено к хранению в номерах гостиницы (вплоть до выселения), то чемоданчик каждый день уносился на концертную площадку, а после концерта приносился обратно. Кроме электроприборов и посуды в чемоданчике хранились соль, перец и запас сухих супов в пакетиках — так называемый «суп-письмо». Какие-то исходные продукты покупались днем, и в принципе этим можно было закусывать.

Что касается водки, то в целях сокращения ее потребления, а также в целях повышения материального благосостояния Заборовский создал следующую схему. Днем он покупал несколько бутылок водки в магазине по 4,12 и прятал их в тумбочку. Ночью, если все принесенное другими кончалось, а продолжить хотелось безудержно, Заборовский открывал тумбочку и продавал оттуда сам себе бутылку водки, но уже по ресторанной цене — 8.00.

Он заработал кучу денег.

Удивительное это ощущение — когда ты стоишь за кулисами, и тебе выходить через десять секунд, и у тебя отвратительное настроение, и что-то болит, и ты только что вдрызг разругался со своим директором, и ненавидишь и свою музыку, и самого себя, и выталкиваешь себя на сцену, и через каких-то полтора часа уже совсем другим человеком — мокрым и счастливым — бежишь обратно в гримерку, а зал еще ревет, а еще через двадцать минут ты уже в гостиничном номере, и стол накрыт простыми и правильными вещами, и водочка разлита, и вокруг тебя самые близкие и хорошие люди, и ты опять сделал вместе с ними чудо, и ничего у тебя уже не болит, и даже директор твой не такой уж засранец, и просыпаешься на следующее утро и думаешь — что же так хорошо?

В гостиничные рестораны мы не ходили. Во-первых, это было дорого. Во-вторых, до закрытия оставалось полчаса и разгул отдыхающих был в апогее. Если все-таки выбора не было и поход в ресторан становился неизбежным, то следовало помнить о трех ошибках, возможных при посещении.

Если тебя окликали по имени и ты оборачивался, то ты совершал первую ошибку. После этого к тебе подходил местный житель и говорил примерно следующее: «Андрей Вадимович, извините, пожалуйста, я понимаю, что вы устали и все такое, но моя жена без ума от ваших песен, а у нее сегодня день рождения, вы не подойдете на секунду буквально к нам за столик ее поздравить?» И если ты соглашался, то это была вторая ошибка. На своей территории тон местного жителя менялся. «Андрюха, можно я на «ты»? Я смотрю, ты такой простой парень, а мне всякую херню про тебя рассказывали. Слушай, давай выпьем — ты мужик, и я мужик!» И если ты, мечтая уйти, выпивал, это была третья ошибка. Ибо дальше следовало: «Андрюх, слышь, иди спой чего-нибудь! Ты чего, в натуре, не русский, что ли?»

До сих пор ненавижу рестораны с музыкой.

Переезд на Ленинский проспект совпал с покупкой машины. У нас в семье никогда не было автомобиля, и вообще мне казалось, что машины имеют какие-то совсем другие люди, и я, в общем, не видел себя в их числе. Хотя момент это был чисто психологический – у Валеры Ефремова, скажем, уже были «Жигули» кирпичного цвета, и он даже ездил на них с Кутиковым на юг.

Предчувствуя далекое неизбежное, я на всякий случай окончил гаишные курсы где-то на окраине Москвы и получил права, но они так и валялись без дела. Узнав, что у меня есть права, мой товарищ Мартин дал мне порулить (он сам настоял, правда!), и я тут же въехал в стоящий у обочины «Москвич». Мартин очень расстроился, а я утвердился в мысли, что нечего заниматься не своим делом.

И вот наш директор Валерий Ильич убедил меня в том, что время пришло. И тут же продал мне свою подержанную шестую модель «Жигулей». Валерий Ильич был очень решительный и напористый человек – я даже не успел навязать ему дискуссию на тему «нужна ли мне машина». Он сказал, что с деньгами мы разберемся потом, велел мне взять с собой права и повез меня к черту на рога. У черта на рогах оказался автосервис, где уже довинчивали его готовую к продаже «шестерку». Она была белого цвета и очень, между прочим, по тем временам неслабая. Демонстративно не обращая внимания на мою робость, Валерий Ильич удостоверился в том, что я не путаю тормоз с газом, усадил меня за руль, вложил в руку ключи, пожелал счастливо добраться и захлопнул дверь снаружи.

Окаменев от ужаса, я медленно выкатился на какой-то проспект. Имея очень приблизительное понятие о направлении, в котором надо следовать, я пристроился в зад первому же автолюбителю и решил, что если буду двигаться за ним как тень, сохраняя дистанцию, то мне, по крайней мере, ничего не грозит. Вскоре выяснилось, что только на это моих сил и хватает – самостоятельно следить за светофорами, дорожными знаками и направлением движения я уже не могу. К счастью, парень ехал в нужном мне направлении.

Вскоре мы оказались на Садовом кольце. Паника постепенно отступала, ладони высохли. Я даже начал что-то такое тихонько напевать – для куража. И, расслабившись, проскочил поворот на Ленинский проспект.

В принципе, я знал, что есть такая вещь – «разворот», но чувствовал, что искусством разворота я еще не владею – это же надо было его найти, перестроиться, правильно к нему подъехать, вовремя развернуться, а потом, где-то уже у Ленинского, проделать все это еще раз! И я решил, что проще и мудрее будет проехать Садовое кольцо по новой, но уже точно не проскочить нужное место.

Через два часа я был в родном дворе. Долго сидел в машине, смотрел на лампочки на панели, переводил дыхание. Машина нравилась больше и больше.

Очень сильное первое ощущение от машины (когда уже перестаешь психовать по поводу вождения) – ощущение независимости и собственной изоляции. Метро, автобус – любой общественный транспорт, к которому ты привык, едет туда, куда надо ему. Ваши маршруты совпадают, пока тебе с ним по пути. Такси, в общем, едет туда, куда нужно тебе, но тебя все равно везут, причем так, как считают нужным. И вдруг ты один посреди города, защищенный от шума, взглядов и дурной энергетики толпы своим маленьким железным домиком, и – куда бы поехать? Некоторое время я просто купался в этом сладком одиночестве и свободе, потом привык. Жалко, что привыкаешь ко всему хорошему.

Родители мои по традиции продолжали снимать на лето дачу. Происходило это уже не в Загорянке, а в Валентиновке — на соседней станции, хотя четких границ между Валентиновкой и Загорянкой не было. Просто Загорянка располагалась на открытом месте, а Валентиновка пряталась в сосновом бору. Родители уезжали туда с маленькой сестрой, а я оставался в городе, избавленный от их опеки и потому счастливый. Но в выходные навещать их все-таки следовало.

Несколько раз по дороге к ним я проезжал мимо удивительного дома. Он возвышался из-за глухого забора огромным сахарным кубом. В то время новорусский загородный стиль — смесь кремлевских палат и Таганской тюрьмы — еще не родился, все дачи были такими, какими они были еще при Чехове, — деревянными, ветхими и трогательными, и белоснежный каменный куб смотрелся среди них как атомная подводная лодка среди каравелл и дредноутов. Черные квадратные окна выглядели неприветливо и загадочно, звуков изнутри не доносилось. Говорили про этот дом полушепотом — будто живет там одинокий сверхсекретный кагэбэшник, и что под землю еще уходят три этажа и туда опускаются на лифте. Поскольку ничего более далекого от моей тогдашней жизни, чем этот дом, представить себе было нельзя, то я и не думал о нем вовсе.

Прошло лет шесть, и я стал потихоньку мечтать о том, как бы мне перебраться за город. Были тому свои причины. В квартире подо мной жила психически нездоровая тетка, убежденная в том, что цель моей жизни — свести ее со света. По этой причине милиция вызывалась ко мне каждый вечер в 23.00 независимо от того, что у меня дома происходило.

При этом плясок у меня никогда не бывало, музыка не гремела, и перекрытия сталинского дома были достаточно надежно звукоизолированы — тетка просто питала ко мне какую-то классовую ненависть. В медицине это называется «бредом обыденных отношений». С милиционерами я давно подружился, выселять меня никто не собирался, но мне надоело ходить по собственному дому на цыпочках. Я стал собирать информацию, и вскоре мне сообщили, что в Валентиновке продается дом — не дача, а именно дом, как я хочу. Подъезжая, я еще не предполагал, что речь идет о том самом белом чуде.

Хозяин не был похож на секретного кагэбэшника. Скорее он был похож на цыгана из табора. Звали его дядя Паша. Был он жилист и крепок, черняв и кучеряв, а рука его при пожатии напоминала неошкуренную доску. В черных его глазах читалось некое безумие. Пожав мне руку, он достал смородиновую наливку собственного приготовления, потом — маленькую деревянную шкатулку, обитую изнутри алым шелком, из нее — крохотный серебряный стаканчик, налил граммов десять и предложил пригубить за знакомство. Потом рассказал свой вчерашний сон — как он приезжает на Красную площадь за рулем большого говновоза и выливает все содержимое на могилу Брежнева. (Чем ему так насолил Леонид Ильич — не знаю. Судя по тому, что в комнатке у него висел портретик Сталина, ему следовало скорее не любить Хрущева.)

Потом мы пошли смотреть дом.

Дом меня потряс — отнюдь не роскошью, нет. Роскошью там как раз не пахло. Потрясал он дерзким полетом мысли при полном отсутствии знакомства с архитектурной школой и эстетическим опытом человечества, накопленным за тысячелетия. Это была воплощенная мечта пожарного (а дядя Паша и оказался пожарным) о красивой жизни. В этом ощущался какой-то дикий рок-н-ролл. Дом был абсолютно пуст, вычищен до блеска и готов к продаже. Я должен описать его в деталях.

Вход не имел ступенек, и пол первого этажа находился на одном уровне с землей (я долго потом изумлялся – почему это весной при таянии снега в дом не натекает вода? Так ни разу и не натекла). Крохотная прихожая вела в узкий коридорчик, который упирался в маленькую кухоньку. В углу кухни горделиво стоял аппарат отопления, так называемый АГВ, занимавший треть площади, стены были увиты трубами, как в подводной лодке. Из кухоньки шли две двери – во двор и в совсем уже микроскопическую баньку. (Там было так низко и тесно, что однажды одна девушка манекенных пропорций не смогла сложиться пополам и пришлась попой прямо на раскаленные камни.) Из коридорчика еще можно было попасть в гараж, сделанный как раз просторно и грамотно, даже с ремонтной ямой (дядя Паша говорил, что в жаркое время он наливал в эту яму воду и там купался. Судя по гаражу, к потенциальному автомобилю дядя Паша относился лучше, чем к людям), и в угловую каморку, величиной ровно с тахту, которая там стояла, – тут дядя Паша и жил, ожидая покупателя.

Из прихожей же лестница, то есть натуральный лестничный блок, используемый при строительстве хрущевских пятиэтажек, вел на второй этаж. Там уже можно было распрямиться, не рискуя въехать головой в потолок. На втором этаже располагалась единственная большая и светлая комната (я сразу решил сделать в ней мастерскую) с четырьмя окнами на две стороны, ванная, сортир и две спальни – спальни как спальни.

Отсюда узенькая металлическая лесенка вела к люку, откинув который вы попадали на третий уровень. И это был гвоздь программы — вы оказывались на квадратной площадке, открытой всем ветрам, — рядом шумели вершины сосен, под вами лежала низенькая Валентиновка, по периметру площадки шел цоколь высотой сантиметров семьдесят и шириной в метр, он был наполнен землей, и там густо росли огурцы! Это были висячие сады Семирамиды. Увенчивалось сооружение зеленой плоской крышей.

Дядя Паша говорил, что собирался установить на крыше карусель. Я отнес это на счет его странноватых шуток, но пару лет спустя, борясь с осами, влез под самые перекрытия и, к изумлению своему, обнаружил там мощную ось и огромный подшипник. Карусель, ей-богу, органично дополнила бы общую картину.

Также планировался лифт с первого на второй этаж (слухи все-таки имели под собой какое-то основание) — не для людей, а маленький, чтобы подавать из кухни в большую комнату, которую дядя Паша мнил гостиной, всякую еду, а потом отправлять вниз грязную посуду.

При всем этом перекрытия в доме были почти метровой толщины и спокойно выдержали бы ядерный удар. Дом вообще был невероятно прочный, хотя сделан был черт знает из чего — дядя Паша строил его один своими руками более десяти лет на свою зарплату пожарного под постоянным прицелом глаз завистливых соседей и бдительного ОБХСС.

Надо еще помнить, что дело происходило в советские времена, когда купить ничего, кроме гвоздей, было нельзя, кирпич, бетон и доски можно было только достать, а всего остального просто не существовало в природе. Поэтому основную часть исходных материалов дядя Паша находил на помойке (во всяком случае, в перекрытиях были задействованы бетонные плиты с немецких блиндажей), а на все, что приходилось покупать или доставать, он хранил копии чеков – видимо, поэтому его и не посадили.

Также приходилось воевать со всякими архитектурно-строительными комиссиями – существовали очень жесткие нормативы относительно того, каким может быть, а точнее, каким не может быть загородный дом: не больше такой-то площади, не выше такой-то высоты, по строго утвержденному плану, и не дай тебе бог от этого плана хоть на сантиметр отступить – очень уж дяди-Пашин дом был по духу далек от подмосковной дачки, это не могло не раздражать.

Дядя Паша победил всех. Он строил дом для себя, сражаясь со всем человечеством. В процессе строительства к нему подкатывали разные люди с предложением продать им это чудо. Он и слышать ничего не хотел – цена не имела значения.

И в тот момент, когда дом оказался достроен, дядя Паша вдруг понял, что он перестал ему быть нужен – он интересовал его только как объект творчества и приложения сил, а жить одинокий дядя Паша продолжал в крохотной нижней каморке, не претендуя на остальную жилплощадь. Стало ясно, что надо расставаться с законченным творением, уже не нуждающимся в дяди-Пашиных руках, сниматься с якоря, перебираться в другое место и начинать строить новый дом – для себя. И в этот момент переосмысления жизненных ценностей появился я.

Дом совершенно подкосил меня своей несуразной свободой. Всегда, когда мне что-то нравится, я примеряю это на себя: мог бы я придумать такое или нет? Такое я придумать не мог (я уж не говорю – построить, для этого я вообще не создан, и самым для меня большим горем в жизни является ремонт). Дядя Паша назвал сумму, по тем временам огромную, – это было все, что я накопил тогда в своей жизни. Я, по-моему, даже не стал торговаться (через полгода грянули гайдаровские катаклизмы, и я в очередной раз возблагодарил своего ангела). Мы объехали десяток каких-то жутких контор (путающие, непонятные заклинания – РЭУ, БТИ, кадастр. Красивое, кстати, слово – «кадастр»), подписали какие-то бумажки, заплатили какие-то налоги – и дом стал моим. Дядя Паша пожал мне руку и отбыл в неизвестном направлении с портфелем моих денег.

Я почувствовал себя капитаном на огромном, пока еще не слушающемся меня корабле.

При невероятном взлете пожарной фантазии, с которой был создан дом, не все мелочи, мягко говоря, были в нем продуманы – дядя Паша мыслил широкими пластами. К водопроводу, например, дом подключен не был – вода с помощью электронасоса подавалась на третий этаж, где располагались две емкости из нержавеющей стали (дяди-Пашина гордость) – для горячей и холодной воды. Горячая вода проходила через АГВ и шла на умывание, а заодно и в батареи.

Вода в баках периодически кончалась, и следовало, не дожидаясь этого, но руководствуясь исключительно интуицией, открыть краны на трубах (все это находилось на кухне) и включить насос. Насос включался просто – надо было, перегнувшись через тумбочку, найти лежащий на полу провод с вилкой и воткнуть его в розетку, расположенную неподалеку. Вскоре баки наполнялись, и вода начинала хлестать в раковину через специальную трубку перелива. Это был знак к тому, что пора опять лезть за тумбочку, выключать из розетки насос и тут же закручивать краны на трубах, чтобы вода не ушла обратно в колодец. Все это надо было делать быстро и собранно, и не дай бог пропустить момент, когда баки наполнятся, — трубка перелива была небольшого диаметра, она не справлялась с избытком воды, вода шла через край, и в доме случалось дежурное наводнение. Вскоре я освоился с этим ритуалом и совершал его каждое утро даже с удовольствием — это помогало настроиться на ритмы дня.

Третий этаж я застеклил по периметру, уверившись в затее сделать там зимний сад (единственная доделка, на которую меня хватило). Строго говоря, сад был, конечно, не зимний — на третьем этаже не было отопления как такового, — но большая теплица все-таки получилась, огурцы и помидоры росли отменно, и было очень красиво, выйдя из баньки и поднявшись наверх с рюмкой водки, закусить помидорчиком прямо с ветки.

Снаружи Белый дом (а его только так и звали) имел не гладкую поверхность, а был выделан рельефными ромбиками (на языке архитекторов это называется руст).

Дядя Паша в свое время признался мне, что долго как художник мучился с фасадом — не знал, чем его украсить, пока не нашел однажды на помойке, где он проводил основное время в поисках стройматериалов, белый пластмассовый флакон из-под какого-то пятновыводителя — и вот этот флакон был покрыт как раз такими ромбиками.

Учитесь видеть прекрасное в повседневности! Покрытый ромбиками дом нес в своем облике что-то неуловимо восточное и вечером, со светящимся садом огурцов на третьем этаже, был похож, по определению Сергея Соловьева, на мавзолей Чойбалсана. Я никогда не видел мавзолей Чойбалсана, но режиссеру хотелось верить.

В доме гуляла нечистая сила. Возможно, это было связано с дядей Пашей – что-то в нем такое было. Я бы не удивился, если бы узнал, что у него собиралась какая-нибудь черная секта.

Однажды, в первые недели моей жизни в доме, пришла жуткая бабка – прямо колдунья из плохого фильма, – не верила, что дядя Паша уехал насовсем, и все норовила оттолкнуть меня от калитки и проскочить в дом – что-то ей там было надо.

Ночью дом жил своей жизнью – вздыхал, скрипел, шуршал шагами.

Живя в городе, мы круглые сутки окружены бессмысленными, не имеющими для нас значения звуками – проезжают за окном машины, топают ногами гости у соседей, где-то ругаются, кто-то пошел на лестницу выбрасывать мусор. В загородном доме все не так, и первое время ощущаешь это особенно остро – каждый звук несет тебе конкретную информацию: залаяла собака – значит, кто-то к тебе идет, увидел свет за окном – кто-то едет к тебе на машине и т. д. Поэтому начинаешь все слышать гораздо острее, и звуки, не имеющие объяснения, бросаются в уши сразу.

Однажды мне позвонила жена (я был в Москве) и сказала, что ночью в доме страшно – кто-то ломится в калитку. Я бросил дела, приехал в Валентиновку, сел ждать темноты – стоял июнь, темнело поздно. Калитка, как и весь забор, имела в высоту метра два и была сбита из сплошных досок – увидеть что-либо за ней, не открыв ее, не представлялось возможным. Запиралась она изнутри на засов, и еще торчала в ней такая поворачивающаяся ручка – как в обычных дверях.

Около полуночи я услышал, как кто-то эту ручку тихонько дергает – вокруг стояла абсолютная тишина, и ни с чем этот звук нельзя было перепутать. Жена испуганно ликовала – до этого момента я ей, конечно, не верил. Самым поразительным было то, что собака, обычно чуявшая посторонних за версту, вела себя совершенно индифферентно – как будто ничего не происходило. Я прихватил для ужаса нунчаки (подарок одного приятеля), спустился в сад и на цыпочках подошел к калитке. Ручка действительно ходила вверх-вниз. Я набрал в грудь воздуха, резко отодвинул засов и распахнул калитку. За калиткой не было никого. Причем не только за калиткой, а вообще на улице – а просматривалась она, несмотря на темноту, метров на тридцать туда-сюда, и пробежать такое расстояние за долю секунды было просто нереально. Я закурил, постоял у открытой калитки, прислушиваясь, – ни звука. Я выбросил в темноту окурок, аккуратно закрыл калитку на засов, повернулся к ней спиной и сделал шаг в сторону дома. И услышал сзади характерное позвякивание – ручка ходила туда-сюда.

Не верите? Ей-богу, не вру.

Появлялись в доме и привидения. Показывались они не мне, а гостям, остававшимся ночевать (а оставались постоянно – кто же поедет в гости на дачу с тем, чтобы на ночь глядя пилить обратно в город? Да и машины были далеко не у всех). Факт наличия привидений подтверждался тем, что разные люди, между собой незнакомые, в разное время видели одних и тех же призраков – чаще всего это был пожилой дядька в шляпе, косоворотке и костюме тридцатых годов – описания совпадали до мелочей.

(Кстати – почему люди, упившиеся до белой горячки, видят одних и тех же зеленых чертиков – им ведь никто их заранее не описывал?)

Говорили, на месте моего дома до войны стояли какие-то расстрельные бараки.

Мне привидения не показывались, и я сделал вывод, что меня держат за своего, а к гостям относятся построже. Тем не менее по настоянию общественности был приглашен священник, который дом освятил. Гребенщиков привез пучок мексиканских трав чуть ли не от самого Кастанеды и тщательно продымил ими все комнаты. Нечисть в доме поутихла, но на участке продолжала шалить.

Последний случай был вот какой.

Я приехал домой около четырех часов дня – следовало переодеться в приличное и быстро ехать обратно в город – кажется, я участвовал в каком-то сборном концерте. Ярославское шоссе тогда еще не расширили, движение по нему было ужасное, и я всегда передвигался по нему на грани опаздывания, а опаздывать я терпеть не могу. Я заехал во двор, вбежал в дом, стремительно переоделся, схватил гитару и, выскочив из дома, понял, что ключей от машины нет. Поскольку я постоянно что-то теряю, я уже знаю, что следует делать в такой ситуации, – надо перестать психовать, остановиться, закрыть глаза и очень внимательно восстановить в памяти ход событий и собственные передвижения.

Так я и поступил. Маршрут пролегал от машины прямо в дом, потом – в спальню для переодевания и потом – сразу обратно. В замедленном темпе я прошел по нему еще раз. Ключей не было. Их не было в замке зажигания, в траве около машины, в прихожей на столике, где, собственно, они и должны были быть, в спальне и по пути из нее. Я вернулся в спальню и перетряс одежду. Пусто. Заглянул под кровать. Ничего. Вернулся к машине и попробовал заглянуть под нее. Нету. Поняв, что я уже опоздал, я сел на крыльцо и обхватил голову руками.

При всей моей склонности к мистицизму я, конечно, мистик не до такой степени – на моих глазах происходило не поддающееся объяснению. Еще через полчаса я решил плюнуть на логику и просто принялся бродить по дому и участку.

За домом, метрах в десяти от него, располагалась большая прямоугольная яма глубиной в человеческий рост. Стены ее и дно я забетонировал, и можно было за какие-то сутки напустить туда воды из колодца, потом пару дней подождать, пока она нагреется на солнце, и тогда получался бассейн. Ни циркуляции, ни стока воды предусмотрено не было, поэтому бассейн был пригоден к эксплуатации дня два-три, после чего вода зацветала, в ней заводились личинки комаров и мелкие животные, и следовало выкачать все это на участок с помощью того же насоса (всего какие-то сутки!), потом подождать дня два-три, пока высохнет вода на самом дне и оставшиеся там животные вымрут, после чего бассейн был практически готов к следующему циклу. Так незаметно пролетало лето.

В День Исчезновения Ключей бассейн пребывал на завершающей стадии эксплуатации. Стараясь освободить голову от остатков логических построений, я подошел к бассейну и машинально заглянул в него. Ключи матово поблескивали на дне сквозь уже мутнеющую воду.

Я готов поклясться на всех святых книгах мира, что с момента приезда в дом я не приближался к чертовой яме ближе чем на двадцать метров. Даже если бы я захотел забросить туда ключи, я бы вряд ли попал. Минут сорок с помощью спиннинга я пытался достать их со дна — особо унизительным казалось из-за дурацких шуток нечистой силы раздеваться и ни с того ни с сего лезть в холодную воду (я все еще был в парадном). Наконец ключи зацепились за блесну, я выудил их из бассейна и понял, что пультик сигнализации промок и умер и теперь я не заведу машину никогда.

Еще часа два я сушил пультик феном, разобрав его на составляющие, и – о чудо – он ожил! (Что совершенно не свойственно электронике, попавшей в воду на час. Это я к тому, что домашние бесы все-таки шутили со мной не слишком зло.)

Замечательные куски жизни прошли в этом странном Белом доме с нечистой силой. Одно время у меня жил Саша Абдулов – он ушел из дома, потерял бумажник со всеми документами и на тот момент не имел ничего, кроме узнаваемой внешности и автомобиля «Нива». Саша поселился в крохотной «дворницкой» (он входил туда сантиметр в сантиметр), и тихая моя загородная жизнь наполнилась его бешеной энергией.

Все должно было быть в превосходной степени: если пир – то на весь мир, если плова – то гора, если водки – то море, если гости – то чтоб сидели друг на друге, если девушка-модель – то чтоб три метра ростом. Гости почему-то сидели всегда на кухоньке, зажатые между дверкой в баню и грозно гудящим аппаратом АГВ. Я заметил, что гости, как кошки, безошибочно выбирают энергетически правильные места. Если хотите узнать, где у вас в доме хорошо, пустите в него много гостей, дайте им выпить и посмотрите, как они расположатся. В шестиметровую кухоньку набивалось человек пятнадцать, и все были счастливы. Я выходил на улицу в ночь – подышать, представлял дом в разрезе и удивлялся: огромный куб – совершенно пустой, и в крохотном пространстве в нижнем углу – плотная куча людей. И гуляли до утра, и вели прекрасные беседы, и пели песни, и мчались спозаранку – кто в театр, кто на студию, а Ксюша Стриж неслась на радио, и через час я включал в машине приемник и слышал ее голос, и вечером встречались снова, и все на свете у нас получалось.

Или это мы были такие молодые?

С Абдуловым я познакомился много лет назад у Лени Ярмольника. Леня вдруг решил проверить, кто у него настоящий друг, и отметить свой день рождения, никого не приглашая – кто вспомнит, тот как раз друг и есть. (Затея, кстати сказать, так себе: хорошая память – отнюдь не показатель дружбы. Я вообще не в состоянии запомнить ни один день рождения – и что теперь?)

Именно по этой причине народу было совсем немного. После спектакля, часов в десять, позвонил Саша Абдулов – просто так, и Леня не выдержал – проболтался. Саша прилетел через десять минут. В руках у него был пакетик с двумя булочками с маком из театрального буфета – подарок на день рождения.

Абдулов был огромный, и энергию, от него идущую, я ощущал физически. Комната сразу наполнилась им – он влетел, обнял Леню, выпил водки, познакомился со мной и тут же начал сочинять спектакль про то, как известный артист решил вдруг пригласить на день рождения своих школьных друзей, которых он с тех пор не видел. И как они собрались: один – бармен из пивбара, один – военный, один – врач, и как сидят за столом и о чем говорят. Все происходящее у нас за столом на самом деле Абдулов тут же ввинчивал в свой спектакль, и он рос, как снежный ком. Я сидел совершенно загипнотизированный – на моих глазах рождалось гениальное творение. К концу вечера с меня было взято обещание немедленно начать работу над музыкой, и Абдулов записал на салфетке мой телефон и сказал, что позвонит завтра и узнает, как продвигается работа.

Ночью я, конечно, не спал, потрясенный таким почетным предложением, – думал над музыкальной концепцией спектакля, и к утру она начала вырисовываться. Я решил, что музыка должна быть простая и трогательная – как во французском кино.

Абдулов не позвонил ни завтра, ни послезавтра, и тогда я набрал номер Лени и поинтересовался между прочим, как там у Абдулова дела с новым спектаклем. «С каким спектаклем?» – удивился Леонид. Я объяснил с каким. Леня удивился еще больше и мягко объяснил мне, что вообще-то Абдулов ставит далеко не все, что он придумывает, а про ту затею с днем рождения он, скорее всего, и не помнит, так как придумывает постоянно, а прошло уже целых два дня. Честно скажу – я поверил Ярмольнику не до конца. Ну не могла такая блестящая затея уйти в песок! Но сам все же решил пока Абдулову не звонить.

Абдулова я встретил дней через десять, случайно. Мы поговорили о чем-то разном, а потом я осторожно поинтересовался, как спектакль. Абдулов сказал, что он решил кое-что переделать, и рассказал мне совершенно другую пьесу. Просил подумать над музыкой и убежал.

Мы замечательно жили в Валентиновке тем летом! Чувство, что все возможно, что все в наших руках, меня не оставляло. Сашина энергия была в этом смысле невероятной движущей силой. Мы возвращались с ним ночью из разных мест – он со спектакля, я – с концерта, варили макароны, сидели до пяти утра и говорили о чем-то страшно важном, а потом вдруг выяснялось, что надо срочно лететь в Ленинград, и я говорил – не успеем вернуться, потому что у меня в четыре часа дня в Москве выступление, а Саша говорил – ерунда, успеем, и мы неслись по пустынной рассветной окружной в Шереметьево, и улетали практически на коленях у пилотов, потому что билетов не было, и успевали в Питере сделать все, что хотели, и в час дня уже летели обратно — на коленях у пилотов, потому что билетов не было, и уже в Шереметьеве Абдулов говорил — вот видишь, сколько времени еще осталось, а ты боялся, и вдруг куда-то исчезал, и я шел искать его по аэропорту и находил возле игрового автомата — он дергал ручку, и глаза его были мечтательно полузакрыты.

С Юзом Алешковским меня, кстати, тоже познакомил Абдулов. Конечно, «Николая Николаевича» и «Кенгуру» я читал задолго до этого, еще при советской власти (вражеское издательство «Ардис», в газету обернуть, из дома не выносить, в метро не читать, утром вернуть), и всю ночь прохохотал как безумный, а что касается песенок «Товарищ Сталин», «Окурочек» и прочих — я вообще не предполагал, что у них есть конкретный автор и что их написал Юз.

Мы с Абдуловым и Ярмольником оказались в Нью-Йорке в одной из первых, по-моему, зарубежных гастрольных поездок — не так давно начали выпускать.

(С этой поездкой отдельная история — Абдулов всю дорогу волновался: с чем он придет к американскому зрителю. «Вам хорошо, — жаловался он нам с Леней, — один цыпленка табака покажет, другой песенки попоет. А я что?» И даже репетировал про себя монолог Шигалева из «Бесов». Когда в Америке мы увидели нашу афишу, которая гласила: «Три артиста, три веселых друга. Шоу на троих!» — Абдулов понял, что Достоевский, видимо, не понадобится. Ну да ладно, не об этом речь.)

В Нью-Йорке мы зашли к старому нашему товарищу Роме Каплану в «Русский самовар». В правом углу гуляла небольшая компания – Иосиф Бродский отмечал какую-то награду. Абдулов шумно выхватил оттуда Алешковского, мы познакомились.

Алешковский оказался в точности таким, каким я его себе представлял. На самом деле это бывает очень редко – общаешься с человеком заочно через то, что он сделал, и волей-неволей представляешь себе, какой он, – а потом вдруг встречаешь его самого, и оказывается – нет, чего-то ты себе напридумал, совсем он не блондин с голубыми глазами.

В двух только случаях воображаемый мною образ совпадал с оригиналом до мелочей – первый раз это было со Жванецким, еще совсем давно, когда голос его можно было услышать только на затертых пленках жутких отечественных магнитофонов, и я представлял себе хозяина этого голоса совершенно отчетливо, вплоть до мимики и пластики, – в точности таким он впоследствии и оказался. С Алешковским вышло так же.

Скоро Бродский ушел, и Юз пересел за наш столик. Они с Абдуловым возбужденно обсуждали какую-то грядущую постановку, потом Каплан принес гитару, я что-то пел, потом упросили спеть Юза – долго, впрочем, упрашивать не пришлось. Юз пел блестяще – в совершенно точной манере, без малейшего намека на кабак или блатнятину. В качестве аккомпанемента он стучал вилкой по столу, потом я осмелел и стал подыгрывать ему на гитаре. Абдулов немедленно родил идею записи совместного альбома. Я ее сразу подхватил – я вообще пребывал в состоянии эйфории, вызванной нереальностью происходящего, – еще совсем недавно я и не предполагал, что смогу оказаться в Америке, и вот мы сидим практически на Бродвее, и только что отсюда вышел Бродский, а я пою с Алешковским песни по очереди.

Тут же рядом обнаружился парень по имени Володя, который сказал, что есть приличная студия. Но наутро мы улетали, и запись отложилась почти на полгода.

Через полгода я вернулся в Нью-Йорк, уже имея в голове конкретный план: мы записываем голос Юза и мою гитару, потом я везу несведенную пленку в Москву, добавляю недостающие инструменты и делаем сведение. И с Юзом, и с Володей все было обговорено, студия ждала.

На студию Юз пришел взволнованный и с портфелем, из которого достал тексты своих песен, отпечатанные сантиметровыми буквами – чтобы уж точно не сбиться. Я успокаивал его, как мог. Запись прошла легко и быстро, несмотря на Юзово волнение. («Ну как? – спрашивал он у меня встревоженно после каждого дубля. – Нормально или хуйня? По-моему, хуйня!») Он напрасно нервничал – все получилось замечательно, мы уложились в два дня.

Потом я привез в Москву пленку, ликуя, завел ее Кутикову, потом пригласил на студию баяниста, балалаечника, пианиста и скрипача, и мы сделали необходимые наложения. Потом быстро придумал и нарисовал обложку, и альбом «Окурочек» был готов – осталось его издать. Он получился абсолютно таким, каким я его себе представлял, а это для меня самая большая радость.

А еще через полгода мы опять сидели в «Самоваре» с Юзом и обмывали вышедшую пластинку. Пластинка Юзу, по-моему, очень понравилась (она и мне очень нравится) – все предыдущие попытки записи (а Юз их с кем-то делал) ни в какое сравнение не шли.

В общем, мы сидели в «Самоваре», и вдруг опять вошел Бродский и подошел к Юзу, и Юз похвастался пластинкой, и Бродский повертел ее в руках, полугрустно-полушутливо произнес: «Может, и мне альбом записать?» – и пошел к своему столу, он всегда садился в дальнем правом углу.

Как загипнотизированный я двинулся за ним следом и, извиняясь, сбивчиво заговорил что-то насчет того, что, если бы он сам не подал эту мысль, она бы мне и в голову не пришла, а теперь я ему предлагаю на полном серьезе взять и записать альбом его стихов в его исполнении.

Бродский смотрел на меня сквозь стекла очков иронично и чуть-чуть печально (летний костюм песочного цвета, весьма, впрочем, мятый и даже с пятном на пиджаке, удивительная манера произносить слово «что» упором на «ч» – мы все-таки говорим «што») – я, наверное, в своем волнении действительно выглядел несколько смешно. Я не знаю, почему Бродский согласился.

Студия и Володя были уже наготове, но наутро я опять уезжал, и запись происходила без меня. Бродский решил читать свои ранние питерские стихи. Володя рассказывал мне по телефону, что Бродский пришел на студию, довольно быстро прочитал все, что он собирался прочитать (вы слышали, как Бродский читает свои стихи? Это очень похоже на заклинание), но на следующий день позвонил и попросил переписать все еще раз. Пришел и все прочитал по новой (по ощущению Володи – точно так же). И на этот раз остался доволен.

Потом мы встречались еще раз – Бродский, Кутиков, наш друг Володя Радунский и я. Кутиков, как официальное лицо, выпускающее альбом, хотел поговорить по поводу обложки. Обложка, как выяснилось, Бродского абсолютно не интересовала.

С обложкой, к сожалению, и вышла заминка: один художник тянул полгода, да так ничего хорошего и не сделал, и отдали делать другому художнику – а Бродский умер.

Пластинка вышла. В нашей самой читающей стране в мире она разошлась бешеным тиражом. Штук, наверно, пятьсот.

Когда я был маленьким, я даже не мечтал иметь собаку – так мне ее хотелось. В условиях проживания в коммунальной квартире иметь собаку – вещь нереальная. Всегда найдется сосед, считающий, что это выпад именно против него. Вообще домашних животных тогда, по-моему, заводили гораздо реже, чем сейчас (аквариумных рыбок и канареек я в расчет не беру).

Конечно, всякие мелкие звери у меня жили – у мамы на работе в институте туберкулеза был виварий с подопытными животными, и она носила мне оттуда то морскую свинку, то кролика – до того как им успевали привить ужасную болезнь и затем испытать на них действие какой-нибудь новой вакцины. Летом, когда мы все уезжали на дачу, с содержанием было проще, а в остальные времена года зверь определялся размером аквариума, в котором он жил, и запахом, не дай бог достигающим общего коридора.

Первая собака появилась, уже когда мы переехали на Комсомольский проспект в отдельную квартиру – ее, точнее его, звали Миша, и он пришел к нам сам. То есть он был пожилым бездомным кобелем и со свойственной ему интеллигентностью не возражал против того, чтобы мы пригласили его домой – он сидел на лестничной клетке напротив нашей двери и стеснялся. Такая деликатность была оценена, собаку пустили внутрь, помыли, накормили и нарекли Мишей.

Миша оказался на редкость воспитанной и все понимающей дворнягой. Чтобы он хоть раз подошел к столу, за которым едят люди, – да вы что! (Это и сейчас для меня первый критерий воспитанности собаки.) Иногда, гуляя, он исчезал на день-два, потом, стесняясь, возвращался. Однажды, когда мы совсем уже к нему привыкли, он исчез и не вернулся — может быть, его поймали собаколовы, а может быть, он нашел семью, где его баловали больше. Не знаю.

Вы замечали — когда люди женятся, у них тут же появляются друзья-молодожены, когда рожают ребенка — возникают друзья с новорожденным в семье, когда болеют — обнаруживаются приятели с теми же болезнями, когда умирают — ну и так далее. Когда я впервые женился, нашими ближайшими друзьями стали Мартин и Катя. Они были студентами ГИТИСа и поженились недавно. Я был студентом Архитектурного, а моя жена Лена училась в Историко-архивном институте, и мы вчетвером прекрасно дополняли друг друга. У Мартина с Катей был спаниель по кличке Батон. Это было беспредельно человеколюбивое создание. (Данное качество, по-моему, особенно свойственно спаниелям, и я их даже за это не очень люблю — ну нельзя уж так!) При виде любого человеческого существа у Батона случалась истерика, замешенная на любви. При этом он прыгал, визжал, лизался и писал. Если бы в этом была хоть капля показухи — это было бы ужасно. Но Батона спасало абсолютное чистосердечие.

Конечно, мы с женой тут же захотели собаку. Решили, что это будет королевский пудель — я все-таки не воспринимаю собак собаками до определенного размера. По мне болонка или мопс — не вполне собака. Так, домашнее животное на манер кролика.

Мы купили щенка королевского пуделя из каких-то очень хороших рук (помню, их там народилось четыре, и мы выбрали самого шустрого). Щенок оказался девочкой, что нас вполне устраивало, и мы назвали его (ее) Марфой.

Марфа проявляла чудеса сообразительности и подтверждала своим поведением мнение о том, что пудели – одни из самых умных собак. В свои четыре месяца она уже знала и исполняла все существующие команды, которые хозяин только может отдать собаке, и мы на нее не могли нарадоваться. А дальше случилось ужасное – Марфа заболела чумкой (наверное, из-за неудачной прививки), и все наши попытки спасти ее ни к чему не привели – умная, веселая собачка умерла.

Мы переживали кончину очень тяжело и решили никаких собак больше не заводить – во избежание повторения трагедии.

Потом прошло много лет, я разошелся с женой, долго жил один, потом женился во второй раз, и у моей новой жены уже была собака – такса Джолик. Во мне Джолик сразу признал если не хозяина, то, во всяком случае, старшего друга, а это было для моей жены, между прочим, серьезным аргументом – она очень прислушивалась к его мнению.

Джолик был воплощением красоты и благородства. (Люди, утверждающие, что такса – это некрасиво, просто эстетически недоразвитые олухи.)

Представьте себе крупного осанистого гладкошерстного такса изумительного каштанового окраса и с необыкновенно умным лицом. Поведение его было безупречным – он не брехал зря, но уж если лаял – в квартире дрожали стекла, и никак такой могучий баритон не вязался с ростом собаки. Он был настоящий боец, ненавидел кобелей, как и положено, бесстрашно кидался в драку, и размер противника не имел никакого значения.

Что касается собак женского пола, то есть сук, то Джолик проявлял в их отношении редкую галантность. Была у него, правда, вполне понятная мужчинам слабость – особенно он благоговел перед длинноногими рослыми суками, и чем они были больше и выше, тем сильнее его тянуло к ним. Такое часто бывает – одному моему знакомому, имевшему рост полтора метра, тоже нравились манекенщицы.

Увидев на прогулке какую-нибудь афганскую борзую, Джолик невероятно возбуждался, тут же знакомился и приступал к ритуалу ухаживания. Делал он это так искренне и страстно, что в какой-то момент дура борзая начинала верить в то, что все у них с Джоликом возможно и счастье не за горами. И только в самый последний момент, когда она, очарованная, принимала позу полного согласия, а Джолик практически разбегался для главного удара – они наталкивались на непреодолимую преграду в виде шестидесяти сантиметров разницы в росте. Какие-то мгновения борзая еще наивно полагала, что чудо свершится, а Джолик пытался делать вид, что все в порядке и он сейчас вырастет, но потом наступала неизбежная развязка. Борзая презрительно удалялась, а Джолик, поскуливая, плелся домой. Смотреть без слез на это было невозможно.

В остальных случаях Джолик проявлял редкую мужскую способность в сочетании со стремительностью. Соседка по подъезду держала настоящих охотничьих фокстерьерш и, зная Джоликову любвеобильность, прятала от него своих девочек. Однажды она упустила момент, Джолик проскользнул между ног в ее квартиру, и, пока она разворачивалась, все уже приняло ту стадию, когда делать что-либо поздно. Говорят, у фокстерьерши народились какие-то невероятные по бойцовским качествам пожиратели лис.

Мы Джолика на лис не натаскивали и на норы не возили (из-за чего, кстати, с нами ругался собачий клуб – они очень на него рассчитывали). Жалко было и несчастных затравленных лис, и тех собак, которым от этих лис доставалось, да и не такой уж я был охотник. А что до собачьих медалей, то мы с Джоликом были к ним глубоко равнодушны – главное, чтобы человек был хороший.

Иногда Джолик проявлял невероятное упорство. Если на дворе стоял сильный мороз, заставить его погулять было невозможно. Сделав несколько шагов по прямой, Джолик поднимал одну из лап (чаще всего ту, с которой он начал движение – она замерзала на один шаг больше) и замирал в позе коня Юрия Долгорукого. После этого его можно было уговаривать, кричать, дергать за поводок – он оставался неподвижен. Приходилось брать его на руки и нести домой, причем поза его при этом не менялась – он как бы добровольно принимал смерть от обморожения.

В другом случае его невозможно было заставить пройти через даже самую мелкую лужу, как бы она ни простиралась, – он обходил ее по берегу, брезгливо встряхивая лапами.

Была у Джолика еще одна удивительная особенность. Если к нам в дом приходил человек, Джолику симпатичный (такими оказывались далеко не все, хотя никакого хамства Джолик себе все равно не позволял – просто не замечал, и все), то он ему не вилял хвостом и не лизал ему руки – он ему полз. Влюбленно глядя в глаза гостю, Джолик ложился на живот, уменьшая тем самым свой рост еще на десять сантиметров, и, перебирая поджатыми лапами, полз, как гусеница, и смотрел в глаза непрерывно: «Видишь, как я делаю?» Ничего подобного я нигде и никогда больше не наблюдал – это был танец уважения и преклонения.

Джолик дожил до семнадцати лет, что почти невероятно. В последние годы морда у него была совсем седая, он плохо видел и все больше дремал, завернувшись в плед и попукивая, но врожденного благородства не терял. Многим московским таксам он стал отцом, дедом и прадедом, и они с честью несут его ум и красоту по миру – я безошибочно узнаю их в лицо.

Поселившись в Белом доме в Валентиновке, я не очень знакомился с соседями. Отчасти из-за высокого глухого забора, за которым не было видно, что это за соседи и что они там делают. Но то, что у соседей справа была собака, я знал – ее было слышно. Иногда рано утром я видел из окна, как она проходит через мой участок, непонятно каким образом туда попав, мелкой рысью, голова опущена к земле – волк волком.

Звали собаку Линда.

Линда была, в общем, почти овчарка – с черной спиной, серыми боками и вполне немецкоовчарочьей мордой. Что-то мешало поверить в чистоту породы, но для меня это никогда не было критерием – что еще за собачий расизм? Она исправно лаяла на посторонних (в том числе и на меня) из-за своей калитки и вообще производила впечатление собаки, твердо знающей и с честью несущей свои обязанности. (Позже я узнал, что эта хитрюга просто изображает то, что ждет от нее хозяин. Хочешь, сторожа покажу? Пожалуйста!)

И все бы шло как и шло, если бы однажды соседи не позвали меня криком через свой забор и не сообщили, что они обменяли свой загородный дом на квартиру в Москве и на днях переезжают, а брать дворовую Линду с собой в Москву не входит в их планы, и в качестве единственной кандидатуры на место ее будущего хозяина они видят меня, а если я вдруг не соглашусь, то они все равно оставят Линду здесь и бог им судья. Я присоединился к богу в качестве судьи, но делать было нечего.

Единственное, что меня всерьез беспокоило, – это то, что Линда была уже далеко не девочка, ей было семь лет, а в этом возрасте хозяев не меняют. Хозяева же заверили меня, что их Линда ко мне исключительно хорошо относится, о чем она неоднократно давала им знать, и все у нас с ней будет отлично. После чего они объяснили мне, какой именно Линда любит суп (мясо с костями плюс макароны), привели ко мне чужое взрослое, сильно встревоженное животное, быстро покидали мебель в грузовик и уехали.

Линда не сразу поняла, что произошло. Она смотрела то мне в глаза, то в сторону своего дома и тихонько скулила. К вечеру она принялась грызть забор, поранила десны, и ее пришлось посадить на цепь. На цепи она просидела два дня, отказываясь от еды и воя по-бабьи – без особой истерики, ровно, на двух нотах.

На третий день я понял, что надо делать. Я отцепил Линду от привязи, позвал за собой, вышел на улицу, прошел десять метров до калитки уехавших соседей, легко открыл ее (она запиралась на деревянную вертушку) и поднялся на крыльцо опустевшего дома – Линда за мной. «Смотри, Линда, – сказал я медленно и строго, – здесь больше никого нет». Линда понюхала запертую дверь, легла на крыльцо и закрыла глаза. Там она пролежала до вечера, а потом вернулась ко мне непонятным образом (я долго искал ее секретный лаз в заборе – так и не нашел). С этого момента я стал ее хозяином.

Линда оказалась удивительным созданием – по-своему преданным, но очень независимым, хитрым и вороватым.

Впрочем, воровала она большей частью на стороне. В привязи она не нуждалась, и скоро под воротами был прорыт ход на улицу. Уходила она туда обычно ночами, а возвращалась утром и, как правило, с добычей.

Интересно, что добычу она несла не себе, а мне, и с гордостью клала ее к моим ногам. Чаще всего это были задушенные куры каких-нибудь не очень дальних соседей, и я лихорадочно бросался ловить летающий по участку белый пух. Как правило, это удавалось закончить до того, как в калитку стучалась бабушка и интересовалась, не зашла ли к нам случайно ее кура. Видели бы вы, какие честные глаза были в этот момент у Линды!

Помимо кур я часто получал от нее самые неожиданные предметы. Один раз, например, это была чугунная мясорубка с еще остатками фарша внутри. И все-таки Линдин рекорд – это большая кастрюля еще не совсем остывшего грибного супа. Кастрюля была белая, эмалированная, с цветочком на боку, без крышки и наполненная супом больше чем наполовину. Я не знаю, как Линда несла ее по улице и пропихивала под забором, – я просто увидел ее утром на крыльце, выходя во двор, а рядом сидела Линда, прихорашивалась и улыбалась во всю морду.

Жить с такой собакой было можно.

Меня Линда серьезно обворовала лишь однажды, и вот как это было.

Посреди зимы я решил налепить домашних пельменей. Затеваться из-за двадцати штук не имело смысла, и я подошел к делу основательно: заготовил здоровенную миску фарша, замесил много теста, специально подгадал под морозный день, чтобы можно было морозить их прямо на дворе, и пригласил в помощь двух подружек. Работа в шесть рук шла быстро, периодически я брал поднос с готовыми пельменями и выносил на улицу – там у меня стояла беседка с большим круглым столом.

Я не заметил момента, когда Линда, внимательно наблюдавшая за нашей работой, куда-то исчезла (она вообще, как человек, обожала наблюдать за тем, как работают другие). Когда я вынес очередной поднос – а помещалось на нем штук сто, – я остолбенел. На столе в беседке было пусто, валялось несколько надкусанных пельменей – они, видимо, не вошли. Линды в беседке тоже не было – она лежала у крыльца, икала и пыталась вызвать у меня сочувствие. «Видишь, что ты наделал своими пельменями?» – говорили ее глаза. Линда съела около трехсот отборных пельменей ручной работы. Она пролежала у крыльца сутки, иногда с трудом удаляясь в сторону кустов. Наказывать ее рука как-то не поднялась.

В другой раз ко мне заехал в гости режиссер Саша Стефанович. Он любил заехать в гости теплым летним вечером с какой-нибудь двухметровой неразговаривающей подругой и шашлычком. Причем как человек, не лишенный практического начала, шашлычка он привозил немного, без излишеств – так, себе, мне и чуть-чуть для подруги. В этот раз он положил пакетик с шашлычком на лавочку и сразу увлек подругу в беседку – рассказывать ей очередную киноисторию. Я развел огонь в мангале, принес шампуры и заглянул в пакетик – там лежало три кусочка мяса. Я сделал поправку на Сашину экономность, но это все равно не вписывалось ни в какие рамки. Линду в таких ситуациях выдавало то, что она сидела, отвернув голову и глядя в сторону – скажем, на закат.

К постоянным моим гостям Линда привыкла быстро и относилась к ним так же, как и я, – не помню, чтобы она на кого-нибудь залаяла или зарычала. Не любила она только маленьких детей и милиционеров, уж не знаю почему — видно, что-то такое в ее жизни было. Несколько раз в доме у меня случайно срабатывала сигнализация, честные милиционеры приезжали, и тут уж им доставалось от Линды — я даже не предполагал, что она так умеет кусаться. Только глубокое чувство любви нашей милиции к «Машине времени» спасало меня (и Линду) от серьезных неприятностей.

Еще Линда боялась грома. Причем боялась его панически — никакие выстрелы не производили на нее такого впечатления. В этом было что-то женское — бояться грозы. Для спасения от грома существовало единственное место — щель под диванчиком в «дворницкой». Щель была высотой сантиметров пятнадцать, и как Линда туда пропихивалась, для меня оставалось загадкой — но бояться грома она кидалась именно туда.

Однажды я, как водится, спешил в Москву по каким-то делам. Я выехал со двора, закрыл ворота и порулил в сторону Ярославского шоссе. Внезапно перед капотом нарисовалась Линда, и я чуть не наехал на нее — она практически бросилась под колеса. Я резко затормозил, Линда отбежала шагов на пять и встала поперек дороги. Я попытался ее объехать, но она заслоняла мне проезд. Линда всегда абсолютно спокойно реагировала на мои отъезды, и я ничего не мог понять, пока не вышел из машины и не услышал далекие, еле различимые раскаты грома. Пришлось вернуться назад (причем эта сволочь теперь радостно бежала впереди), отпереть дом и пустить ее под диванчик, куда она моментально нырнула и шумно вздохнула с облегчением.

Была у Линды еще одна слабость — мужчины, то есть кобели. Она благоволила им круглый год, но два раза в году, согласно особенностям сучьей жизни, это превращалось в форменную катастрофу.

Кобели со всей Валентиновки, большие и маленькие, всевозможных пород и мастей, собирались у меня перед домом, заглядывали в тоннель под воротами, Линдой прорытый, «курили» под окнами, зябли – звали Линду.

Линду распирало от женской гордости, но сама она ответного желания внешне не выказывала, даже поглядывала виновато – дескать, что ж поделаешь, если так получается.

Я запирал Линду в доме, но не научишь же собаку ходить на горшок. Фальшиво демонстрируя мне преданность и послушание, она выходила по нужде, пятясь в дверь задом и глядя мне в глаза, но как только задняя часть ее оказывалась за порогом, все тут же и случалось – через секунду на ней уже пыхтел какой-то жуткий кобель, Линда пожимала плечами, а на дне ее глаз светилось совершенно блядское удовольствие. В этот момент я обычно кричал, кобель разворачивался и бежал к воротам, а Линда, в соответствии с особенностями собачьей случки, ехала за ним на четырех лапах, продолжая при этом смотреть мне в глаза. Кобель подбегал к воротам, собирался прыгать через них или под них подлезать, дальнейшее совместное передвижение грозило членовредительством, и я махал рукой.

Через несколько месяцев появлялись щенки – четверо или пятеро, и все они были абсолютно разные, так как Линда пыталась выйти пописать не один раз. Линда проявляла материнскую заботу, таскала их в зубах туда-сюда, очень быстро они начинали бегать и визгливо орать, и становилось ясно, что раздавать их надо немедленно. Я клал зверей в корзину, ехал на Арбат со скрипачом или баянистом, кто соглашался помочь, – таких чудовищ можно было пристроить только с помощью художественной акции.

На Арбате я находил самую оживленную точку, скрипач начинал играть громко и зазывно, а я неискренне кричал:

«Граждане! Не проходите мимо своего счастья! Щенки от моей личной овчарки – умнейшего животного!» Вокруг моментально собирался народ, и щенки довольно быстро уходили – кто в Рязань, кто в Благовещенск. Так я неожиданно выяснил, что по Арбату гуляют исключительно приезжие.

С каждого нового хозяина я брал клятву, что ни при каких обстоятельствах щенок не будет выброшен на улицу, а он с меня за это – автограф. Наибольшее недоумение вызывал тот факт, что щенки такой умнейшей овчарки раздаются бесплатно, и мне пытались втихаря сунуть в карман то червонец, то четвертак. Я возвращался домой с пустой корзиной, кляня потаскуху Линду, и через полгода история повторялась.

Однажды я приехал домой поздно ночью, усталый и голодный. Линда обычно встречала меня у ворот и шла следом за мной в дом. Я не обратил на нее особого внимания и сразу побежал на кухню – очень хотелось есть. Я зажег газ, и что-то заставило меня обернуться. Прямо за моей спиной посреди маленькой кухни сидела Линда, а вокруг нее – пять разномастных уличных кобелей. Линда пригласила их в гости – на ужин, видимо. Она смотрела на меня гордо и выжидающе, кобели по-деревенски стеснялись, но покидать пространство кухни не думали. Ситуация выглядела так по-человечески, что я даже растерялся. Пришлось тем не менее выгнать всю компанию на мороз. Очень тогда Линда на меня обиделась – ушла вместе с мужиками и не возвращалась до утра.

Линда прожила со мной пять лет, потом начала болеть, ей сделали операцию, и ясно стало, что осталось ей жить немного. Последние дни она лежала на своем матрасике в прихожей не шевелясь, но как только остатки сил возвращались к ней, пыталась выползти на двор – не хотела умирать в доме.

Я похоронил ее в дальнем конце участка, и мы устроили ей достойные поминки.

До сих пор иногда Линда приходит ко мне во сне и беседует со мной приятным мужским баритоном.

Я не помню, что предшествовало перевороту, – ничего не задержалось в памяти. Наверное, что-то предшествовало, потому что за пару лет до этого я написал «Монолог гражданина, пожелавшего остаться неизвестным». Песни, отягощенные социальным багажом, долго не живут – они умирают в тот самый момент, когда ситуация, в них описанная, меняется, и я уже много лет эту песенку не пою. Помните ее?

Возбужденные ситуацией,
Разговорчиками опьяненные,
Все разбились на демонстрации —
Тут те красные, тут – зеленые.
И ничуть не стыдясь вторичности,
Ишь, строчат от Москвы до Таллина
Про засилие культа личности,
Про Вышинского да про Сталина.
Размахалися кулачонками,
Задружилися с диссидентами,
Вместо «Бровкина» ставят «Чонкина» —
Ох, боюсь, не учли момента вы.
Ведь у нас все по-прежнему схвачено,
Все налажено, все засвечено,
И давно наперед оплачено
Все, что завтра нами намечено.
Навели, понимаешь, шороху —
Что ни день – то прожекты новые.
Знать, давно не нюхали пороху,

Демократы мягкоголовые.
Вы ж, культурные, в деле – мальчики,
Знать, стрелять по людям не станете.
А у нас – свои неформальчики:
Кто-то в люберах, кто-то в «Памяти».
Можем всех шоколадкою сладкою
Одурачить в одно мгновение,
А потом – по мордам лопаткою,
Если будет на то решение.
Отольется вам не водичкою
Эта ваша бравада стадная:
Нам достаточно чиркнуть спичкою —
И пойдет карусель обратная.
И пойдет у нас ваша братия
Кто – колоннами, кто – палатами,
Будет вам тогда демократия,
Будут вам «Огоньки» со «Взглядами».
А пока – резвитесь, играйтеся,
Пойте песенки на концерте мне,
Но старайтеся – не старайтеся,
Наше время придет, уж поверьте мне.
Время точно под горку катится,
Наш денек за той горкой светится,
Как закажется – так заплатится,
Как аукнется – так ответится.

Немного смешно сейчас это читать. Очень, наверное, была злободневная песня. В свое время.

Девятнадцатого августа мы с «Машиной» были на гастролях в городе Липецке – неказистый стадиончик, мерзкая погода. В этом смысле «Машина времени» – уникальная команда: для того чтобы вызвать дождь посреди самой невероятной засухи, достаточно устроить там концерт «Машины» под открытым небом. Моросил дождик, мы ехали на настройку аппаратуры на кривом автобусе, по радио каждые пятнадцать минут повторяли «Приказ номер один», музыканты, явно находясь в нервном шоке, похохатывали по поводу того, как лихо эти гэкачеписты этого Горбачева скинули. «А что вы, собственно, смеетесь?» – спросил я, и стало тихо.

Настроение было ужасным и каким-то новым – я себя так еще никогда не чувствовал. Совершенно было непонятно, что делать дальше. Я ощущал абсолютную бессмысленность и неуместность предстоящего концерта – с одной стороны. С другой стороны, десять тысяч человек, купившие на нас билеты и постепенно заполняющие трибуны, были ни в чем не виноваты.

«С праздничком вас», – растерянно пошутил я, выйдя на сцену. Мне растерянно поаплодировали. Я не помню, как прошел концерт, – голова думала совершенно о другом, и ничего не придумывалось. Никогда еще я не работал на сцене на таком автомате. После концерта стало известно, что по телевизору выступил Ельцин, назвал все это дело переворотом, и что он в Белом доме, и что Белый дом, скорее всего, будут атаковать, и вокруг него собираются люди для его защиты. Стало ясно, что надо ехать в Москву.

В общем, мы как-то легко отменили дальнейшие культурные мероприятия и поехали в Москву. В вагоне со мной ехала бригада милиционеров – узнав о происходящем, они самовольно оставили службу и отправились защищать Белый дом. Никто в вагоне не пил, милиционеры курили в коридоре, дымя в окно, и осаждали меня вопросами, далеко выходящими за пределы моей компетенции, – как жить дальше.

В Москве было серо и дождливо – абсолютно безысходная погода. Посреди пустой стоянки на Киевском вокзале нелепо торчала моя машина. Я добрался до нее, прыгая через лужи, подъехал к выезду, расплатился с сонным сторожем. «Ну что, стреляли ночью?» – спросил я его. «Постреливали», – ответил он флегматично.

Первым делом я поехал в Валентиновку – в свой Белый дом. Надо было получить хоть какую-то информацию – такой вещи, как мобильный телефон, в нашем быту еще не существовало. (Помните, он появился чуть позже и сразу стал главной деталью на портрете нового русского – как предмет роскоши, дорогой и абсолютно бессмысленный. То, что это всего лишь средство связи, осозналось потом. Сейчас с ним ходят школьники. Время, время.)

Я включил приемник в машине, но очень немногочисленные тогда FM-ные станции либо молчали, либо крутили какую-то совершенно нейтральную инструментальную музыку – она вызывала ощущение похорон незнакомого, неблизкого человека. Москва выглядела пустой и безлюдной как никогда – изредка пролетали одинокие машины, в основном черные «Волги», прохожих не было видно. Если бы это было кино, эстеты упрекнули бы режиссера, что все уж как-то слишком, на грани пошлости – и этот дождь, и эти пустые серые улицы, и гэбэшные «Волги».

Я ехал и думал о том, что больше всего меня, оказывается, печалит тот факт, что через несколько дней должна была открыться выставка моей графики во Дворце молодежи, я к ней очень готовился и очень ее ждал, а теперь – какая уж там выставка.

Почему-то не думалось: а как теперь вообще все? Человек не может печалиться по поводу абстрактного – нужен конкретный адрес приложения печали. Печалит не тот факт, что умерли все, а то, что умер Гриша. Истинно сказано у Окуджавы: «Больно человеку – он и кричит». Наверно, так себя чувствовали люди в день объявления войны – ты собираешься послезавтра с другом на рыбалку, думаешь, что подарить любимой девушке на день рождения и куда с ней пойти, покупаешь книгу по дороге домой, неспешно планируешь свои летние передвижения во время предстоящего отпуска, переживаешь, что опять не успел помыть машину, и вдруг – все перечеркнуто чьим-то одним движением, все разом теряет смысл. И наплевать тому, кто это движение совершил, и на тебя, и на все твои планы и амбиции – он и о существовании твоем не знает.

Вспомнились худсоветы, коллегии Министерства культуры, вызывающе неприметные люди в штатском, твой телефон, к которому кроме тебя и твоей любимой девушки на другом конце провода еще приложила ухо посередине какая-то сволочь.

Дивная, кстати, была история с телефоном году в семьдесят девятом. Слушали меня тогда плотно, и самое противное заключалось в том, что, пока сотрудник органов внутренней секреции не брал свою трубку, соединения с абонентом не происходило. А он, естественно, не мог сидеть на месте двадцать четыре часа в сутки и то и дело отлучался – то покурить, то пописать. В эти моменты я оказывался лишенным связи – телефон звонил, я снимал трубку и продолжал слышать звонки уже в ней.

Знакомый физик-диссидент предложил мне простой и радикальный способ борьбы с этим явлением. Нужно было взять кусок обыкновенного электропровода и присоединить один конец его к клемме телефона, а другой вставить в розетку — в одну из двух дырочек — это выяснялось опытным путем. При попадании в правильную дырочку телефон дико вякал, и у ненавистного слухача-гэбэшника вылетали все предохранители. Пока он чинился, а на это уходило около часа, я мог пользоваться телефоном, как все люди. Метод мне понравился (я прямо видел, как чекист, чертыхаясь, дует и машет на свой дымящийся аппарат), и я проделывал сию нехитрую процедуру иногда по пять раз на дню.

Через неделю мой телефон умер. Он не отключился, а умер совсем, и в трубке было тихо, как в могиле, и ни шорохи, ни далекие гудки не нарушали этой тишины. Пришел мастер, покопался в аппарате, потом ушел на лестничную клетку и вернулся оттуда с вытянутым лицом. «У тебя врагов нет?» — спросил он ошеломленно. «Нет», — честно ответил я, меньше всего думая в этот момент о щите нашей Родины. «У тебя из общего кабеля твоего провода метра три вырезано! Это ведь еще найти надо было!» В общем, мальчику дали знать, что хулиганить не надо. Я перестал пользоваться методом физика. Но что самое удивительное — слушать тоже перестали! Видимо, решили поберечь аппаратуру.

В доме меня встретила понурая мокрая Линда и беззвучно плачущая девушка Галя — знакомая, временно проживавшая под моей крышей по причине временного же отсутствия собственного жилья. Галю я почитал особой весьма легкомысленной и уж во всяком случае абсолютно аполитичной — а она, оказывается, всю ночь бегала по Москве и расклеивала какие-то антигэкачепистские листовки, а теперь плакала и собиралась на баррикады — вот уж воистину не знаем мы ближнего своего. Мне, оказывается, несколько раз звонил Саша Любимов — он находился внутри Белого дома и звал меня туда. На кухне работал приемник, сквозь помехи прорывалось «Эхо Москвы» – было очень похоже на «Голос Америки». В перерывах между короткими сводками с места событий играла исключительно «Машина времени» – в основном «Битву с дураками». Вы будете смеяться, но если в этой ситуации вообще могло быть что-то приятное, то мне было очень приятно.

Удивительно устроен человек! Представьте себе вертикальную шкалу – внизу расположена наша печаль, а наверху – наша радость. Эта шкала будет представлять собой очень небольшой столбик. А теперь нарисуйте рядом другую шкалу – внизу будет все самое плохое, что может быть в жизни, а наверху – все самое хорошее. Этот столбик получится куда длиннее. А теперь, перемещая первый столбик вверх и вниз вдоль второго, вы увидите, что человек обладает способностью одинаково и радоваться, и печалиться независимо от того, где он находится – среди ананасов в шампанском или посреди горящей помойки, – диапазон «печаль – радость» от этого не меняется.

Кстати, по поводу «Эха Москвы», которое сыграло в эти дни, наверно, главную роль, они еще не выходили на FM – только на УКВ (поэтому я и не мог их услышать в машине) и сидели не на Новом Арбате, а на улице 25 Октября, прямо у Кремля (рассказываю со слов Венедиктова).

Они были единственные, кто не подчинился новой власти, вели постоянный репортаж с места событий и созывали народ к Белому дому, и, естественно, каждую минуту ожидали в лучшем случае стука в дверь – ни для кого не было секретом их местоположение. И действительно, скоро в дверь постучали, вошло несколько гэбистов во главе то ли с майором, то ли с полковником. Майор (будем называть его полковником) строго указал на неподчинение приказу ГКЧП и потребовал выключить передатчик. Никому, однако, наручники не надели и на пол не положили. Сотрудники радио пообещали передатчик отключить, после чего гэбисты ушли. А сотрудники слово свое сдержали – они отключили передатчик, включили другой – резервный – и продолжили вещание. Примерно через час полковник вернулся, опять пожурил всех за неповиновение, попросил очистить эфир и снова ушел. Прошло десять лет, и я мог упустить какие-то детали, но по сути все происходило именно так. Удивительные дела творились в эти дни в Москве. Во всяком случае, спасибо этому майору-полковнику.

В общем, я уговорил девушку Галю не ехать со мной на баррикады, а, напротив, остаться дома, надел теплую кожаную куртку и охотничьи ботинки – дождь не утихал – и поехал в Белый дом. Нет, сначала я поехал в Рублево – там у бабушки находился мой четырехлетний сын, я совершенно не представлял себе маршрутов передвижения танковых колонн по Москве, не знал, что творится в Рублеве, воображение разыгралось. В Рублеве, однако, было тихо и мирно – никакими танками не пахло, кучковались местные алкоголики у гастронома – все выглядело так, как будто вообще ничего не произошло. И тогда я двинул к Белому дому – по лишенной жизни Москве можно было передвигаться очень быстро.

По дороге я остановился у табачного ларька и купил блок сигарет – мне казалось, что люди, стоящие в живом кольце, не имеют возможности отойти со своего поста и сигареты будут им очень кстати – я вообще не представлял себе, как все это выглядит.

По мере приближения к центру Кутузовский проспект, по которому я ехал, и без того пустой, пустел все более и более и наконец опустел совершенно. Впереди открылся Бородинский мост, перегороженный посередине баррикадой из сдвинутых троллейбусов. Я поймал себя на том, что больше всего меня в данный момент заботит, где поставить машину – старенькую, пригнанную из Германии БМВ, – чтобы в случае чего ее не зацепило танком. Это меня рассмешило – идущий на гильотину поправляет прическу. Машину тем не менее я загнал куда-то под мост, в безопасное, как мне казалось, место, и двинулся по нему пешком – по самой середине.

Я вдруг вспомнил, как много лет назад, на Первое (или на Девятое?) мая перекрывали движение по улице Горького – устраивали народное гулянье. И какой дикий восторг вызывала новая степень дозволенной свободы – можно ходить там, где обычно нельзя! Ощущение радости было абсолютно физическим – и вдруг это чувство вернулось. Внутри было как-то торжественно – при всей невообразимой пошлости картины: серое небо с дождем, мокрый, пустой и кажущийся от этого огромным Бородинский мост, перегороженный красивой баррикадой, слева внизу – Белый дом, окруженный черной кашей людей, и этакий одинокий я, бредущий по самой разделительной полосе к этим людям. Интересно, когда человек идет один по большому пустынному пространству и не имеет возможности соотносить скорость и манеру своей походки с походками других людей, походка его всегда будет нелепа – отсутствует точка отсчета.

Я обогнул слегка помятые троллейбусы – рядом с ними никого не было, спустился на набережную, перебрался через еще одну баррикаду, сделанную черт знает из чего. Ее уже охраняли – мне помогли перелезть. И – оказался на ступенях Белого дома в толпе очень разных людей. Все здоровались со мной как старые знакомые, обращались ко мне так, как будто я стоял тут с ними со вчерашнего дня и только отошел ненадолго. В общем – я не пошел внутрь. Мне почему-то стало неловко оттого, что вот тут люди стоят под дождем, а я сейчас протолкаюсь через них и пройду в Белый дом, где сухо, как какой-нибудь начальник. Чушь собачья – может быть, находясь внутри, я бы принес больше пользы – скажем, выступил бы по радио. А я остался внизу.

Спустя какое-то время я раздобыл кусочек сухого полиэтилена, который можно было постелить на ступеньку и присесть на него, не слишком рискуя промочить задницу. Я сидел и украдкой разглядывал людей, меня окружавших. Рядом со мной сидел на ступеньках, пригорюнившись, маленький Рамзес Джабраилов – артист Театра на Таганке, за ним стояли красивые юноши и девушки из банка «Алиса» в строгих черных костюмах. Вокруг в толпе мелькали то какие-то казаки в опереточных лампасах, то батюшка в рясе, то солдатик-афганец в нагрудных значках, то стайка хипповых студентов, а то вдруг покажется знакомое лицо – кто это? – ах да, музыкант из «Мистера Твистера».

Справа от меня неподвижно возвышался абсолютно лубочный деревенский дед – с седой бородой и в ватнике. Голубые глаза его смотрели в небо, навстречу дождю, на лице застыла детская улыбка. На шее у деда висел на веревке перемотанный изоляцией приемник «Спидола» – памятник отечественного радиостроения. Из приемника вперемежку с хрипами прорывался далекий вражеский голос – то ли «Радио Свобода», то ли «Немецкая волна». Приемник висел на уровне живота, и в него уткнулись головами, согнувшись и не дыша, несколько человек. Дед млел и напоминал какое-то диковинное кормящее животное.

И тут и там сновали бабушки – то с домашними пирожками в корзинках, то с сигаретами. Периодически приносили гамбургеры из «Макдоналдса» (все – бесплатно). Мой блок сигарет не понадобился – он так и мок в сумке. Никто не выпивал, несмотря на отвратительную сырость, – я не встретил ни одного даже слегка выпившего человека. Ребята в камуфляже выискивали среди нас тех, кто воевал или хотя бы служил, собирали из них отряды, строили, уводили во внешнее оцепление и к мосту, заменяли одних другими – все очень профессионально. Оружия я не видел ни у кого.

Громко никто не разговаривал, но в воздухе висело тихое жужжание – слухи. Информация отсутствовала полностью. «На крыше дома напротив появились снайперы». – «Да нет, это, наверно, наши». – «Да нет, небось какие-нибудь ихние журналисты – оттуда снимать удобно». – «Танки идут по Можайке». – «Да нет, днем не начнут, побоятся. Ночью пойдут – как вчера». – «Да они с набережной пойдут!» – «Нет, если пойдут, то по Кутузовскому – чего им эти троллейбусы!» – «Надо туда людей побольше поставить». – «Говорят, на окружной встали – дальше не идут». – «Говорят, Таманской приказали выдвигаться, а они все отказались». – «Молодцы, шли бы к нам». Периодически из Белого дома сбегал по ступеням какой-нибудь озабоченный человек, и на него тут же набрасывались плотным кольцом: «Ну что?» Но и он ничего не мог сказать.

Знаете, какое было настроение? Очень хорошее. Каждый пришел сюда сам и понимал, почему он здесь и зачем, и от этого было светло, и нигде я больше не видел таких прекрасных лиц. Не знаю, чем бы все кончилось, если бы ГКЧП (даже сочетание букв – мерзкое) решился на штурм, но народу бы полегло много – очень было непохоже, что эти ребята побегут.

Когда стемнело, приволокли аппаратуру, расставили ее под дождем на ступенях – решили устроить концерт – затея несколько сюрреалистическая, но почему бы и нет? О качестве звука говорить не приходилось, я вообще удивляюсь, как никого не убило током, кто-то пел, я тоже пел, уже не помню что, и кто-то держал надо мной зонтик, и все равно капли дождя стекали по чужой гитаре, и пальцы плохо гнулись от холода. Почему-то было ясно: если сегодня ночью штурмовать не будут, то, наверно, и завтра не будут. Интересно почему? Всем было ясно.

Утром отогревались горячим чаем — казалось, дождь теперь будет идти всю жизнь, и ничего не происходило, а потом вдруг стало известно, что вроде бы гэкачеписты полетели в Форос к Горбачеву — забздели!

И радоваться мешало только то, что никто не мог сказать, правда это или нет. И были люди, призывавшие не поддаваться на слухи и провокации, не радоваться раньше времени и стоять до последнего, и конечно, они были правы. А еще через несколько часов голос на животе у деда сообщил, что члены ГКЧП вернулись в Москву ни с чем и по прибытии арестованы!

И — хотите верьте, хотите нет — в эту самую минуту перестал дождь — как выключили! — и выглянуло солнце. Вот уже не знаю, что может быть пошлее. Но было именно так.

Очень нечасто в жизни я испытывал такую радость.

Как же мы выпили вечером!

Борис Николаевич, говорят, тоже выпил.

А вспомнить — вместе с вами — я хочу только одно: как тогда перепугались коммунисты. Как поджали хвосты, как залебезила еще вчера такая грозная газета «Правда». Они думали, что теперь с ними поговорят их методами. И как уже через два-три месяца они опять надули щеки и расправили грудь, поняв, что их методами с ними разговаривать не будут – не рубят голов демократы. И в какую позорную комедию превратился суд над КПСС.

История начинает повторяться с того момента, когда умирает последний человек, который помнит, как все было на самом деле.

Вы помните, господа, что такое пельменная?

Нет, я не имею в виду первые ночные пельменные начала перестройки – вроде бы для таксистов, – про них отдельный разговор. Нет, я – про обычную пельменную семидесятых, коих в нашей безбрежной тогда стране было невероятно много. Пельменная в России – больше чем пельменная. Как вы переведете это слово иностранцу? Damplin house? Не смешите меня.

Пельменная – абсолютная модель мира – со своей эстетикой, запахами, хамством, нечаянной добротой, сложной структурой взаимоотношений человеческого и божественного.

Вся советская держава – одна большая пельменная.

Помните дверь? Она облицована каким-то казенным пластиком – под дерево, и в середину вставлено оргстекло (стекло давно разбили), и оно мутное покорябанное и запотевшее изнутри, и красной краской на нем набито – «Часы работы с 8.00 до 20.00», и кто-то попытался из «20.00» сделать слово «хуй» – не получилось, и поперек ручки намотана и уходит внутрь жуткая тряпка – чтобы дверь не так оглушительно хлопала, когда вы входите, и вы входите с мороза и попадаете в пар и запах.

Я не берусь его описать – молодые не поймут, а остальные знают, о чем я. В общем, пахло пельменями в основном.

Слева – раздаточный прилавок, вдоль которого тянутся кривые алюминиевые рельсы – двигать подносы. Гора подносов (которые, кстати, здесь называются не подносы, а – разносы. Чувствуете – не барское «подносить», а демократичное – «разносить». Интересно, в каком году придумали?), так вот, гора разносов высится на столике с голубой пластмассовой поверхностью, и разносы тоже пластмассовые, коричневые, с обгрызенными краями, и они все залиты липким кофе с молоком (про это кофе – дальше! Вот откуда корни перехода слова «кофе» из мужского рода в средний. Может быть, «говно» тоже когда-то было мужского рода?), и тут же лежит еще одна жуткая тряпка, такая же, как на ручке двери, – эти разносы от этого кофе протирать, и, конечно, никто этого не делает, потому что прикоснуться к серой мокрой скрученной тряпке выше человеческих сил, и несут разнос, горделиво выставив руки вперед – чтобы не накапать на пальто.

За прилавком – две толстые тетки в когда-то белых халатах и передниках. Они похожи, как сестры, – голосами, движениями, остатками замысловатых пергидрольных причесок на головах, печалью в глазах. Это особая глубинная печаль, и ты понимаешь, что ни твой приход, ни стены пельменной, ни слякоть и холод за окном, ни даже вечная советская власть не являются причиной этой печали – причина неизмеримо глубже. Вы когда-нибудь видели, как такая тетка улыбнулась, – хотя бы раз?

Одна из них периодически разрывает руками красно-серые картонные пачки, вываливает содержимое в огромный бак, ворочает там поварешкой. Из бака валит пар, расплывается по помещению, оседает на темных окнах.

Вторая равнодушно мечет на прилавок тарелки с пельменями.

Пельмени с уксусом и горчицей – 32 коп., пельмени со сметаной и с маслом – 36 коп.

Сметану либо масло тетка швыряет тебе в тарелку сама, а уксус и горчица стоят на столиках – уксус в захватанных пельменными руками и оттого непрозрачных круглых графинчиках, а горчицы нет – она кончилась, и баночка пустая и только измазанная высохшим коричневым, и торчит из нее половинка деревянной палочки от эскимо, которой кто-то всю горчицу и доел, и идешь по столам шарить – не осталась ли где. «Простите, у вас горчицу можно?»

Столы маленькие, круглые и высокие – чтобы есть стоя, на ножке у них специальные крючки для портфелей и авосек, а потом ножка переходит в треногу и упирается в пол, и, сколько ни подсовывай туда сложенных бумажек – стол все равно качается.

Пельменная, если угодно, – маленький очаг пассивного сопротивления советской власти, пускай неосознанного. У нас тут внутри своя жизнь и свои отношения, и никаких лозунгов и пропаганды, и приходим мы сюда делать свое мужское дело, и или ты с нами, или не мешай – иди.

Ибо кто же приходит в пельменную просто поесть?

Поэтому нужны стаканы, и если у тетки хорошее настроение – до известных пределов, разумеется, не до улыбки, – она вроде бы и не заметит, как ты хапнул с прилавка пару стаканов и не налил в них этого самого кофе. А если тетка в обычном своем состоянии – возникнет вялый скандал, и придется брать кофе и выпивать его, давясь, потому что вылить просто некуда, и водка потом в этом стакане будет мутная и теплая.

Бачок с кофе (это называется «Титан») стоит в конце прилавка, перед кассой – там, где вилки и серый хлеб. Кофе представляет собой чрезвычайно горячую и невообразимо сладкую и липкую жидкость – сгущенки не жалели.

Стаканы граненые и обычные тонкие – вперемежку, но надо брать граненый, потому что тонкий моментально нагреется от кофе и его будет очень трудно донести до стола.

Вилки навалены грудой в слегка помятом алюминиевом корытце. Они тоже алюминиевые, слегка жирноватые на ощупь, и у них сильно не хватает зубов, а сохранившиеся изогнуты причудливым образом – недавно специальным постановлением советской власти был отменен язычок на водочной крышке, теперь это называется «бескозырка», и снять ее без помощи постороннего колюще-режущего предмета невозможно.

Говорят, какой-то умник подсчитал экономию от бескозырок – сколько тысяч тонн металла будет сэкономлено, если не делать язычков.

Но вот ценой еще пары зубьев крышечка проткнута – естественно, под столом, вслепую, а двое твоих друзей заслоняют тебя от бдительных теток, и ты, рискуя порезать пальцы, сдираешь ненавистный металл с горлышка, а там еще коричневый картонный кружочек, а под ним – совсем уже тоненькая целлофановая пленочка, и – все.

И, конечно, разлить сразу на троих, а выпить можно и в два приема – после первого глотка чувство опасности отпускает, и что странно – небезосновательно. Человек выпивший и трезвый существуют в параллельных, хотя и близких, но разных реальностях, и то, что может произойти с одним, никогда не произойдет с другим. И наоборот.

И вот – стало тебе хорошо, и мир наполнился добротой, и день вроде не прожит зря, и дела не так уж безнадежны, а пельмени просто хороши – все ведь зависит от угла зрения, правда? И с тобой рядом твои дорогие друзья, и пошла отличная беседа, и кто-то уже закурил втихаря «Приму», пуская дым в рукав. Сколько таких пельменных, разбросанных по необъятному пространству страны, греют в этот миг наши души?

Вот входят, настороженно озираясь, трое военных в шинелях — явно приезжие, слушатели какой-нибудь академии или командированные, пытаются открыть под столом огнетушитель с красным портвейном, суетятся, бутылка выскальзывает из рук, громко разбивается, мутная багровая жидкость разлетается по кафельному полу, покрытому равномерной слякотью, в устоявшийся запах вплетаются новые краски. Сизый мужичонка в кепке, не оборачиваясь, презрительно констатирует: «И этим людям мы доверили защиту Родины!»

И приходят и приходят, и выпивают и едят пельмени, и тихо беседуют о чем-то дорогом, и опять спасаются ненадолго, и выходят, шатаясь, в темноту и метель, забывая портфели и авоськи на крючках под столами.

Ностальгия (*греч.*) — тоска по родине, как душевная болезнь.

Это у Даля. В словаре Ушакова — Ожегова практически то же самое. У иностранца Фасмера этого иностранного слова вообще нет. Мне кажется, сегодня это слово используют в более широком смысле. Сегодня бывает ностальгия по чему угодно — по песням Утесова, по старым дворам, по запаху домашних пирожков с капустой. Из тоски по родине ностальгия превратилась в тоску по прошлому.

Что это такое?

Почему тебе вдруг до судорог хочется бабушкиной запеканки, той самой, которой тебя пичкали в детстве и которая не вызывала у тебя тогда никаких теплых чувств?

Почему мерзкая, уродливая, насквозь фальшивая советская эстрада шестидесятых годов, из которой на девяносто процентов состоял шумовой фон твоей юности и которую ты ненавидел всеми фибрами своей юной души и прятался от нее с головой в битлов и роллингов, – почему сегодня эти песенки вызывают у тебя слезы умиления? Что, так хороши?

Советская эстрада советских времен заслуживает отдельного исследования. Как болезнь. Во-первых, она была уродлива сама по себе – как все, изготовленное советской властью либо по ее одобрению. У власти, врущей всему миру и самой себе, просто не могло получиться ничего честного – во всяком случае, на сцене. А еще – артисты, люди, как правило, нормальные и все понимающие, этой властью измордованные и ею же прикормленные, очень хотели сделать как надо – как у них, разница между Элвисом Пресли и Эдуардом Хилем была видна невооруженным глазом (если возникала возможность взглянуть на Элвиса Пресли. Ну хотя бы услышать). И очень тянуло в ту сторону, но, увы, с испуганной оглядкой на степень дозволенности. А степень эта колыхалась в зависимости от международной обстановки и от того, с какой ноги сегодня встал товарищ Суслов, но, в общем, колыхалась в небольших пределах и сама по себе была очень невысока. И от наложения на себя этого чуть-чуть дозволенного советская эстрада делалась еще уродливей.

Вы никогда не замечали, что «Веселые ребята» – очень плохой фильм? С совершенно диким фанерным сюжетом, с несмешными шутками, с ужасной игрой актеров – пожалуй, только про музыку ничего плохого не скажу. Если бы у нас тогда была возможность сравнить его с любым голливудским мюзиклом тех лет – мы бы поняли, откуда выросли эти кривые ноги. Ну не было у нас такой возможности – тогда.

Можно нас простить. Но теперь-то! Ан нет – сидим, смотрим, глотаем сладкие сопли.

Казалось бы, все понятно, и нечего тут литературу разводить – не произведения нас радуют, а тот ассоциативный ряд, который они за собой тащат. Не фильм нам дорог, а телевизор «КВН-69», на крохотном черно-белом экранчике которого этот фильм показывают, и мы сами, с ногами сидящие на диване в комнате коммуналки, и мама, которая молодая и чистит нам яблоко. Не голос Майи Кристаллинской, а мотыльки, толкущиеся в свете фонарей танцплощадки в пионерлагере, первая сигарета и вон та девочка в белом свитере, которая, кажется, только что на тебя посмотрела.

Нас просто тянет в свое детство – где мир казался нам лучше, да и сами мы были лучше, и с помощью звуков старых песен и кадров старых фильмов мы наслаждаемся иллюзией нашего возвращения туда. Но заметьте: качество самих произведений в данном случае не имеет никакого значения – ты мог их в детстве любить, мог ненавидеть, а мог и не замечать, но если вы проглотили их тогда, как рыба крючок, то всю оставшуюся жизнь есть возможность потянуть за леску. И тут происходит подмена – эти произведения уже кажутся нам хорошими! Какими хорошими – великими! Они же работают! Они же пережили время! И модным становится ретро, и вот уже молодые люди копируют одежду и звук тех же шестидесятых, хотя не понимают, что это для нас – орех с начинкой, а для них он – пустой, и им весело и забавно.

Никогда не забуду, как вдруг взбеленился Алексей Семенович Козлов, когда на каком-то псевдоретровечере на сцену вышли несколько опереточные как бы стиляги лет двадцати от роду и запели что-то из Магомаева. Сквозь стиснутые зубы Алексей Семенович поведал мне, что в молодости они с друзьями назывались не стиляги, а штатники, а за напевание такой гадости, как твисты Магомаева, можно было вообще вылететь из их рядов. Ему было очень жалко своей молодости, он не хотел пускать туда этих юных недорослей.

Чего это нас так тянет в юность? Ну ладно, если тебе семьдесят. А если сорок? И жил ты неплохо и интересно, и многого добился, и получил почти все, о чем мечтал в детстве, и есть еще силы и желание идти дальше – что такое? И почему это все там кажется таким розовым? Оно ведь таким не было!

Мы чего-то не знаем.

И вот что удивительно – даже поняв механизм этой ностальгии, все равно не можешь защитить себя от его воздействия, и стоят у меня на полке рядом с битлами и роллингами и Жан Татлян, и Ободзинский, и Трошин, и очень люблю я, выпивая с друзьями, завести их негромко.

А если уж быть безупречно честным – так не от всех так уж и тошнило. Квартет «Аккорд», например, молодая Пьеха или ансамбль «Орэра» иногда даже нравились.

Что касается истории про доброту, то она не имеет никакого отношения ко всему сказанному выше. Но это дивная история. Случилась она в начале девяностых, когда народ впервые по-настоящему почуял, что можно просто взять и съездить за границу – отдохнуть. Ну, не на какие-нибудь Таити, а поближе и подешевле – скажем, в Турцию или на Кипр. В моду тогда вошли морские круизы – помните?

В основном по Средиземному морю, недели на две. Для привлечения туристов на пароход приглашали трех-четырех артистов – для заманухи. Артисты ехали бесплатно, давали за это концерт на борту, и все были довольны. Схема эта умерла так же быстро, как и родилась, – Средиземное море оказалось не таким уж большим, маршруты повторялись и быстро приелись, туристы иссякли, а известные артисты стали капризничать и требовать денег, и все кончилось.

Но тогда круизная лихорадка была в разгаре, и вследствие этого я с Ксюшей Стриж, Олегом Митяевым, Костей Тарасовым и кем-то еще оказался на борту огромного белоснежного теплохода, отправлявшегося по греческим островам Средиземного моря. На греческих островах мы не бывали, поездка обещала быть замечательной и таковой, надо сказать, и оказалась.

Утром мы причаливали к очередному острову, весь день гуляли по древним городкам и осматривали красоты, а вечером садились на наш теплоход, весело выпивали и за ночь перемещались на другой остров. Все острова чем-то походили друг на друга, поэтому я не смогу вспомнить сейчас название того, на котором произошла эта история. Тутос, Патмос, Пафос – что-то в этом роде.

Городок располагался на плоской вершине острова и напоминал семейство грибов, выросших на пне. Надо было подняться довольно высоко в гору, и вдруг ты оказывался в совершенной сказке – крохотные белоснежные домики с кривыми стенами, ярко-синие ставни, узкие мощеные, а то и просто выдолбленные в скале улочки, ни с того ни с сего выходящие к обрыву, за которым синело море. Стояло раннее утро, и мы были единственными прохожими (так и хочется сказать – зрителями), и это усиливало сходство с театральной декорацией. Редкие коты грелись на солнце, развалившись на подоконниках, и – никого. Над островом плыл невероятный запах жарящейся баранины – тут и там стояли мангалы с медленно вращающимся целым барашком на вертеле. С одной стороны мангал был закрыт щитом с фольгой – для отражения тепла, вертел крутился автоматически, барашек пах, хозяев не было видно. Мы уже знали, что все это будет готово не раньше середины дня и тогда их начнут продавать с молодым местным вином, но в ближайшие два часа рассчитывать не на что, и беспомощно глотали слюнки.

Где-то через час брожения по абсолютно пустым закоулочкам (вообще жизнь на этих островках, видимо, начинается позже) мы наткнулись на маленькое уютное кафе — четыре белых пластиковых столика на открытой террасе, выходящей прямо к обрыву, за которым — невероятно синее море (смотришь иногда на какую-нибудь открытку или фотографию в журнале и думаешь: не бывает на самом деле такого цвета! — бывает) и вдали внизу — наш пароход. Справа терраска ограничивалась белой мазаной стенкой, в дверях стоял хозяин, облокотившись о косяк, и благожелательно на нас поглядывал.

Я высказался в том смысле, что не случайно единственное открытое заведение расположено таким красивым образом и что будет очень правильным решением присесть тут и выпить легкого греческого вина, любуясь на панораму. Мы зашли, поздоровались с хозяином, присели за столик и попросили домашнего вина, воды и каких-нибудь орешков. Хозяин (это был дядька лет пятидесяти) выслушал нас, кивнул, скрылся в темном проеме двери и вернулся с подносом — две бутылки вина, вода, большие стаканы, плошечка с орехами. Выгрузил все это на наш столик и занял прежнюю позицию — в дверях. Мы чокнулись за сказочный островок, синее море, белый пароход и наше путешествие, выпили, закурили.

Вообще я не сторонник выпивания с утра и никогда этого не делаю, но в тех редчайших случаях, когда сами обстоятельства диктуют тебе ход событий и сопротивляться не только глупо, но и бессмысленно, — эффект бывает поразительным и не имеет ничего общего с постылым вечерним выпиванием. Как будто на сцене включают дополнительные софиты — краски становятся ярче, музыка — прекрасней, а люди — еще лучше, и кажется в эти минуты, что смысл твоей жизни (да что там твоей – тайна Божьего замысла!) где-то совсем рядом и надо только протянуть руку.

Наслаждаясь этой иллюзией, мы посидели минут тридцать, а потом я попросил кофе и счет.

«У меня нет кофе», — сказал хозяин, не меняя позы.

Кофе в Греции подают на каждом углу, и я удивился — что же это за кафе такое?

«Это не кафе, — ответил хозяин. — Это мой дом».

Думаете, он специально не выдавал себя, чтобы насладиться нашей неловкостью? Да ничего подобного — просто стоял в дверях своего домика на своей терраске, смотрел, щурясь, на восход, зашли люди (гости!), попросили вина — все нормально! Ну а уж что кофе не оказалось – пардон.

Боже, как мы извинялись, как пытались всучить ему деньги — при всей своей воспитанности человек все равно в кафе заходит не так, как в чужой дом, и сидит чуть иначе, и говорит с другими интонациями, и было страшно неудобно.

Никаких денег хозяин с нас, конечно, не взял, велел передать привет России и долго махал нам рукой и смеялся как ребенок.

«И человечество распространится по всему космосу и станет единым потоком лучистой энергии, которая мгновенно пронизывает пространство и время, все знает и ничего не хочет, что является прерогативой Богов». Это слова Циолковского.

Все знает и ничего не хочет. Мне бесконечно далеко до этого состояния. Я еще много чего хочу и очень много чего не знаю.

Я не знаю, почему однажды люди в сутанах (не Боги же!), собравшись вместе, решили, что отныне и вовеки четыре Евангелия станут для всех христиан мира каноном, а остальные – ересью. Как это они за всех нас решили?

Я не понимаю, почему, если Бог есть Любовь, основные слова, с которыми мы к нему обращаемся, – «прости» и «помилуй», да еще «побойся Бога».

Я не понимаю, почему во всех четырех Евангелиях Иисус гневался, скорбел, вопрошал и учил, но ни разу не улыбнулся.

Я не понимаю, почему ни один добродетельный поступок не толкает тебя к следующему, в то время как пороки плотно связаны друг с другом в одну цепочку (выпил – захотелось курить, покурил – захотелось добавить, добавил – захотелось к девкам и т. д.).

Я не понимаю, почему мы с таким наслаждением разрушаем себя – хрупкую и единственную машину, данную нам для путешествия по жизни.

Я не понимаю, почему у меня так и не получилось никакого счастья с женщинами, которых я любил больше всего на свете.

Я не понимаю, почему мы иногда так безжалостны к самым близким людям и разводим экивоки со всякими отдаленными мерзавцами.

И почему мы так беспечны?

И почему вдруг от каких-то нот или строк мурашки идут по спине и слеза просится на глаза?

Я не понимаю, почему перед сном я открываю газету и одновременно включаю телевизор, хотя ненавижу и то и другое.

И почему, как ни верти, я воспринимаю беседы, идущие в Интернете, как бессмысленное бормотание слепых людей в темной комнате?

Еще я не понимаю, почему человек до последней секунды с такой отчаянностью цепляется за жизнь, которую он и получил-то помимо собственной воли и желания, и совсем она не была хороша, и радости в ней было куда меньше, чем печали, а две-три короткие вспышки счастья оставили после себя разве что горьковатый привкус ностальгии.

Я бы очень хотел все это понять. И еще многое-многое другое. И тогда уже (может быть) – ничего не хотеть.

2001

Вначале был звук

Каждый из нас когда-то слышал, что восемьдесят процентов информации поступает человеку через глаза. Не знаю, кто автор этой сентенции. И каким об разом производились подсчеты. И вообще, что имеется в виду под информацией. Если исключительно содержащаяся в тексте — тогда да, конечно. Восемьдесят процентов — через глаза. А оставшиеся двадцать — через уши, по радио. Но мне кажется, что понятие «информация» — гораздо более широкое. И шум дождя сообщает тебе о том, что идет дождь, ничуть не хуже, чем круги на лужах, видимые глазами.

А теперь представьте себе железнодорожную катастрофу, которую вы наблюдаете с небольшого расстояния. Представили? А теперь разделите изображение и звук. Разделили? А теперь прокрутите перед своим внутренним взором сначала картинку, а потом ее звуковое сопровождение. И ручаюсь вам: картинка без звука оставит вас вполне равнодушным, а звук без картинки приведет в ужас. И если это так, то что тогда главнее?

Все мы знаем, как может напугать нас неожиданный громкий звук. Даже самый простой, вроде лопнувшего шарика над ухом. Что-то я не могу представить себе какую-либо неожиданную картину, способную нас напугать — если она лишена звуковой поддержки. Даже привидения в фильмах-страшилках режиссеры заставляют выть. Хотя настоящие привидения выть, наверно, не умеют.

Ночью мы спим. И глаза наши спят. А уши — нет. И будит нас звук. Странно, правда?

Если мы не хотим что-то видеть, мы закрываем глаза. Не руками, нет — у нас есть веки. А на ушах век нет, и руками затыкать их весьма неудобно. То есть природа разрешает нам иногда оставаться без зрения, и не разрешает без слуха. Значит, что с точки зрения природы важнее?

Возможность видеть мы получаем, появляясь из утробы на свет, да и то первые месяцы наблюдаем картину вверх ногами. А звуки начинаем слышать значительно раньше – на девять месяцев. Мой сын вел себя в животе у матери очень беспокойно, но неизменно затихал, как только начинала играть громкая хорошая музыка.

И вообще – если вначале было Слово, то Слово это было произнесено, а, скажем, не написано: не на чем еще было. Звук? Звук.

А восемьдесят, значит, через глаза? Ошибочка, граждане!

Если убедил – пошли дальше.

Звуки детства

Пытаюсь нарисовать картину из звуков своего детства, роюсь в памяти. Радиоточка. Или трансляция. В общем, радио. Эта пластмассовая коробочка стояла в каждой квартире, в каждой столовой, в любой парикмахерской. Коробочка всегда была желтая или розовая – веселенького цвета. На фасадной ее стороне располагалось окошко для динамика, затянутое веселенькой же тряпочкой и одна ручка – включение, она же громкость. Сзади – картонная крышка с круглыми отверстиями и провод.

Провод вставлялся в специальную розетку – как для электричества, но поменьше, чтобы не перепутать. Все.

Сколько я помню, коробочка всегда и у всех находилась во включенном состоянии. Могло быть тише или громче. Коробочка вещала. Текстовая составляющая проходила мимо меня, не оставляя следов (в три-то года!). Разве что застревало в голове какое-нибудь непонятное слово («Телефон: Миусы Д-1...» Какие такие миусы? До сих пор мучаюсь). В десять утра сажали слушать детскую передачу. Заставочка: на пианино, наверху, незатейливо – «Мы едем-едем-едем в далекие края...» И сразу, фальшиво-добрым старческим голоском: «Здравствуй, мой маленький дружок! Сегодня я расскажу тебе сказку...» Не нравилось: дядька кривлялся. Все равно слушал. Выбора не было. Иногда в передаче появлялось двое детей – кажется, Мишенька и Машенька. Я понимал, что это ненастоящие дети, а две взрослые тетки – одна, с голосом потолще и, наверно, сама поздоровее – за Мишу, а вторая, совсем писклявая – за Машу. От них было еще противней. Иногда приходил Захар Загадкин, пел песенку, загадывал детям загадки. В 11.00 – «Доброе утро, товарищи! Начинаем производственную гимнастику! Первое упражнение – потягивание. Встаньте прямо, ноги на ширине плеч – и (под пианинку) раз, и два ...»

Бедные мы, бедные.

В воскресенье, правда, было повеселее (может быть, потому что родители были дома – уже праздник!). Воскресная передача «С добрым утром!» Песня: «Друзья! Тревоги и заботы сегодня сбросьте с плеч долой – чем тяжелей была работа, тем краше день твой выходной! Воскресенье, день веселья, песни слышатся кругом – с добрым утром, с добрым утром и с хорошим днем!» Пелась задушевным, почти человеческим голосом.

Ну да, выходной был один – в воскресенье.

А живые, человеческие голоса звучали из трансляции очень редко. Дикторы говорили не как живые люди – медленно, торжественно, и с какой-то совершенно особенной интонацией, которую ни описать, ни воспроизвести не берусь (кончилось это, кстати, совсем недавно – с появлением FM. Нет, раньше: Виктор Татарский с опальной передачей «Запишите на ваши магнитофоны». Он уже говорил по-другому. Но до этого еще двадцать лет). В трансляции иногда пели: мужчины – патриотические и военно-патриотические песни, женщины – русские народные. Мужчины пели грозно и утробно, женщины – как бы веселясь, специальными русско-народными голосами, с завитушками в конце фраз. Пытаюсь понять: почему мне, маленькому, не нравилось. Так вот: клянусь, я чувствовал, что они притворяются, поют не так, как хотят, а как надо.

Дети ведь очень здорово чувствуют фальшь. Лучше взрослых.

Неудивительно, что когда вдруг появлялась песня с человеческой мелодией и спетая человеческим голосом – она сразу становилась народной – на таком-то фоне. «Ландыши», «Я люблю тебя, жизнь», «Подмосковные вечера»… У всех этих песен была непростая судьба – советско-партийное руководство сопротивлялось, искало пошлость, не пускало в эфир – кожей чуяли человеческое, собаки. Слово «сексуальность» применительно к артистке было просто немыслимо – даже «женственность» не очень приветствовалось – не время, товарищи! Поэтому певицы в лучшем случае изображали таких дурочек с бессмысленной улыбкой и легким покачиванием головой – остальные детали тела должны были оставаться неподвижными. Мужским певцам полагалась поза а-ля Кобзон – ноги на ширине плеч, руки по швам. Когда (двадцать лет спустя!) появился молодой Валерий Леонтьев, который просто не мог стоять на месте, его на экране до пояса закрывали какой-нибудь декорацией – картонным кубом, например, чтобы не было видно, как он вертит попой. С добрым утром, товарищ Лапин! Об этом можно написать отдельную книжку.

Сейчас перечитал и ужаснулся: вроде как жил маленький мальчик в глухой ненависти к окружающей звуковой среде. Нет, конечно – какие-то вещи завораживали: голос молодой Эдиты Пьехи в сопровождении ансамбля «Дружба», вокальный квартет «Аккорд», волшебное пение грузинского ансамбля «Орэра». Еще кое-что, о чем ниже. Просто они все были в меньшинстве, вываливались из общего фона.

Приходил с работы отец, садился за пианино. Пианино называется «Красный Октябрь», оно одето в серый льняной чехол. Отец приподнимает чехол, открывает ему пасть, полную белых и черных зубов, пробегает по ним руками. Здорово. Я хочу играть как отец, но понимаю, что это невозможно – руки у меня в два раза меньше, и я еле-еле достаю до клавиатуры носом. Единственная пьеса, которую я могу исполнять – «Гроза». Для этого надо положить много книжек на стул – для высоты, потом на них забраться, открыть тяжеленную черную крышку. Пьеса «Гроза» – импровизационная, я придумал ее сам. Клавиши справа от меня – самые высокие – изображают молнию, клавиши слева – низкие – гром. Все что посередине, между ними – это, видимо, дождь и вообще течение жизни. Я недоволен своим исполнительским мастерством, поэтому играю пьесу «Гроза» сам для себя, днем, когда никого нет дома и никто не слышит (няня не в счет, ей неинтересно). Приходила подружка со двора — Оля. Оля старше меня года на два, няня ругается, говорит, что она шалашовка. Не знаю такого слова, проникаюсь уважением. Оля показывает мне, как играть на пианино собачий вальс. Мне не нравится — там все время по черным, противно. И вообще отец играет лучше. Собачий вальс не пошел.

На пианино стоит телевизор, он называется КВН. Маленький серый его экранчик прикрыт выпуклой линзой, в которую налита вода. Страшно интересно! Линзу можно выдвигать вперед, и тогда экранчик кажется больше и больше, пока края его не начинают совсем расплываться. Вечером начинается передача — программа пока одна, но говорят, что скоро сделают вторую. На экране крутится телебашня — ее показывают изнутри, снизу в вверх, она вся прозрачная и сделанная из палочек, хор поет непонятную белиберду: «Москва ты самая какая-то красавица, бесконечная родимая земля, и неба синего нарядного красавица звезды алые Московского Кремля!» Сложение большого количества мужских и женских голосов звучит удивительно нехорошо. Долго после этого не любил хор вообще, пока уже лет в пятнадцать не услышал, как он на самом деле должен звучать: на пластинке Гордона Дженкинса. (Оказывается, нехорошо — это когда все поголовно мужчины и женщины поют с партийной интонацией и при этом не очень чисто.) Все остальные звуки, которые издавал КВН, были гораздо приятнее: песенка перед детской передачей («Начинаем, начинаем, начинаем передачу для ребят, в это время все ребята, все ребята к телевизорам спешат. Вы слышите, друзья, часы стучат, не будем больше ждать – начинаем передачу для ребят!») Передача идет каждый вечер, мне ее включают в обязательном порядке. Там тетя Валя и два кукольных мальчика: Шустрик и Мямлик. Песенка нравится больше, чем сама передача – они говорят какую-то ерунду. Еще перед футболом духовой оркестр играет восхитительный футбольный марш (до сих пор хочу узнать имя автора – действительно отличный марш!). А еще по телевизору все время перерывы (естественно почти все программы идут в живой трансляции, и надо перетащить камеру из одной студии в другую). В этот момент на экране появляется мультяшный человечек, его зовут Тритатушкин, у него в руках ведро краски и кисть, он пишет на экране слово «Перерыв» и при этом поет песню: «Тритатушкин, тритата, перерывчик, тритата!»

Не помните? То-то! А пластинки? Волшебные черные переливающиеся диски. Они в конвертах из оберточной бумаги, друг на друга без конвертов их класть нельзя: царапаются. Посередине – круглая наклейка голубого цвета, написано: «Мелодия» и цифры – 33 и $1/3$. Я уже знаю, что это – скорость вращения пластинки, это пластинки новые, потому что у нас еще есть старые – толстые, тяжелые, и на них написано – 78 об. мин. Там на стороне только одна песня, а на новых – четыре или даже шесть! На проигрывателе специальный переключатель скорости: 78–45 – 33 $1/3$ (сорок пять – это вообще непонятно зачем, у нас в стране и пластинок таких нет, только за границей). Очень смешно получается, если взять старую пластину – на ней записан фокстрот «Марина» – и завести на 33. Дядька поет очень тягуче и нечеловеческим басом. А если наоборот – какую-нибудь новую на 78 – еще смешнее: ансамбль буратин. Отец не разрешает, говорит, что от этого пластинки портятся. Я, в общем, к ним и не прикасаюсь – отец их заводит сам, если только не играет на пианино (так что звуки радио – это долгий день с момента ухода родителей на работу до их возвращения). Отец ставит печальную тягучую музыку, я знаю, что это называется «Рахманинов», или сборник «Вокруг света» – у нас их много, там песни на иностранных языках. Мне нравится на польском и английском. На польском смешно, а на английском как-то все по-особенному звучит: там есть что-то неуловимое, и вот оно как раз нравится, и хочется покачиваться в такт. Есть еще пластиночка бразильского квартета «Фарроупилья». (Был в Рио-де-Жанейро пару лет назад в самом большом пластиночном магазине – не нашел! Даже не слышали про такое. Годы, годы…) Советский Союз наверно тогда дружил с братским народом Бразилии, иначе с чего бы эту «Фарроупилью» у нас напечатали. Вся страна пела вслед за ними: «Ма-ма-йо кера! Ма-ма-йо кера!» Но любимая моя была не эта. Она называлась «Самба должна иметь пандейру». Я не знал, что такое «самба», тем более – что такое «пандейра», и каким образом первая собирается иметь вторую. Но красота названия завораживала. Вообще бразильская фонетика очень близка к русской, и в текстах «Фарроупильи» мне тут и там слышались обрывки русских фраз, совершенно лишенные смысла и тем особенно привлекательные. Так вот, «Самба должна иметь пандейру» просто подбрасывала. Я готов был слушать ее бесконечно. (Невероятно – эта пластинка у меня сохранилась, правда за треском и шипом музыки уже почти не осталось. Зато есть целых две того же года и почти непиленные – одну нашел мне критик Петр Шепотинник, другую принесла добрая пожилая женщина-учительница, когда я по радио рассказал о своей мечте – вернуть самому себе любимую песню спустя пятьдесят лет. Ребята! Это не тот случай, когда в детстве влюбился в какую-то ерунду – это действительно убойный номер. Сейчас самбу так уже не играют и не поют.)

Прошел на экранах страны совершенно потрясающий «Последний дюйм». Нет, бывали проколы у Совка – не уследили (мало того – еще и премий надавали. Оттепель еще не кончилась, видимо). Во-первых, по рассказу буржуазного писателя Джеймса Олдриджа. Во-вторых, про не нашу жизнь и снят как-то не по нашему (тогда просто чувствовалось, а сейчас очень заметно, видимо, режиссер Вульфович был большим стилягой, или, по словам А. Козлова, «штатником»). Сам Кусто подарил режиссеру свои документальные съемки акул, рвущих мясо. И музыка в фильме была какая-то не наша, другая – все время играет в голове, а хочешь напеть – не получается. Не «Ландыши».

В фильме звучали две песни: про маленького тюленя и «Тяжелым басом гремит фугас…» «Маленький тюлень» особенно не зацепил, зато вторая засела в голове клином. Пелась она трагическим баритоном, и мальчик из последних сил тащил израненного акулами отца к самолету по раскаленному песку, и морские волны тяжело разбивались о берег в такт. Слова у песни были тоже трагические и непонятные – какой такой Боб Кеннеди (я сперва думал – Бобкин Нэди) пустился в пляс? И вообще – «Какое мне дело до всех до вас, а вам – до меня» – слова, в советской песне тех лет в принципе невозможные. Боюсь, сейчас это уже непонятно.

Мы сели с отцом подбирать песню про Бобкина Нэди – не получилось: чуть-чуть, а непохоже. Тогда отец пошел в нотный магазин и в сборнике «Песни радио и кино» нашел ноты этой песни (интересно, кстати, сейчас такое есть?). Нот мы с отцом не знали, поэтому усадили за пианино маму, которая до войны закончила музыкальную школу, и она, чертыхаясь и запинаясь, кое-как нам эту песню сыграла. Песня оказалась в сложной тональности – до-минор. Целых три бемоля!

До сих пор моя любимая тональность. Смешно, правда?

В эти же годы ко мне привели учительницу музыки – Сару Семеновну (в музыкальную школу было рано по годам). Сара Семеновна не понравилась: у нее были какие-то злые треугольные серьги из черного блестящего камня и темно-малиновые ногти, загнутые внутрь, как у хищной птицы. Мы не полюбили друг друга. К тому же я возненавидел ноты. Насколько живыми казались звуки – настолько мертвым выглядело их письменное воплощение – бездушные черные букашки, посланцы чужих миров. Не нравилось все: почему это в скрипичном ключе «до» на одной линейке, а в басовом совсем на другой – это же неудобно! И как это возможно читать глазами две строчки нотного стана – для правой и левой руки – одновременно? (Это, кстати, до сих пор не понимаю: вы же, читая книгу, не можете читать сразу две строки? Вот и я не могу. Ленин, говорят, мог читать сразу страницу – по диагонали. Так я не Ленин. Да и врут, скорее всего, ничего он не мог.) Обладая хорошей музыкальной памятью, я насобачился обманывать Сару Семеновну: просил ее сыграть для меня пьесу пару раз «с выраженьем», как она сама говорила, и ухитрялся выучить ее от начала до конца. После чего играл пьесу по памяти, с лживым вниманием глядя в ноты. Скоро Сара Семеновна меня раскусила: я не мог запомнить, в каком месте надо переворачивать нотную страницу (на это памяти уже не хватало), и на этом попался.

Вместо того, чтобы похвалить ребенка за прекрасную музыкальную память, Сара Семеновна устроила скандал с привлечением родителей, и мы расстались.

Как я был счастлив!

Счастье продлилось недолго – меня определили в музыкальную школу. Помню, мне там сразу не понравилось. То есть не нравилось уже заранее – я предчувствовал, что заставят вернуться к ненавистным нотам. Предметов оказалось сразу несколько: инструмент, сольфеджио, хор... Сейчас я понимаю, что интерес к предмету целиком определялся тем, насколько мне нравился преподаватель (в обычной школе, кстати, было то же самое). Класс фортепиано преподавала мне Елена Валентиновна, и никаких следов в душе моей она не оставила – она сама была какая-то никакая: ни злая, ни добрая. Учительницу сольфеджио не помню вообще, хотя само слово «сольфеджио» очень нравилось – как из сказки. Да и предмет был не лишен интереса – надо было угадывать расстояния между двумя нотами (они назывались «интервалы»). У кого-то получалось, у кого-то – нет. А вот преподаватель хора Юрий Ефимович понравился сразу – он же по совместительству был директором школы. На первом занятии он сказал нам: «Наверно, каждый из вас перед сном в голове слышит небывалую музыку?» («Да, да!» – закричали мы.) «Так вот, кто сумеет ее записать на ноты, тот и композитор!» – «Как просто!» – подумал я.

Поди запиши.

Впрочем, я и не собирался становиться композитором.

И вообще никто не планировал делать из меня музыканта. Слух у меня оказался неабсолютный, а мизинцы на обеих руках были тонкими и гнулись во все стороны вопреки анатомическим знаниям о строении человеческой руки, поэтому взять таким мизинцем какую-нибудь громкую отрывистую ноту (иначе говоря, «форте стаккато») было просто невозможно. Помню, Елена Валентиновна даже демонстрировала мои руки другим преподавателям – дескать, ну как с таким материалом работать! Я злорадно чувствовал, что пребывание мое в музыкальной школе будет недолгим. Однако потребовалось еще два с половиной года на то, чтобы сломить сопротивление моих родителей (в основном, мамы).

Ничему меня в этой школе не научили.

Классе в шестом потянуло на гитару.

Я не знаю почему. В доме у нас никто на гитаре не играл. И вообще, примеров, вдохновляющих на подражание, вокруг не наблюдалось. Ну да, отец переписал на наш маленький магнитофон «Филипс» (чудо света!) у соседей по даче Окуджаву вперемешку с какими-то полублатными весельчаками. Окуджава понравился, в отличие от весельчаков, но не настолько, чтобы сразу хвататься за гитару. Нет, просто что-то носилось в воздухе.

Да и гитары у меня нет. Гитара висит на стене в доме нашего дачного хозяина (мы снимали дачу в Валентиновке). Хозяина зовут Александр Исидорович, он играет с отцом в шахматы, задумчиво шипит, выпуская воздух – «ш-ш-ш...» Гитара принадлежит его сыну Игорю, Игорь плавает на научно-исследовательском судне «Витязь», и мы его никогда не видели. Я захожу в комнату, прошу разрешения посмотреть гитару. Ее давно никто не брал в руки, с торца она покрыта пылью. На головке грифа как полагается, розовый шелковый бант. Гитара завораживает своей фантастической формой, запахом дерева и лака, самим своим названием – «ги-та-ра», само слово уже звучит как музыка. Струны находятся на расстоянии сантиметра от грифа и играть на ней невозможно. Да я и не умею – просто видел, что что-то там на грифе надо зажимать. Я пытаюсь зажать – не получается. Тогда я просто тихонько бренькаю по струнам – то по трем сразу, то по каждой в отдельности, и гитара отзывается волшебным звуком. Я почти играю! Заниматься этим можно до бесконечности.

В седьмом классе мы едем в настоящую биологическую экспедицию! В Хоперский заповедник, в Воронежскую область (я еще не оставил надежды стать биологом). Нас человек двадцать из двух школ, и мы будем целый месяц жить на дикой природе и изучать повадки зверей и птиц! Веселый парень Андрюша Асташкевич очень лихо играет на гитаре «восьмерочкой» и еще каким-то особо озорным боем. У него, как и положено, семиструнка (о других мы тогда и не слышали), он поет песню про перекаты, которые надо послать по адресу (я еще не знаю, что это Городницкий), и какие-то куплеты, в которых Гамлет и доктор Фауст действуют в современных предлагаемых обстоятельствах – эдакое веселое вольнодумство шестидесятых. «Вот и ходит Гамлет с пистолетом и шпагой и хочет когой-то убить, и стоит вопрос перед Гамлетом: быть или не быть». Слово «Гамлет» произносится с ударением на второй слог. Очень типа смешно. Куплеты нравятся не особо, а вот играет Андрюша здорово. Еще очень нравится, как на него смотрят девушки, когда он играет, что-то в их глазах меняется. Хочу научиться как он, но стесняюсь – я на год младше, а гитара все время на людях, Андрюша играет не переставая. Мы знаем весь его репертуар и иногда поем хором. Впрочем, при всем моем стеснении мне удается пару раз отвлечь Андрюшу от девушек, и он показывает мне аккорды: «малую звездочку», «большую звездочку» и «переходняк» из малой в большую. Была еще «обратная лесенка», но по причине ее чудовищной сложности я изучение этого аккорда временно отложил. Главное же: мне показывают, как играется «восьмерочкой» – и у меня получается!

Я не смогу вам сейчас объяснить, что такое «восьмерочка» и что значила она в иерархии общих ценностей. Те, кто помнят, знают, что я имею в виду. В общем, это ритм, отдаленно напоминающий самбу, извлекаемый из гитары особым чередованием ударов по струнам большим и средним пальцами в очень быстром темпе. Нет, это бесполезно – его надо слышать. Этим ритмом исполнялись на семиструнной гитаре все дворовые, блатные, пионерские блатные, а потом и бардовские песни. Человек, владевший «восьмерочкой», автоматически становился королем. Если же она тебе не далась – не стоило и брать гитару в руки во дворе, выучи ты хоть всего Баха.

Я вернулся из экспедиции сильно воодушевленный и выпросил у своего школьного товарища Славы Мотовилова гитару для занятий. Он тоже знал три аккорда (аккорды Высоцкого!), но «восьмерочкой» не умел, и поэтому не особенно горел к гитаре. Гитара у него была маленькая и слегка продавленная, но играть на ней можно было вполне. Отчего она так притягивает меня? От гитарного звука – особенно если ты сам его издал – по спине пробегают мурашки. Я не выпускаю ее из рук, без конца повторяя три заветных аккорда. «Солдат всегда здоров, солдат на все готов, и пыль как из ковров мы выбиваем из дорог…» На пальцах левой руки у меня мозоли, на пальцах правой – волдыри. Ночью я кладу гитару рядом с кроватью, перед сном три раза тихонько провожу пальцем по струнам снизу вверх – гитара отзывается божественным мажором. Скоро отдавать инструмент хозяину – как же жить-то дальше?

Скоро у меня появилась своя.

Мне просто повезло. Вы думаете, можно было прийти в магазин и вот так запросто, как сегодня, купить гитару? «Вам какую завернуть?» В Совок бы вас, товарищ. Недельки на две. Чтобы не пели больше песен о счастливом советском прошлом. Гитара не входила в список предметов первой жизненной необходимости, а мода на нее уже пошла – нет, пока не от Битлов: от Окуджавы, Галича, Визбора, Кима. Поэтому раз в квартал на прилавки выбрасывали свежесрубленный товар, и за ним выстраивалась чудовищная очередь. «Вас тут не стояло!», «Не больше одной гитары в одни руки!», «Касса, за гитары не пробивать – заканчиваются!» Сметали все часа за два.

А я прогуливал школу и зачем-то решил зайти в «Детский мир». Дают! Только привезли! Я успел занять очередь, съездить на метро домой, взять деньги (семь рублей пятьдесят копеек!), вернуться и стать счастливым обладателем семиструнной гитары производства фабрики муз. инстр. им. Луначарского, г. Ленинград. Вырвался из толпы, держа гитару высоко над головой, стоял на улице мокрый, растерзанный и счастливый. Ехал в метро, обнимая гитару за талию, нежно прижимая к себе, не в силах согнать идиотскую улыбку с лица. Мне казалось, все пассажиры поглядывают на меня с завистью. Может, так оно и было. Люди завидуют чужому счастью.

Гитара оказалась куда лучше той, мотовиловской. Она была больше, звучала громче и басовитей. Она была невероятно красивого светло-желтого цвета и восхитительно пахла свежим деревом и мебельным лаком. Параллельно было сделано важное открытие – железная пимпочка, расположенная в основании грифа, служит для регулирования высоты струн над грифом — это, оказывается, головка винта, и нужен всего-то специальный ключик, вроде как от детских заводных игрушек. Не надо больше было запихивать карандаш между грифом и декой. Дивное время открытий!

Я часто думаю: в какой степени наше гитарное остервенение было вызвано всеми этими трудностями на пути к цели? Что бы произошло, если бы современные магазины музыкальных инструментов со всем их сегодняшним ассортиментом чудом переместились в советский шестьдесят девятый? Ну понятно — несколько инфарктов и буйных помешательств у особо впечатлительных. А потом? Не пропал бы интерес, по причине доступности? Или наоборот, не образовался бы такой непреодолимый разрыв в уровне мастерства наших и ихних рок-н-ролльных артистов — до сих пор не догоняем, и не догоним уже, видимо, никогда?

Еще через месяц у нас ансамбль. Никакой это, конечно, пока не ансамбль: просто мы вдвоем с моим одноклассником Мишкой Яшиным бренькаем на двух семиструнках (у него тоже есть!) и напеваем какие-то бардовские песни: Мишка их знает, я — нет, но поскольку разнообразия аккордов в них не наблюдается, я справляюсь. Очень красиво, когда одна гитара играет ритм, а вторая по этим же аккордам перебором — ансамбль, блин! Даже выступили на классном вечере.

Про внезапное вторжение Битлов в мою жизнь я уже рассказывал в книжке «Все очень просто», и повторяться не хочется. К тому же все мои сверстники и так помнят, что это было, всем же прочим пытаться рассказать об этом словами — бессмысленное и неблагодарное дело. Ибо слова не всесильны. Представьте себе, что всю жизнь вы пили сильно разбавленный технический спирт, подкрашенный жженой резиной и карамелькой, и это называлось «коньяк». И вы даже не знаете о существовании другого напитка под этим же названием, научились отличать три звездочки от пяти и ходите с этим друг к другу в гости. И в один прекрасный момент у вас забирают из рук мутный граненый стакан с пойлом и вкладывают туда бокал с пятидесятилетним «Камю». Нет, даже этот пример слаб и примитивен – все было гораздо ярче. Не будем о необъяснимом.

В общем, через тридцать минут после прослушивания пластинки «Hard day's Night» я отчетливо понял, что не стану ни биологом, ни архитектором, ни художником. Я вообще никем не стану, потому что быть Битлом в Стране Советов в принципе невозможно. Впрочем, будущее меня на тот момент абсолютно не интересовало. Все заслонила собой абсолютно животная потребность: постоянно слушать этот волшебный звук либо самому начать издавать такой же. Это было состояние безнадежного наркомана, и я не знаю наркотика, на который можно было бы подсесть так молниеносно и так бесповоротно.

Чудовищное разочарование постигло, когда вдруг выяснилось, что Битлы играют на совсем других гитарах: я кинулся подбирать, и все получалось вроде похоже – и что-то все время чуть-чуть не так. У них, оказывается, шестиструнки! Это, оказывается, совсем разные инструменты – семиструнка цыганская, а шестиструнка испанская! И настраиваются они совершенно по-разному, и аккорды на шестиструнке совсем другие! Сколько сил и времени было потрачено зря!

Шестиструнка обломала сложностью аккордов и еще тем, что если провести рукой по открытым струнам, то в отличие от правильной мажорной семиструнки тут звучала какая-то гадость. Зато первый правильно взятый аккорд подтвердил: вот теперь все как должно быть, по-битловски.

К тому же шестиструнные аккорды оказались устроены таким образом, что звучали сразу все шесть струн и можно было лупить по ним по всем медиатором, не боясь ненароком зацепить какую-нибудь ненужную (на семиструнке это происходило постоянно). Покупать шестиструнку не пришлось: гитара просто перестраивалась, а самая толстая седьмая струна, ставшая ненужной, выносилась за пределы грифа и фиксировалась спичкой.

А потом была первая самодельная электрогитара (сделали вместе с отцом: я руководил, он пилил), а потом другая самодельная, купленная на музыкальном толчке на Неглинке (наша с отцом совсем не играла), а потом первая настоящая – советская, а потом болгарская, а потом – производства ГДР, а потом – чешская, а потом, наконец – японская, а потом…

Я уже никогда не сосчитаю, сколько через меня прошло гитар. Каждая из них казалась воплощением совершенства, поэтому обменивалась на предыдущую с доплатой, и через некоторое время эта иллюзия неизбежно рушилась. Неважно, сколько у меня было гитар. Я любил каждую, всем им спасибо. К этому моменту мы уже были «Машина времени», и жили, отгородясь от окружающего мира непробиваемой стеной любимых звуков. Спросите, как нам это удавалось? Очень просто: мы любили их больше жизни и самой жизни без них не мыслили.

Кончились звуки детства. Пришли Битлы.

И снова про битлов

Вижу, как кривят морду тридцати-сорокалетние: «Ну сколько можно? И вообще АББА и Бони-М лучше!» Друзья мои, успокойтесь. Я не про то, что лучше. Для каждого из нас лучше то, с чем он вырос, под чью музыку впервые поцеловал девушку и проснулся наутро рядом с ней. Музыка – лишь часть общей картины счастья.

Целое поколение успешных и образованных людей сегодня неистово отплясывает под чудовищный «Ласковый май» и «Мираж» – они в общаге на первом курсе под это плясали, это теперь навсегда с ними. Музыка тут только помогает им вспомнить самих себя – молодых и неотразимых. Качество самой музыки при этом не имеет, увы, значения. Я про другое.

Четыре совсем юных, не шибко красивых и, в общем, необразованных парня перевернули мир. Причем совершенно не ставя перед собой такой задачи. Они просто хотели играть рок-н-ролл как все. Ну, допустим, лучше всех – кто не хочет? История человечества еще не знала примеров (и, видимо, уже не узнает), когда молодые люди всей планеты как по команде побросали все, чем они увлекались – спорт, науку, рисование, кино, книги, театр, собирание марок, кошек, собак, аквариумных рыбок, – и схватились за электрогитары. Даже девушки отошли на второй план – хотя на электрогитару они слетались как мухи на мед. Достаточно было пройти по Тверской с чехлом от гитары (без самой гитары чехол был гораздо легче), чтобы в этом убедиться. Все вдруг захотели стать как Битлы. Какая могучая цепная реакция сработала?

Ведь Битлы ничего не открыли. Не они придумали рок-н-ролл и биг-бит – это сделали до них другие музыканты. И они в своей жуткой провинциальной портовой дыре (а Ливерпуль и сейчас порядочная дыра) торчали на Элвисе Пресли и Чаке Берри и мечтали о приличных гитарах и нормальных усилителях. (Поразительно, что они не просто из одного города – они еще практически из одного квартала. Ничем, кроме узкого луча, пролившего Божий свет на небольшое пространство, я это совпадение объяснить не могу.) И в клубе «Каверн» они были не на лучшем счету – им приходилось играть днем, в обеденный перерыв, для людей, зашедших перекусить в рабочий полдень. И менеджер их Брайан Эпстайн целый год бегал по студиям, где профессионалы шоу-бизнеса мягко ему объясняли, что группа – это вообще сегодня не модно, пусть возьмут себе солиста, а сами аккомпанируют. Что же случилось потом?

А потом масса обстоятельств, незначительных сами по себе, слились воедино и детонатор сработал. Битлы ворвались в каждый дом, в каждую душу живущих на планете молодых людей, легко преодолевая языковые барьеры и шутя ломая железные занавесы. Что это было? Тут и невероятная битловская музыкальность, и юношеское обаяние, и судьбоносная встреча с гениальным Джорджем Мартином, и тот факт, что широкие слои человечества дозрели, наконец, до рок-н-ролла, и он перестал быть достоянием стиляг, и еще много-много всего. Хотите, я перечислю вам все ингредиенты боже ственного супа, можете сложить их в кастрюлю, залить водой и поставить на огонь – супа у вас не получится. Тут что-то еще – мантру над кастрюлей читать, например. Потому-то я и не считаю историю наукой: легко объяснять уже произошедшее – только вот будущее на основе этих объяснений не моделируется.

Итак, смею предположить, что помимо всего перечисленного, магия сокрыта в самом битловском звуке. Рискую утверждать, что гитары «Рикенбеккер» и «Грейч», будучи включенными в ламповый усилитель «ВОКС АС-30» производили эффект, наукой не объясненный. Конечно, это всего лишь один из факторов, но вытащи из нашего супа маленькую луковку – и все, не получилось. Лично у меня этот звук до сих пор вызывает легкое движение мурашек по спине, поэтому дома у меня стоит вышеозначенный усилитель с включенной в него вышеуказанной гитарой (в данном случае – «Рикенбеккер») и я периодически прибегаю к этого рода звуковой терапии.

Скажете, я псих?

Звук ранних битловских песен – упруго-резиновый, сметающий все на своем пути, при этом кристально-прозрачный и бесконечно глубокий, звук, созданный сэром Джорджем Мартином в студии № 2 на Эбби Роуд, уникален. Он не стареет. Фантастические нагромождения психоделики семидесятых, казавшиеся нам тогда волшебными замками из будущего, рассыпались в прах за каких-то десять лет, и сейчас их претенциозные руины выглядят жалко и смешно, а пластинка «Hard Day's Night» звучит так, как будто записана сегодня. Или завтра. А что сделал сэр Джордж? Просто записал живьем поющих и играющих гениальных ребят, продублировал кое-где гитару и голос (это называется «даблтрек», а других-то ухищрений тогда и не было!) и пропустил готовую запись через компрессор, причем сильно разогнанный. (Я не хотел лезть в науку, и все-таки полез. Компрессор, грубо говоря, — прибор, выравнивающий и уплотняющий общую картину звучания. В те времена он, как и все остальное, был ламповым.) Элементарное, казалось бы, решение, а Мартин с битловским звуком занял эту нишу навсегда. И попробуй кто сейчас этот приемчик применить — тут же со всех сторон сочувственные улыбки: «Под Битлов косят…» Да нет, используют этот прибор постоянно и сейчас (а сколько новых появилось!), но аккуратненько, с оглядкой. А там было дерзко, на грани хулиганства. Сохранились, кстати, записи битловской игры и пения без участия Мартина — с концертов, радио, телевидения (вот время было — везде живьем пели! Вернется ли когда-нибудь?) Все то — а не то. Эта компрессия стала очень важной составляющей битловского звука.

А как юноши пели! Музыкально, профессионально — ничего не сказать (хотя отнюдь нетипично — заря биг-бита была эпохой дилетантов). Невероятная молодая энергия перла из них, как росток из зерна, как хрен из штанов. Они ничего из себя не изображали. Они не кривлялись — даже когда кривлялись. Они были божественно естественны. А сами голоса!

Идеально сливающиеся в унисоне и в аккорде и такие волшебно разные по отдельности: слегка гнусавый и смешной от своей серьезности голос Ринго, какой-то замкнутый, словно глядящий сам в себя тембр Харрисона. Голос Пола – прикосновение мягкой беличьей кисточки. Леннон – бритвой по коже: еще не больно, а кровь уже выступила. Каждым своим звуком, каждым мгновением своего существования Битлы кричали: «Какой же ерундой вы все занимаетесь! Делайте, как мы!»

И мир рухнул.

Случай из жизни. Глухая, когда-то староверская деревня Кимжа Мезенского района Архангельской области. Молодой механизатор Леха, вернувшись домой, застает свою бабку Аглаю за невероятным занятием: она непрерывно перематывает назад песню «Yesterday» на лехином магнитофоне, слушает ее снова и снова и беззвучно рыдает. Леха, оторопев: «Бабушка, ты чего?» Бабка Аглая: «Так ить ангел поет!»

Мы не можем даже приблизительно представить себе, каким был бы мир сегодня, если бы сорок пять лет назад он не услышал Битлов. Но поверьте мне, он был бы совсем другим. И эта мощнейшая индустрия, называющая себя популярной музыкой, эта отлаженная, делающая миллиарды машина – какой была бы она сегодня? И была бы вообще?

Когда я осознал, что мы действительно едем записываться на Эбби Роуд в студию № 2, я изо всех сил старался успокоиться. Знаю-знаю – «как пострелять из пистолета Дзержинского», смешно. И сто лет я уже никакой не фанат, а наоборот, взрослый человек, трезво смотрящий на вещи. И все-таки. Мы едем в студию, в которой совершалось чудо. Чудо, перевернувшее мир.

Со времени, когда во Второй студии работали Битлы, в ней ни разу не производили ремонта. Не перестилали паркет, не красили стен, не вбили ни одного гвоздя. Потому что звук – это не только пение и игра на инструментах, не только микрофоны, уши и руки звукорежиссера – это и стены, и пол. И атмосфера, только этой студии присущая. На вид это типичная студия шестидесятых – очень похоже на Государственный дом радиовещания и звукозаписи на улице Щепкина – если там сейчас ничего не намодернизировали. В этой студии какой-то особенный запах: едва уловимый, чуть-чуть погреб, чуть-чуть музей, хотя вентиляция там идеальная. Это отнюдь не музей: студия расписана на год вперед, стоит очень дорого и лучшие музыканты мира занимают туда очередь. В мире масса суперсовременных студий – почему туда? Не подражать же Битлам – это смешно. Может быть, просто чтобы получить на выходе гарантированно качественный продукт – из ста лучших альбомов мировой поп-музыки семьдесят записаны на Эбби Роуд. А может быть, в глубине души надеются, что неразгаданное битловское волшебство, творившееся здесь когда-то и впитавшееся в эти стены, слабым отраженным лучиком упадет на них? Ждут чуда?

Но ведь музыка – это и есть чудо.

Что такое музыка

А вы никогда не задавали себе этот вопрос? А ну-ка попробуйте на него ответить. Я затруднился и полез в словари. Оказалось, страшно интересно: они дают на этот простой вопрос довольно разные ответы.

Начнем по старшинству – с Даля: «Музыка (мусикія) – искусство стройного и согласного сочетания звуков, как последовательных (мелодия, напев, голос), так и совместных (гармония, соглас, созвучие), равно искусство это в действии».

Ладно.

Толковый словарь русского языка под редакцией проф. Ушакова:

«Искусство, в котором переживания, настроения, идеи выражаются в сочетаниях ритмически организованных звуков и тонов».

Большой энциклопедический словарь:

«Музыка – вид искусства, в котором средством воплощения художественных образов служат определенным образом организованные музыкальные звуки». (А музыкальные звуки – это, видимо, то, из чего состоит музыка? Браво! Когда-то давным-давно, еще в советские времена я читал старинную кулинарную книгу Елены Молоховец и мучился вопросом – что такое каперсы, они мелькали на страницах тут и там, их следовало добавлять в различные блюда. Советским гражданам это слово было незнакомо – каперсы не входили в их рацион. В конце концов я полез в вышеуказанный словарь и прочитал: «Каперсы – плоды растения семейства каперсовых». Сразу все понял.)

А странно, правда? Сложнее всего дать определение самому обыденному и привычному, тому, с чем мы имеем дело каждый день. Что такое воздух? Да то, чем мы дышим!

В общем, попробовал сам. Получилось примерно вот что:

«Музыка – это действие человека, направленное на создание либо воспроизведение совокупности звуков, являющее из себя конечную цель». Немного коряво, но понятно, да? То есть стук в дверь или сигнал автомобиля музыкой не будет – задачи другие: это чтобы дверь открыли и с дороги ушли. А музыка – извлечение звуков с целью самого их извлечения. Можно, конечно, возразить, что цель – услаждение наших с вами ушей. Но это вечный вопрос: художник написал полотно для Бога или чтобы загнать подороже? (И почему, кстати, одно непременно противоречит другому?) Мой друг поэт Михаил Генделев убежден, что стихи пишутся вообще не для людей. Нет, если хотите – читайте, пожалуйста. А можете не читать – они от этого хуже не станут. У индейцев была скрипка, она состояла из грифа со струной и смычка. Конец грифа зажимался зубами и голова музыканта становилась резонатором, музыка звучала только внутри нее. Шаман может работать с бубном один, ему не нужны зрители. Можете, конечно, сказать, что это не музыка – это он стучится в двери другого мира. Товарищ Жданов, подписывая приговор Шостаковичу, утверждал, что музыка – это то, что можно напеть. Сегодня это понятие куда шире – пойди напой Пендерецкого.

И все-таки, что-то в словах этого урода есть. И мы вернемся к этому позже.

То, о чем я хочу рассказать, пришло мне в голову не вчера. Я уже касался этого в книжке «Сам овца». И я убежден, что тема эта ждет настоящего научного исследования. Я же не ученый. Но, будучи музыкантом, и работая с музыкантами, я вижу, как часто люди пытаются делать музыку, опираясь только на свой вкус и интуицию, совершенно не понимая, чем они занимаются. Ибо вкус небезупречен, а интуиция подводит.

Так что такое музыка?

Полусумасшедший-полугений Андрей Белый написал в 1917 году книжку под названием «Глоссолалия: поэма о звуке». (Вот ведь! На дворе семнадцатый год, мир летит в тартарары, а он пишет поэму о звуке. Фантастика!) Книжка эта напечатана была в Берлине в 1922 году, насколько мне известно, не переиздавалась, и найти ее сегодня довольно сложно. Вот что он пишет: «Глубокие тайны лежат в языке: в громе говоров – смыслы огромного слова; но громы говоров и мгновенные молнии смыслов укрыты метафорным облаком, проливающим из себя в волны времени линии неизливных понятий; и как несхожи нам ливень, грома, облака, так несхожи и смыслы звучаний, и образы слова; отличен от них сухой плоский понятийный смысл.

Что такое земля? Она – лава; лишь корост кристаллов (камней) сковал пламень; рокоты лавы бьются в жерла вулканов; и верхний пласт – земля – так тонок; покрыт он травой.

Так и слово, которое – буря расплавленных ритмов звучащего смысла; толщею кремнистых корней эти ритмы окованы; пылкий смысл утаен; верхний пласт – слово-образ (метафора); его звук, как гласит нам история языка, только склейка разъеденных, разъедаемых звуков; а образ – процесс разрушения звука; и смыслы обычного слова – трава! – начинают расти из него».

Тяжеловато читать Белого? Отвыкли от настоящего русского языка? Хорошо, переведу на современный. Андрей Белый говорит о том, в самих звуках, из которых складывается слово, скрыты эмоции, настроения, и каждый звук несет в себе только ему присущее состояние. Далее поэт разбирает каждую букву русского алфавита, препарируя звуки и извлекая спрятанные в них ощущения, цвета, а иногда – позы и движения, этим ощущениям соответствующие. Теория его во многом объясняет чудо поэзии. Ведь поэзия – это не просто зарифмованные истории, правда? Чем тогда стихи Бродского отличаются от стихов обычного графомана? Только качеством рифмы?

Не задумывались, кстати, почему поэты зачастую так странно читают свои стихи? Вот он разговаривает как обычный человек, отвечает на вопросы, а попросили почитать – прикрыл глаза, помолчал, и вдруг – совсем другим голосом, протяжно, подвывая. Зачем он так? А его распирают смыслы, спрятанные в каждом звуке каждого слова, которые он, как архитектор, собрал вместе и скрепил в единственно верной последовательности. Это в нем звучит мелодия, еще не обросшая словами, та самая, которая заставила его написать этот стих. И слышит он там больше, чем слышим мы: архитектор знает построенный им храм до последней стяжки, до последней капли раствора. А потом, не дай бог, пришел дурак-композитор, положил стих поэта на свою музычку — и вдруг все умерло и засмердело. Ибо стих самодостаточен, и спрятано в нем ровно столько музыки, сколько поэт посчитал нужным, а стих требовал, и добавление в сливочное масло масла машинного ни к чему хорошему не приведет. Музыка стиха и музыка музыки убьют друг друга. Знаю редчайшие примеры, когда все чудом обошлось — и поэт хороший, и композитор, и песня получилась. Хороших поэтов так же мало, как и хороших композиторов, хороших композиторов, слышащих музыку стиха — еще меньше, вероятность их встречи почти равна нулю. Да и не станет хороший композитор, слышащий музыку стиха, уродовать этот стих своей хорошей, но ненужной этому стиху мелодией — он попросит поэта написать ему ТЕКСТ. А текст — это отнюдь не стихи второго сорта: это составляющая часть песни, и цельным произведением уже будет песня — удивительный гибрид слова и мелодии, и будучи из этой песни вынутым и представленным в виде стихотворения, текст в отрыве от своей мелодии будет выглядеть несовершенным. Поэтому меня раздражают тексты песен (даже самых лучших!), изданные в виде стихов. Создание песни — отдельная тема, и если хотите, мы к ней еще вернемся. А пока — на чем мы остановились?

Так вот. Андрей Белый был поэт, и интересовала его лишь музыка фонетическая, спрятанная в звуках, нами произносимых. Меня же всегда волновала тайна мелодии. Что это такое? Почему сочетание звуков разной частоты вызывает у нас сопереживание? Причем, заметьте, наши сопереживания будут схожими! А ведь мелодия абстрактна, верно? Абстрактное полотно – если это живопись – способно вызывать у каждого человека индивидуальные ощущения и ассоциации.

С мелодией не так – мы всегда скажем, например, грустная она или веселая. Откуда мы знаем? Ну хорошо, мы, взрослые, помним, что песни с грустными словами поются обычно на минорный лад – поэтому и мелодия грустная. Но дети – каким образом малые дети безошибочно отличают мажор от минора? Не верите – убедитесь сами – на своих.

Теперь, внимание. Мы живем в век рационализма, когда любое открытие обязано приносить пользу. Я не столь рационален, и убежден, что бывают и другие открытия – просто открытия.

И они от этого не менее ценны.

И еще: я не Сальери и не собираюсь алгеброй поверить гармонию. И прекрасно знаю, что настоящее искусство – это присутствие Ангела в человеческом изделии, будь то стих, мелодия или картина. Я не об этом.

Как отличаем грустную мелодию от веселой?

Насколько мне известно, никто пока ответа на этот вопрос не дал. А ответ лежит на поверхности.

Слова и ноты

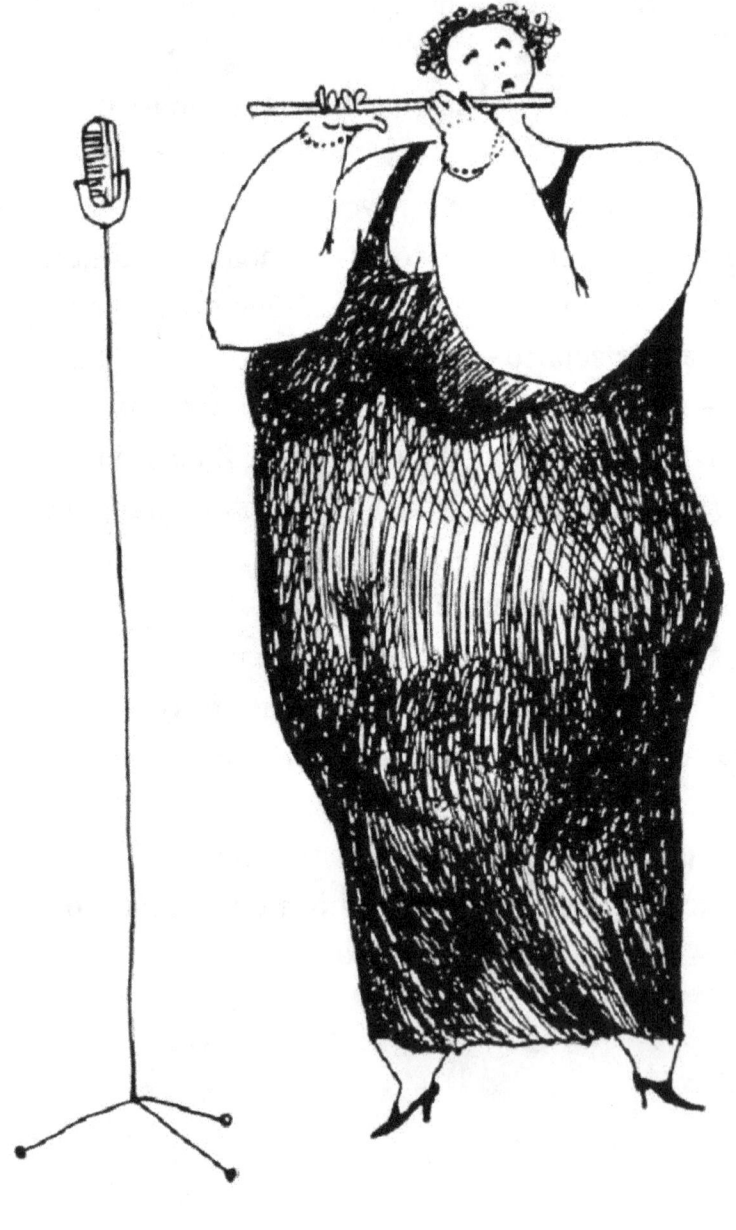

> *Есть такой прибор – анализатор спектра. Или спектроанализатор. И на сегодняшний день – масса компьютерных программ, позволяющих записать любой звук и отразить его на экране в виде кривой, показывающей изменения его частотных характеристик. Очень сложно? Извините. Выше звук – кривая пошла вверх (да еще и увидим, на сколько герц), ниже звук – поползла вниз.*

Так вот. Давайте запишем на такой прибор обычную человеческую речь. Мы увидим, что человек, разговаривая, не долдонит на одной ноте, как дьяк на клиросе (хотя бывает – и именно дьяк, и именно на клиросе), а речь его взлетает вверх и опускается вниз, то есть являет из себя мелодию. Никогда не замечали – слышны голоса соседей за стеной, и слов не разобрать, но отлично понятно, ругаются они, веселятся или кого похоронили.

Смею утверждать, что каждому определенному настроению говорящего человека (а оно, естественно, зависит от информации, содержащейся в его речи) соответствуют определенные музыкальные интервалы, в его речи звучащие. Мы не просто говорим – мы в этом смысле все время поем. Мы не думаем об этом и не контролируем это наше качество – если, конечно, мы не на театральной сцене и не хотим искусственно усилить интонацию. Но и в этом случае актеру не придет в голову строить свою интонацию согласно музыкальным интервалам – она сама построится. Вот еще за что хочу извиниться – конечно, не все обязаны знать, а тем более слышать музыкальные интервалы – секунду, терцию, кварту, квинту. В принципе это первый класс музыкальной школы, азы. Ну да, не все ходили в музыкальную школу. Ну так и грамотность на планете не поголовная, что ж теперь, и книжек не писать?

Попробую привести самые простые примеры.

Разговор на одной ноте с редкими включениями малой и большой секунды: состояние полного погружения в себя, сосредоточения на чем-то высоком и недоступном. Тот же дьяк: «Господи, помилуй, Господи, помилуй, Господи, поми-и-луй!»

Любое другое сообщение с этой интонацией покажется ненормальным. Короткая фраза, содержащая малую секунду – кокетливость, манерность: «Да, я такая!»

Фразы, содержащие большую секунду (и вверх и вниз) – спокойные, разговорные интонации, не окрашенные эмоционально: «Не знаю. Я ничего не заметил».

Сочетание квинты и малой терции – грусть, безысходность. «Я так устал!» «Дайте уснуть».

Интересно, что при появлении раздражения в голосе малая терция превращается в квинту: «Дайте уснуть!» Но ни во что другое.

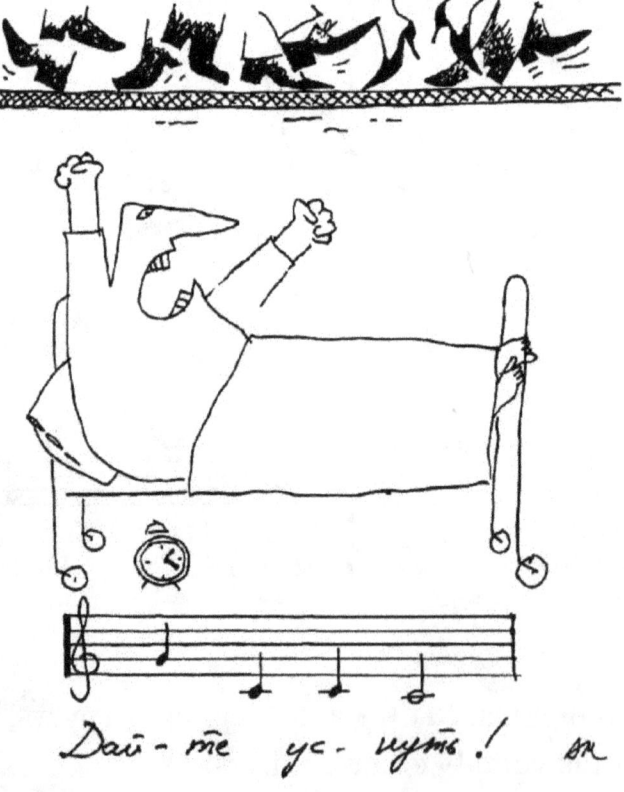

Кварта – призыв, пафос: «Вставай, пойдем!»

Обратите внимание – талантливо написанные «Вставай, страна огромная», «Вставай, проклятьем заклейменный», да и гимн нашего государства начинаются именно с кварты. И, правда, хочется встать.

Квинта, если она звучит коротко, содержит в себе вопрос: «Куда ты?» Чуть длиннее – возбуждение, повышенные эмоции: «Смотри! Ни фига себе!»

Сочетание большой терции и кварты – позитив, радость: «В цирке смешно было!»

Примеров таких вы сами можете отыскать множество – и более точных. Я взял то, что лежало на поверхности. Ибо нет у меня задачи составить Полный Музыкально-фонетическо-фразеологический словарь. Это все к тому, чтобы подвести вас к основной мысли:

МЕЛОДИЯ – ЭТО РАССКАЗ, ПОСТРОЕННЫЙ НА ИНТОНАЦИЯХ ЧЕЛОВЕЧЕСКОЙ РЕЧИ, НО, В ОТЛИЧИЕ ОТ РЕЧИ, НЕ НЕСУЩИЙ КОНКРЕТНОЙ ИНФОРМАЦИИ.

Она только постоянно напоминает нам – это о грустном, а здесь возник вопрос и появилась надежда. На что надежда? Да у каждого своя! А появилась – у всех.

В пользу моей теории говорит еще вот что: насколько восточные, так называемые тональные языки отличны от европейских, настолько и восточная музыка отлична от привычной нам: и интервалы в ней другие, и ритмы, и размер. Это та же калька – просто с совершенно другого языка.

Зачем нам все это? Не знаю – мне было интересно понять, что древняя музыка несет нам интонации речи давно умерших людей, а русская классика – отголоски языка Гоголя, Бунина, Чехова, Толстого. О чем они нам рассказывают?

Прекрасные разговоры за стеной.

Еще стало возможным объяснить, почему эта песня плохая. Раньше просто чувствовал – плохая, а теперь могу объяснить. Вот что интересно: почему хорошая или тем более гениальная – не объяснить. Невозможно объяснить присутствие Ангела. Так что эта теория – не руководство для стахановского метода создания хороших песен. И все-таки.

Как написать песню

Смешное название, правда? Это я специально – всем же интересно, как написать песню, которую завтра запоет вся страна, а он, наверно, знает.

Я не знаю, как написать песню, которую завтра запоет вся страна. Честно. Страна сама решает, что ей завтра запеть, и выбор ее все более непредсказуем. Так что если вы поставили перед собой такую задачу – лучше сразу смените профессию. Амбиция в этом деле плохой помощник. Может быть, я просто помогу вам уберечься от самых грубых ошибок на уровне ремесла. И тут моя теория вам не помешает.

Иными словами, никто и никогда вас не научит, как написать хорошую песню. Или хорошую картину. Можно попытаться научить отличать хорошую картину от плохой –

в детстве, когда мы еще способны что-то воспринимать и не считаем себя умнее других. Это совсем не значит, что из ребенка вырастет художник. Это называется воспитание вкуса. Страна, между тем (любая страна), в это время распевает хором, как правило, что-то ужасное (слава богу, недолго: новое ужасное приходит на смену), ибо общественный вкус — вещь не сильно изысканная, и так было и так будет. Крайне редко возникает ситуация, при которой объектом всенародной любви становились действительно великие песни: так было с Битлами (применительно ко всему человечеству), так было с некоторыми песнями Великой Отечественной войны или с песнями Высоцкого (применительно к нашей стране).

А песня вообще-то — искусство массовое. Я не верю человеку, который говорит, что пишет песни исключительно для себя и ему плевать, что о них думают другие. Песня — это чтобы пели.

Каждый день я получаю по почте, от знакомых своих знакомых, на концертах диски с записями начинающих авторов. С просьбами дать оценку или помочь с продвижением. Песни эти чаще всего очень нехороши. Чем песня хуже, тем настойчивее автор требует помощи. Я не знаю, как им помочь. Некоторые считают, что я могу взять за руку и отвести в место, из которого песни становятся знаменитыми.

Нет такого места.

Если же мне не удается избежать прямого диалога, то выглядит он примерно так: «Скажите, а что изменится, если я послушаю ваши песни? Независимо от того, понравятся они мне или нет?» — «Я хочу, чтобы вы сказали мне, продолжать мне писать или нет». — «Не пишите». — «А почему вы так сразу?» — «Потому что если вы сомневаетесь, заниматься ли вам этим, и решение зависит от чьего-то мнения — лучше не надо».

Ко мне приходит Саша Кутиков (или Женя Маргулис) и говорит: «Слушай, я написал офигенную песню». После чего напевает мотив под гитару.

Это еще не песня. Это красивая мелодия, которая может стать песней. Если понять про что эта мелодия. Если не понять — можно сочинять какие угодно строчки, выпиливать какие угодно рифмы — ничего не выйдет, песня будет запорота. Сколько хороших мелодий угробили бездарными словами!

Я забираю мелодию, учу ее наизусть, хожу с ней днем и ночью, и она непрерывно играет в моей голове. Я прислушиваюсь к разговору за стенкой. О чем это? Я же слышу интонации! Иногда, чтобы расслышать хотя бы одну фразу из-за стенки, требуется пара дней. Иногда — год. Иногда так и не удается ничего разобрать, и тогда мне кажется, что мои друзья на меня обижаются.

Если расслышал — вся остальная работа делается быстро, это уже дело техники.

Вечный спор на тему, что в песне главнее — музыка или слова, есть дискуссия о том, что важнее — ноги или крылья. Хвост, едрена мать.

Первое поколение российских рокеров росло и училось, старательно переигрывая и перепевая песни наших старших западных товарищей. Кое-как научились играть. И даже петь по-английски, не понимая ни одного слова. Когда возникло желание петь на родном языке, начались проблемы. Ну да, игру на инструментах можно было срисовать, а примеров русскоязычного пения такой музыки — не было.

Ой, сколько всего смешного происходило!

Чуть позже на эстраде появились ВИА — вокально-инструментальные ансамбли, наш ответ Битлам. Пожалуй, самое чудовищное совковое явление на эстраде. (Не обижайтесь, не обижайтесь — я знаю, что вы по ним двадцать лет назад с ума сходили, а сейчас еще ностальгия накатила — любите, пожалуйста, дай вам бог здоровья!) Музыканты, лабавшие на репетициях Джимми Хендрикса и Лед Зеппелин, надевали по команде одинаковые пиджаки с вышитой на лацкане лирой, вставали на сцене по стойке «смирно» и слегка кастрированными голосами (такой специальный вокально-инструментальный голос — полумужской-полуженский) выводили песенки про то, как веселей, ребята, выпало нам строить путь железный, а короче — БАМ, про то, как не надо печалиться — вся жизнь впереди, и иногда про несчастную любовь.

Я не верю, что им нравилось то, что они делали. Все понимаю — не разрешалось иначе, «время такое было, сынок», — но никто же не загонял туда палкой!

Недавно мне показали закрытую (!) инструкцию тех лет, предназначавшуюся звукорежиссерам фирмы «Мелодия» (а другой-то и не было!) для записи вокально-инструментальных ансамблей. Вот что там сказано дословно: «При записи инструментов избегать резких тембров, добиваться мягкого, приглушенного звучания. При записи электрогитары не использовать исказители типа „фу"» и „квак"». Хороший рок-н-ролл. Ну ладно, стихи Совку не нравились, но уж тембры-то, звук! Кожей свободу чуяли, собаки, даже в звуке. Ай, молодца.

Извините, отвлекся. Столько лет уже прошло, а все никак не могу успокоиться.

У меня ощущение, что хороших композиторов все-таки больше, чем хороших поэтов-песенников (звучит-то как противно — «поэт-песенник»! Дает тебе человек такую визитку — и сразу хочется убежать.) Потому что, как правило, композитор изначален — сиди себе да сочиняй мелодии! Сочинил — и идет к поэту: напиши слова. А поэт не может — не привык сочинять стихи на чей-то непривычный размер, или чувствует, что чего-то не слышит – не работал с музыкой, или просто не хочет: он занимается высоким искусством, а тут – песня, эстрада, ширпотреб. Говно, в общем. А композитор, в свою очередь, очень хочет подарить свою песню человечеству. Или продать за деньги. Он-то убежден, что у него в руках уже готовый шедевр. Ну, почти готовый – подумаешь, слова срифмовать! Не все композиторы слышат музыку слова, вы уж мне поверьте. В результате получается то, что получается.

Можно, я не буду приводить примеры, хорошо? В одной стране живем, один воздух нюхаем.

Давайте я вам лучше покажу как работают самые элементарные принципы соединения музыки и слова – на примере очень хороших песен. Уверен совершенно, что при создании этих строк авторы никакими такими принципами не пользовались: поэт такие вещи просто слышит и по-другому сделать не может, если он поэт.

Вроде бы проще не придумаешь: ударный слог в слове, положенном на мелодию, должен звучать выше, чем остальные. Мы ведь, делая ударение в слове, произносим ударный слог не громче, а выше – никогда не замечали? Вот вам великая русская народная песня «Шумел камыш» (уж тут-то неизвестный автор точно ни к каким правилам не прибегал – вы что, смеетесь?)

«Шумел камыш, деревья гнулись, и ночка темная была».

Смотрите, как все совпадает. Может вызвать вопрос слово «камыш», но после него идет пауза, и эта пауза работает на ударение не хуже. Слова и мелодия срослись.

Или еще: «Прощай, любимый город, уходим завтра в море». Все идеально, а секундные понижения в словах «любимый» и «завтра» – это же просто спрятанный всхлип, когда ком стоит в горле и голос дрожит!

А вот загадка: великая песня «Темная ночь». Смотрите, в каждой первой строчке куплета правило нарушено! «Темная ночь…», «Ты меня ждешь…», «Верю в тебя…». Ударный слог не совпадает с построением мелодии. А дальше – все как положено! Случайно ли? Не верю – в шедеврах случайностей не бывает. Что-то заставило автора первые – самые главные – строчки каждого куплета построить чуть-чуть иррационально, заставить наш подсознательный слух сработать, что-то не гладко! И еще – когда мы говорим шепотом, мы не используем ударение (а еще и ровно половину согласных – не замечали?) Не поэтому ли?

Знаете, какая самая популярная песня в мире? Чаще всего звучащая, чаще всего исполняемая? Она называется «Бесаме мучо». То, что она номер один установлено доподлинно: она собрала самое большое количество авторских отчислений, применительно к миру эта статистика не врет. Песню эту написала совсем молодая девочка. «Бесаме мучо» в переводе с португальского означает «целуй меня крепко». Вот интересно: насколько я помню, русскоязычной версии этой песни не существовало, хотя была она у нас так же популярна, как и везде, а в подобных случаях всегда находился ушлый мастер, лепивший русский перевод – как правило, отчаянно плохой. Помните, голос за стенкой? Мелодия этой песни настолько точно воссоздает интонацию грустного и страстного признания в любви, что слова уже не нужны – они сами возникнут у вас в голове, вызванные из подсознания интонацией. И пусть они у каждого будут немного разные – смысл признания в любви от этого ведь не меняется. И как хорошо что непонятный напевный иностранный язык не мешает нам это слышать! Бразильский португальский язык вообще очень похож на русский по звучанию, то есть фонетически. Так и мелодии у них невероятно похожи на наши – и только ритмы самбы, на которые эти мелодии нанизаны, вбивают пограничные колья. Ритм – это уже вопрос крови. То же самое происходило с песнями Битлов: тексты их звучали как мантры и работали как мантры, и слышали мы за ними гораздо больше, чем в них было написано. Какой магией окутала нас песня «Girl», чудом попавшая в 1968 году на советскую сборную пластинку «Музыкальный калейдоскоп»! А потом нашелся тугой на ухо человек, родивший перевод: «Я хочу вам рассказать, как я любил когда-то...» Валерий Ободзинский спел. Обоих хотелось застрелить.

А ведь помимо мелодии существует еще гармония и ритм. О ритме позже. А гармония – чтобы не устраивать тут музыкальный ликбез – это, образно говоря, система дорожных знаков, ориентируясь на которые, движется мелодия. Логические последовательности аккордов называются секвенциями и бессовестно кочуют из шлягера в шлягер. И вот что интересно: английские, ирландские, шотландские, американские народные песни базируются в основном на мажорных секвенциях, соответственно и мелодии у них мажорные. Русские, цыганские, еврейские (я имею в виду европейских евреев) – соответственно русский романс, вся блатная лирика и советская эстрада – на минорных секвенциях и минорных мелодиях. У нас в разговоре больше грустных интонаций? Как живем, так и поем? (Интересно, что в последнее время западная эстрада заинтересовалась минорными структурами, стала обминориваться на глазах. Им просто мажорные краски надоели или жить стали хуже?)

И знаете еще что? Таких вопросов и ответов на них можно найти множество, и невидимые параллели станут видимыми, но у меня нет задачи написать диссертацию и утомить вас окончательно. Во-первых, я указал направление, и, если вам интересно, можете продолжить поиски сами. Во-вторых, знание всех законов мира, включая доныне нераскрытые, не делает вас талантливее. А талант — это то самое качество, которое вдруг велит тебе сделать все наоборот, все неправильно, и убаюканный привычной гармонией мир взрывается.

Гораздо чаще не взрывается. Таланту не хватило.

Нет, ребята, ничему я вас не научу. Потому что в искусстве всегда будет элемент необъяснимого, казалось бы, нелогичного, заставляющего мурашки бежать по спине и делающего ремесло как раз искусством.

Как бы искусствоведы не тужились.

Про инструменты

Я безумно люблю музыкальные инструменты. Это не связано напрямую с тем, как они звучат, тут как раз есть более и менее любимые. Я люблю их как *безупречные произведения искусства, где каждый изгиб формы отшлифован веками. Некрасивых инструментов нет – будь то бубен якутского шамана, виола да гамба или сверкающий золотом саксофон. Если вы сомневаетесь в собственном вкусе при выборе картины для интерьера – повесьте на стену скрипку.*

Дома у меня живет огромное количество самых разных музыкальных инструментов. Я отнюдь не владею каждым из них в совершенстве, но в состоянии разбудить голос каждого. И процесс этот доставляет мне великое наслаждение. А какая благородная возложена на них задача – не долбить стены, не убивать живое, а звуча, вызывать ангелов и делать людей лучше – пусть ненадолго. Я большой нелюбитель модных ныне оккультных словечек типа «аура», «энергетика», но в хороших инструментах остается что-то от хороших музыкантов, на них игравших, вы уж мне поверьте. Изготовить настоящий инструмент без любви невозможно, одного мастерства будет мало, и играть на нем настоящий музыкант без любви тоже не сможет. Коллеги не дадут соврать, когда к тебе в руки попадает долгожданный новый инструмент, ты с удивлением замечаешь, что твои исполнительские возможности вдруг несколько выросли (увы, ненадолго. Примерно как с женщинами). Многие хорошие песни были написаны в результате первых контактов с какой-нибудь новой замечательной гитарой. Что такое вдохновение, черт его разберет. Дальнейшие главки не имеют никакой практической, а тем более научной ценности – сплошные эмоции. Так что если вы открыли эту книжку исключительно в поисках полезной информации, можете смело их пропустить.

Барабаны

Вообще-то, это самый первый, самый древний музыкальный инструмент. В тот момент, когда прачеловек испытал потребность произвести звук с целью создания звука, он ударил палкой по пустому внутри дереву. И очень долгое время музыка барабанов служила отнюдь не для удовольствия, с помощью барабанов общались с богами и духами (значительно позже с ними шли в бой, уже забыв о том, что призывают ими в этот момент богов и духов в помощь, просто маршировать легче). Буддисты и шаманы используют барабаны и бубны по назначению до сих пор.

До сих пор мы говорили о музыке только как о мелодии. А ведь есть еще ритм. И что пришло к человеку раньше?

Мир, в котором мы живем, пронизан ритмами. Солнце всходит и заходит, зима сменяет осень, чтобы вслед за ней пришла весна, волны накатывают на берег – все это ритмы. Внутри каждого из нас стучит и не умолкает самый главный ударный инструмент – сердце, и мы живы, пока слышим его удары. Переплетение ритмов разной частоты создает сложнейшую паутину, в которой мы существуем, сами того не осознавая и не ощущая, вернее, не давая оценку своим ощущениям.

Мне кажется, что воздействие звуковых частот на человека изучено больше, чем воздействие ритмов. Хотя, строго говоря, частота – это тоже ритм: количество герц – количество колебаний в секунду. Известно, что частота 8 герц способна вызвать у человека чувство безотчетного страха, а усиленные 6 герц чуть ли не смертельны. А вот композиторам известно, что темп 120 (то есть сто двадцать ударов в минуту) – коронный темп музыки в стиле «диско» – залог успеха будущего шлягера. Почему?

Знаете, что такое резонанс? Это когда колебания (или ритмы) разных носителей совпадают и от этого многократно усиливаются – раскачивают друг друга. Поэтому взводу солдат, марширующему по мосту, приказывают сбить ногу – колебания моста могут войти в резонанс с маршем и мост развалится – такие случаи бывали. Люди, занимающиеся спортом, знают: какой у них пульс после пробежки? Правильно, 120. А после получаса скакания на дискотеке? Правильно. И что происходит? Нет, мы, конечно, не разваливаемся – мы не мост. Но резонируем хорошо.

А у черных еще интереснее. Установлено, что под воздействием ритма в их организмах вырабатывается меланин – вещество, влияющее на пигментацию и одновременно стимулирующее практически все процессы в организме. Негры могут танцевать сутками, питаясь ритмом, слыша кожей. Может, они поэтому такие черные? И танцуют они получше нас.

Русские народные песни, особенно северные, с точки зрения современной музыки неритмичны. Строчка тянется насколько хватает дыхания. (Дыхание наше, заметьте, тоже основано на ритме, просто он значительно более свободный.) Поэтому лично меня коробили старания «Песняров» впихнуть белорусские напевы в жесткую сетку электрогитарного биг-бита. Американские и английские народные песни ложились туда без труда – они изначально были пронизаны этими ритмами. Почему музыкальный этнос одного народа весь основан на ритмах, а другого нет – вопрос необычайно интересный, и не думаю, что сегодня на него есть ответ. Он требует тщательного сравнительного изучения древней истории, культур и обычаев. Общая тенденция: чем южнее живет народ, тем большую роль играет ритмика.

Как я хотел быть барабанщиком! Сидеть на возвышении за горой гулких, звонких, сверкающих барабанов, горящих золотом тарелок, и повелевать божественным ритмом, на который нанизывают звуки своих инструментов музыканты, стоящие внизу! Ты – Бог, ты даришь музыке свой пульс, ты вкладываешь в каждый удар биение своего сердца, ты – мотор машины, называемой группой, и музыканту, не попадающему с тобой в такт, не место на корабле! И они сверяют свой пульс с твоим, как сверяем мы свои часы с сигналами точного времени. Полжизни за барабаны!

В середине шестидесятых в одном из сборников «Вокруг света» фирмы «Мелодия» оказалась песня «16 тонн». Думаю, исключительно благодаря тому, что это песня шахтера, угнетенного капитализмом. Мне потребовалось почти тридцать лет, чтобы выяснить, кто это пел – ансамбль «Platters». Песня состояла из двух аккордов, невероятного баса солиста, еле слышных голосов на подпеве, размытых пространством студии, контрабаса и фантастического барабана, отбивающего слабую долю с монотонностью парового молота. (Простите мне маленький ликбез. С одной стороны, любой человек, когда-либо имевший отношение к музыке, знает, что такое слабая доля, с другой – не все имели к ней отношение. Так вот, если такт музыкального произведения состоит из четырех четвертей, то сильными долями будет первая и третья (РАЗ – два – ТРИ – четыре), а слабыми, соответственно – вторая и четвертая (раз – ДВА – три – ЧЕТЫРЕ). Джаз, блюз и рок-н-ролл основываются на акцентировании слабой доли. Наш народ, воспитанный на маршах, генетически акцентирует сильную долю. Заставить наш зал хлопать на слабую долю практически невозможно. Поэтому я с большим недоверием отношусь к словосочетанию «русский рок».) Эта бешеная слабая доля делала со слушателем чудеса – если человек был не абсолютно глухой, он тут же начинал притопывать и покачиваться в такт. Песня звучала из открытых окон, ее заводили на танцплощадках, народ сочинил изумительно наивные русские слова – про то, что в каждой бомбе 16 тонн – в общем, она стала всенародным шлягером. Я слушал ее не переставая. Быть барабанщиком хотелось еще больше.

Барабанов не было. И стоимость ударной установки в магазине «Лейпциг» на Ленинском проспекте не позволяла надеяться на то, что барабаны у нас когда-нибудь будут. Строго говоря, один барабан был – пионерский, из «Детского мира», нагло-красный, с нечистой кожей неизвестного животного и болтающейся внизу хилой пружинкой для дребезга. В нем было что-то очень скверное, он не являлся музыкальным инструментом. Он был сделан без любви. Наверно, маршировать на плацу и кое-как расстреливать под него еще было можно, но в битловскую музыку он не вставлялся никак. Выбора не было.

Ранец звучал лучше. Ранец был твердый, достаточно ободранный, изрисованный Битлами и исписанный битловскими молитвами. Он имел два хромированных замка-защелки, которые чуть-чуть блындали в своих гнездах, очень украшая палитру звука. Ранец всегда был полупустой – если доверху набить его учебниками, он не звучал, и я контролировал количество содержимого исходя именно из этого обстоятельства. Ранец клался на парту и по нему тихонько барабанилось руками. В голове при этом проигрывался альбом «Please, please me». Звучал ранец божественно. Ведению урока это не мешало. Почти.

Я безумно хотел быть барабанщиком в группе, но все обстоятельства были против меня – некому было играть на гитаре, петь и показывать бас-гитаристу, какую струну где надо зажать в этот момент. Я понимал, что, сидя за барабанами, все это делать я не смогу. Да и отсутствие барабанов, как таковых, в этом смысле подсознательно утешало.

Через год случилось чудо, и барабаны появились – древние, побитые, но самые настоящие барабаны. Тут же оказалось, что по сравнению со звуками, которые издают они, мы звучим тихо и противно. Мы тянулись за ними, как могли. За барабаны сел Юрка Борзов, барабанщик он был примерно такой же, как мы гитаристы, и это было совершенно неважно – Битлов мы любили одинаково безумной любовью. И эта любовь заменяла все – умение петь, играть на инструментах, наличие самих инструментов и аппаратуры. Сейчас меня часто спрашивают: мечтали ли мы о славе, пришедшей много лет спустя. Нет, конечно – вы что, с ума сошли? Слава – возможный результат процесса, мы же мечтали о самом процессе. Мы мечтали об аппаратуре: нам снились усилители, все разговоры были только о динамиках, микрофонах, лампах, дающих мощность в ваттах, сейчас представить себе это невозможно. Так вот, барабаны появились у нас чуть раньше, чем все остальное.

Летом шестьдесят девятого я отрывался. Я удовлетворял свою ненасытную любовь к барабанам каждый день. Наступили каникулы, ребята разъехались, стояла страшная жара, и родители жили на даче. Я перевез ударную установку домой (в комнате она казалась нечеловечески огромной). Я подстелил под нее все мягкое, что было в доме, установил ее лицом к открытой двери балкона, чтобы хоть часть звука уходила на волю, подоткнул двумя спичками проводок от моего магнитофона к радиоле «Эстония», врубил на полную мощность Битлов и сел за барабаны. Я самозабвенно грохотал в унисон с Ринго Старром по пять часов в день. Никто не объяснял мне, как держать палочки и какой рукой следует играть по хай-хэту (я даже не знал, что он так называется, до этого он назывался «чарльстон»). В дневное время все жители дома № 25 по Комсомольскому проспекту находились на работе, а пенсионеры, видимо, на дачах – думаю, что именно поэтому меня не убили и никто не сошел с ума. До сих пор помню многие барабанные партии Битлов, что называется, один к одному.

Мне так и не удалось побыть барабанщиком в группе – не всем мечтам дано осуществиться. Но любовь к барабанам осталась. Она вылилась в собирательство: из своих путешествий я привозил домой этнические ударные инструменты. Никакая это, конечно, не коллекция, коллекция предполагает определенную систему и обязательно конечную цель: например, собрать все типы барабанов африканского континента. Мне же просто нравится слушать их голоса, иногда использовать в записи в качестве тонкой приправы, почти незаметной, но очень характерной краски. Самые любимые – индейские и якутские ритуальные бубны. Они обладают потрясающими голосами, и каждый день голоса эти звучат по-разному – конечно, это зависит от влажности воздуха, от температуры в доме, все понимаю. И все-таки от чего-то еще. Вместе с моим другом – знаменитым врачом-наркологом и психотерапевтом Марком Гарбером мы проводили удивительные эксперименты по заглядыванию в смежные миры с помощью унисонной игры на этих бубнах, и нам есть что рассказать специалистам, вам это будет неинтересно. Могу только вас заверить: шаман не просто так бьет в бубен, не для красоты.

Недавно в Москву приезжал японский ансамбль барабанщиков, в общем, эстрадно-танцевальный коллектив. Но на барабанах они играли на настоящих – на древних, огромных. Самый большой был выше человеческого роста, около двух метров в диаметре и больше всего напоминал сталеплавильный ковш. Я не удержался и после выступления пошел смотреть барабаны. Меня познакомили со специальным японцем, который был к ним приставлен и ухаживал за ними, как ассистент дрессировщика за слонами. Я с удивлением заметил, что на этих огромных барабанах отсутствуют приспособления, позволяющие их настраивать – кожа была закреплена на корпусе намертво. «А зачем их настраивать? – в свою очередь удивился японец. – Они сами знают, как им звучать!»

Сами знают.

Искусство имитации сегодня семимильными шагами идет по планете. Человечество легко поддалось этой заразе: нам сегодня уже объясняют, что искусственный ароматизатор «Запах клубники» гораздо лучше самой клубники – и мы привыкаем. Ко всему человек, подлец, привыкает. Со звуками дело пошло значительно дальше – кулинария вообще самый консервативный жанр, а музыка все время замахивается на революцию. И из всех видов имитации звучания живых инструментов на первом месте по качеству (и, соответственно, употреблению) – имитация барабанов. Называется это – «бескорыстный барабанщик». Сами звуки барабанов уже давно не синтезируются, семплеры хранят в своей электронной памяти сотни настоящих ударов по лучшим барабанам, и удары эти произведены лучшими барабанщиками мира. И звучит все очень похоже, вот только эта сволочь играет безукоризненно ровно. Нечеловечески ровно. И какая-либо эмоция в этой игре отсутствует.

Барабанщик всю жизнь учится играть ровно. Неровный, неритмичный барабанщик – беда для команды. И если удары у него непроизвольно отличаются по силе, а значит, по звучанию, пусть лучше меняет профессию. И все равно в игре каждого хорошего барабанщика присутствует свой штрих, своя интонация, что-то живое внутри этого ровного. Господа! Сердце тоже должно биться ровно, иначе доктор скажет, что у вас аритмия, и при всем при этом оно никогда не будет биться как метроном, правда?

У меня нет доказательств, но я знаю, что употребление человечеством музыки, нанизанной на бездушную механическую долбилку, добром для него не кончится. Мы впускаем внутрь себя неживой, нечеловеческий ритм, и живой ритм нашего организма вступает с ним в резонанс. Нельзя все время есть консервированный заменитель мяса, какими бы приправами его не посыпали. Мы мутируем незаметно для себя самих, но очень быстро. И не воспринимайте это как причитания и брюзжание старого пердуна, который боится электричества. Я абсолютно спокоен. И не хуже вас знаю, что прогресс не остановить. Только большой войной на небольшое время. И мне страшно интересно, во что превратится человечество в результате всего происходящего.

В какие такие флэшки на ножках.

Про бас

С басом было совсем смешно. Я в принципе и в юные годы понимал, что то, что бухает внизу оркестра – это контрабас. Бас-гитара, появившаяся на горизонте неожиданно, в руках у Пола Маккартни, являла из себя загадку. Я видел ее на картинке и знал, что у нее в отличие от обычной электрогитары, не шесть струн, а четыре, сосчитал по колкам. Было даже видно, что это не самые тонкие струны. Что эта гитара делает и как она звучит, я не знал. С помощью моего крохотного речевого магнитофона «Филипс» узнать это было и невозможно: динамик его величиной с крышечку от кефира низких частот не воспроизводил вообще. Бас-гитара в звучании моих Битлов отсутствовала напрочь (поэтому, кстати, и в первой моей группе «The Kids» барабаны и гитары были, а бас-гитары – нет). Я долго думал, зачем она Полу нужна и решил, что он играет на ней всякие низкие сольные партии, скажем, в песне «Day Tripper», непонятно только было, зачем стоять на сцене с инструментом, который звучит так редко, в одной-двух песнях из всего альбома. По счастью, в шестьдесят девятом году в школу приехала выступить на новогоднем вечере группа «Атланты», я услышал бас-гитару и прозрел.

Святое время наивных открытий!

Бас-гитара потребовалась немедленно. Стало ясно, что это главный инструмент после барабанов, разумеется. Настоящая бас-гитара была недостижима так же, как и настоящие барабаны. Выход был один – снять с обычной гитары струны и поставить на нее бас-гитарные. Проблема состояла в том, что бас-гитарные струны являлись еще большим дефицитом, чем сами бас-гитары. То есть чешские и немецкие (производства ГДР) басы раз в полгода выбрасывались на прилавки магазина «Музыкальные инструменты» на Неглинке и универмага «Лейпциг» на Ленинском проспекте, и струны на них стояли. Запасных струн в продажу не поступало. Инструменты в течение получаса сметались с прилавков бравыми фарцовщиками, чтобы на следующий день осесть в руках счастливых музыкантов по двойной, а то и тройной цене. Новый хозяин понимал, что гитару ему небо послало со струнами, и новых не будет. Поэтому примерно через полгода игры струны аккуратно снимались, сворачивались бубликом, укладывались в кастрюльку, заливались кипятком с добавлением соды и варились минут пятнадцать. После чего извлекались из кипятка, просушивались и аккуратно ставились на гитару опять. Считалось, что эта процедура продлевает им жизнь.

Не знаю. Теперь уже не знаю.

В общем, я придумал ставить на обычную электрогитару четыре виолончельных струны. Они были чуть толще гитарных и звучали гораздо мягче. Они и сами были гораздо мягче и очень быстро продавливались на ладах и переставали звучать совсем, но их хотя бы можно было купить в магазине. Проблема бас-гитары была временно решена. (Поразительное дело! Сам Маккартни рассказывал, что он в этом же возрасте и в такой же ситуации тайком выдирал басовые струны из школьного пианино. А мы-то думали, что только мы такие бедные были. Нет, рок-н-ролл во всем мире начинался примерно одинаково, на пустом месте.)

С появлением бас-гитары возникла новая проблема: ее надо было во что-то включать. Причем включать ее в транзисторный приемник «Спидола», магнитофон «Айдас» или проигрыватель «Юность», куда включались обычные гитары, было бессмысленно и даже опасно для вышеперечисленных приборов – маленькие хилые их динамики пукали, трещали, пока проводочки наконец не отлетали от диффузора, и прибор замолкал навсегда. Человек с паяльником был самой необходимой составляющей любой группы – гитаристов много, а он один. Для бас-гитары требовался отдельный усилитель со специальным низкочастотным динамиком. Советская промышленность выпускала такой динамик, но купить его в магазине, конечно, было нельзя. Назывался он «2-А-9», размерами и весом приближался с крышке канализационного люка, и располагался в кинотеатрах и домах культуры за экраном. Оттуда его обычно и тырили – либо сами музыканты, либо работники кинотеатра с целью загнать тем же самым музыкантам. А зрители в кинотеатре потом еще долго недоумевали: что-то звук у фильма сделался какой-то комариный – тихий и писклявый.

Какую замечательную выставку можно было бы сделать, если бы доплыли до нас по морю времени невероятные рукотворные усилители и колонки – пиленые и рубленые ящики в человеческий рост, обклеенные дерматином или крашеные тушью, украшенные чемоданными уголками, затянутые веселеньким ситчиком или капроном, с неподъемными динамиками ленинградского завода «ЛОМО» внутри! Каким неистовым желанием извлекать звук из электрогитар надо было обладать, чтобы на свет появились эти чудовища! И потрясенные зрители бродили бы среди этих боевых дредноутов семидесятых, смотрели и не верили.

Время, время...

Играть на бас-гитаре оказалось проще, чем ее озвучить. Надо было просто представлять себе, какой аккорд в этот момент берется на обычной гитаре (или просто следить за левой рукой гитариста) и зажимать самую толстую струну на том же ладу. Если при этом ты еще умудрялся брать эту ноту одновременно с большим барабаном, ты был очень хороший бас-гитарист. Самому мне первые годы на басу поиграть не удавалось – гитара была все-таки важнее, и я применял эту разработанную мной методу к новообращенным битлам, соглашавшимся попробовать себя в роли бас-гитаристов.

Работало безотказно.

Распутывать клубочек времени можно и дальше – и как появилась первая настоящая бас-гитара, и насколько беспомощным сразу оказался агрегат с виолончельными струнами, так любовно мною изготовленный, как мы мотались по городам и весям (чаще – по весям), когда до столицы доползал слух, что где-то в Новочеркасске живет безумный изобретатель, построивший по собственному проекту динамик невиданной силы, и сколько было радости и разочарований. Конечно, очень здорово, что сегодня любой может зайти в магазин и выбрать себе инструмент или усилитель по вкусу и возможностям – были бы деньги и желание. Я не то что не верил в такое будущее – это просто невозможно было себе представить по определению. Единственное, что мы потеряли – это возможность испытать нечеловеческое счастье, когда после всех мытарств и неудач ты наконец становился обладателем долгожданной гитары или ящика с японским динамиком внутри.

Ну да бог с ним, со счастьем.

С контрабасом связаны совсем другие ощущения. Контрабас не являлся битловским инструментом, поэтому любовь к нему возникла значительно позже: когда, уже объевшись разнообразным рок-н-роллом, я стал замечать, что звучит иногда вокруг и другая музыка.

Ходить далеко было не надо. Отец очень любил джаз и слушал его дома постоянно – к этому моменту у нас уже появилась радиола «Эстония», довольно прилично по тем временам воспроизводившая низкие частоты, так что контрабас был слышен. Контрабас нравился со всех сторон: внешним видом, то есть размерами, и звуком. Размеры потрясали – такая огромная скрипка! В этом было что-то сюрреалистическое. Человек, несущий по улице контрабас, вызывал острую смесь сочувствия и уважения. Что же касается звучания – контрабас оказался гораздо более эмоциональным инструментом, чем бас-гитара – он практически разговаривал. Гриф, лишенный ладов, давал музыканту гораздо больше возможностей выражать свои эмоции. Он же по той же причине был значительно более строгим, требовал более точной игры. В общем, по всем параметрам контрабас получался более серьезным инструментом. Очень хотелось попробовать самому извлечь из него звук, но ни контрабаса, ни контрабасистов в достижимом радиусе не появлялось – в московском рок-н-ролле контрабас не использовался, а джазисты ходили своими дорожками, считая рокеров музыкальными недоносками и не подавая им руки. Поэтому первый контакт произошел не так уж давно – лет десять назад, когда я в поисках новых красок решил записать пластинку с группой «Папоротник». Это была такая развеселая, почти уличная команда, и в составе у них была скрипка, аккордеон, ударные и контрабас. Гитара как раз отсутствовала, что меня и привлекло, хотелось немножко от нее убежать, к тому же моей собственной было вполне достаточно. Наличие же контрабаса сыграло главную роль – я уже влюбился в этот огромный нелепый инструмент. Контрабасист в «Папоротнике» оказался, прямо скажем, не очень. Но, во-первых, выбирать было не из кого, а во-вторых, мне на первых порах хватало самого контрабасного звука – партии можно было играть самые простые. Сочетание низкой бархатной ноты контрабаса с аккордом моей акустической гитары вызывало у меня трепет – особенно если удавалось взять то и другое одновременно.

В искусстве имитации звучания живых инструментов электроника продвинулась далеко, но успехи по всем фронтам разные. Весьма похоже могут звучать барабаны, бас-гитара. Похоже звучит струнный оркестр. С роялем немного хуже. С духовыми хуже. А вот с контрабасом беда – звук его настолько живой, настолько богатый обертонами и настолько разный в зависимости от нюансов игры, что ни в какие электронные консервы он не помещается – обман сразу слышен. Правда, играть на контрабасе должен мастер.

Вообще на любом инструменте должен играть мастер, но при игре на контрабасе нехватка мастерства особенно заметна. Когда я это понял, в команде появился великолепный контрабасист, а еще – потрясающий пианист, а еще фантастический барабанщик, а еще отличный трубач, и называться команда стала «Оркестр Креольского Танго».

Но это уже совсем другая история.

И еще раз про гитару

Казалось бы, хватит уже, сколько можно. Не могу, снова и снова возвращаюсь к великой загадке гитары. Сколько музыкальных инструментов придумало человечество, а именно гитара стала самым любимым и самым народным. Почему? Думаете, из-за Битлов, из-за рок-н-ролла?

А не наоборот?

Не рок-н-ролл ли появился благодаря гитаре? Не гитара ли увела твист и буги от элитарного джаза в народ? Не народная ли любовь заставила умельцев тридцатых годов подарить гитаре электрический голос? А до этого был блюз – и он тоже родился благодаря гитаре. А еще гитара была оружием бардов по всему миру. А еще она пела в руках цыган по всему свету. А еще…

Во первых, гитара – какой-то очень соразмерный человеку инструмент. В соотношении размеров человека и гитары спрятано золотое сечение (не промерял, но убежден – глаз не обманывает). На Гавайских островах играют на маленьких гитарках. Такая гитарка называется «уклел» или «укулелле», она меньше обычной в два, а то и в три раза и звучит гораздо выше (это, кстати, и есть настоящая гавайская гитара, а не то, что мы привыкли ей считать. То, что мы привыкли, называется «steel guitar» и выглядит и звучит совсем иначе). Так вот, это очень забавный инструмент, но всерьез полюбить его на всю жизнь невозможно, хочется сдать в кукольный театр. Как нас при Совке заставляли полюбить русские народные инструменты – балалайку, например. Или украинскую домбру. Гитара, напротив, не поощрялась – она считалась символом мещанства. Не получилось – не заиграли барды на балалайках.

Диапазон гитары совпадает с диапазоном человеческого голоса – это свойственно совсем не каждому инструменту. Поэтому очень часто в песнях – «Поговори же ты со мной, подруга семиструнная...» У гитары человеческий голос, с ней можно говорить дуэтом. Мне кажется, это важное качество.

Далее. Овладеть гитарой просто. Поймите меня правильно. Я говорю не о вершинах исполнительского мастерства. Я говорю о том минимуме, который позволит вам задушевно напевать в компании десяток любимых песен. В общем, три аккорда. Вы освоите их за неделю. Применительно к скрипке этого времени не хватит даже на то, чтобы научиться ее правильно держать. Рояль испугает вас количеством черных и белых клавиш, да и таскать его с собой сложно. Баян... в общем, баян не пошел.

А гитара пошла.

Я берусь за неделю обучить трем аккордам медведя. Если ему постричь когти. И если он проявит хоть малейшее желание.

Исключения крайне редки. Никогда не забуду своего школьного учителя физкультуры Игоря Палыча. Он обожал песни Высоцкого, а я ненавидел физкультуру, поэтому соглашение родилось само собой – я научу его играть на гитаре, а он закроет глаза на мои нерегулярные посещения его предмета.

Игорь Палыч действительно освоил необходимые три аккорда крайне быстро. Он даже запомнил, в какой последовательности их следует зажимать, чтоб получился Высоцкий. Дальше происходило невообразимое: Игорь Палыч брал первый аккорд и начинал осторожно петь. Причем темп его пения чуть-чуть либо отставал, либо опережал темп его игры. И если в первом куплете это еще можно было терпеть, стиснув зубы, то к середине второго песня неумолимо разъезжалась в разные стороны. Я пробовал повторить это чудо полиритмии – у меня даже близко не получалось.

Недавно мы с Сашей Розенбаумом и маленькой компанией друзей путешествовали на лодке по реке Парагвай – это юг Бразилии. Места вокруг простирались дикие, мы днями не встречали ни одного человека. А на пятый день наткнулись на крохотную деревушку – школа и домик учителя. В эту школу свозили индейских детей со всей округи. Их там училось восемь человек разного возраста. Школа представляла собой соломенную хижину – три стены и крыша. И на одной стене висело восемь гитар – по количеству учеников.

Это была не музыкальная школа. Обычная.

Здорово, да?

Человечество глохнет

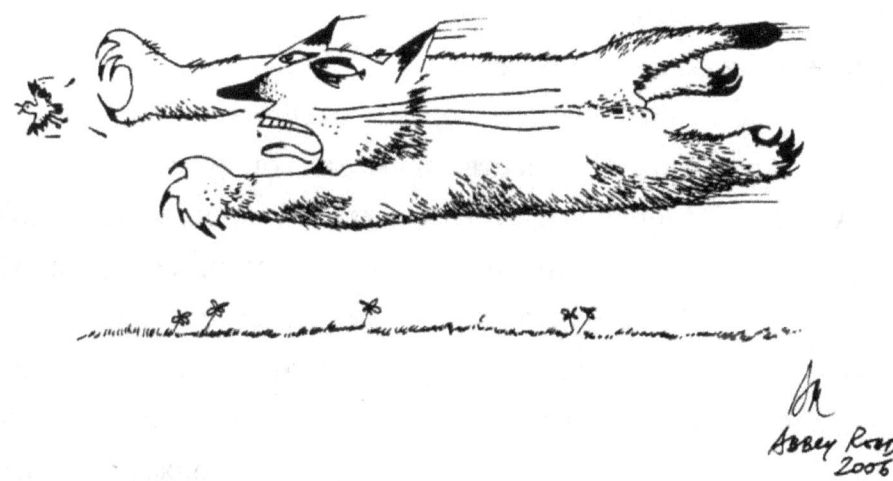

Человечество глохнет. То есть оно и слепнет, и глупеет, но это темы для другого исследования. Среда, окружающая нас, с каждым днем становится насыщенней и агрессивней, и у нашего организма один выход – спасать себя. А значит – защищаться.

В естественной, природной среде каждый звук ценен, потому что он несет тебе конкретную и важную информацию. Зашумело в ветвях – значит, начинается ветер, застучали капли по листьям – пошел дождь, хрустнула ветка – кто-то идет, не к тебе ли?

Жизнь в городе наполнена несметным количеством совершенно бесполезных для тебя звуков: несутся машины под окном, пролетел самолет, грузчики матерятся во дворе, разгружают трубы и эти трубы жутко гремят, в телевизоре кто-то хохочет или рыдает. Сосед-сволочь второй день сверлит стену – и что тебе от этого знания? Учимся не замечать.

И вот мы начинаем бояться тишины. Чувствуем себя дискомфортно. Придя домой, сразу включаем телевизор – не смотреть, нет, он вообще в другой комнате – просто чтоб кто-то разговаривал. Я знаю девушек, которые элементарно не могут общаться, если в качестве фона не играет какая-нибудь музыка – все равно какая.

А музыка – это, вообще-то, чтобы слушать.

О каком, к черту, качестве звука мы говорим?

Один мой товарищ рассказал мне об очень интересной теории – теории ухудшающей конкуренции. Представьте себе компанию, выпускающую музыкальные комбайны – бытовую музыкальную технику. Их техника являет собой эталон стабильного среднего качества – хороший ширпотреб. Эта компания завладела рынком, и что должна сделать конкурирующая компания, чтобы ее подвинуть? Самый простой способ – выбросить на рынок аналогичный продукт за меньшую цену. При этом и качество его несколько понизится, это неизбежно, но об этом мы кричать не будем, а вот о том, что на рупь дешевле – обязательно. Сработало, и вот уже продукция победившей компании заполоняет рынок, и ее чуть пониженное качество назавтра становится эталоном. Что должны сделать следующие конкуренты? Правильно!

Это несколько упрощенная схема, но в целом понятно, правда?

Когда мы записывались на студии «Эбби Роуд» (мы поехали туда не за пафосом и не из желания быть, как Битлы, клянусь. Мы поехали за Звуком), я пел в микрофон «Пато Маркони», изготовленный в одна тысяча девятьсот сорок восьмом году. В этот же микрофон в свое время пела Элла Фитцжеральд, Фред Астер, Джон Леннон. Микрофонов этой модели на студии «Эбби Роуд» семь (а самой студии, на минуточку, семьдесят шесть лет!), их там берегут как зеницу ока – не потому что в них пели великие, это студия, а не музей – просто они звучат так, как никакие другие микрофоны в мире не звучат. Самые современные не звучат. Странно, правда? Вроде и наука идет вперед, и технологии не стоят на месте.

МР-3 – очень удобный формат. Скачал две тысячи песен в спичечный коробок и ходишь себе, слушаешь. Звучит, конечно, чуть хуже, чем CD, но ведь это только чуть-чуть – зато две тысячи! А разницу в качестве звука ты через час уже и замечать перестанешь. А завтра и сидишки канут в прошлое – как устаревший носитель. И неуемное человечество придумает новый – какой-нибудь МР-6, и можно будет уже десять тысяч песен мгновенно скачать себе под ноготь или в специальное дупло зуба, а то, что звучит это дело чуть хуже, чем МР-3 – ерунда, привыкнем.

Есть еще в мире обеспеченные безумцы, приобретающие себе за огромные деньги суперхайэндовскую студийную акустику, ламповые усилители, вертушки на мраморных столах и провода с платиновыми контактами чтобы все это соединить. Это не из желания расстаться с деньгами – это ради настоящего Звука. Динозавр последний раз бьет хвостом. В мире даже наблюдается возрастающий интерес к винилу (боюсь, увы, ненадолго), и на нем переиздаются старые альбомы и кое у кого выходят новые. А винил отличается от CD на столько же, насколько CD от МР-3, и словами это описать невозможно – это надо услышать.

Если пока еще есть чем.

Совсем недавно изобрели электронную музыку. (Я имею в виду не электрогитару, где живой звук инструмента усиливается и если надо, трансформируется. Я говорю о синтезированных звуках.)

Человечество ахнуло – какая красота! Да это новое рождение музыки! Да здравствует прогресс! Прошло несколько лет – наигрались. Новорожденное чудо оказалось пустышкой, годной разве для озвучивания низкобюджетных фантастических фильмов. Ибо жизнь в мертвые звуки не вдыхалась. Все там было – кроме живых обертонов, делающий неживой голос живым. То есть того, что отличает живые инструменты. Человек слышит за время жизни, наверное, сотни тысяч голосов, а голос своей любимой узнает даже через телефонные помехи мгновенно.

Какие мы, оказывается, разборчивые!

Тогда электроника кинулась имитировать живые инструменты. В самом деле – что проще: возить с собой симфонический оркестр или небольшой клавишный инструмент, этот оркестр практически заменяющий?

Практически. Это слово в русском языке выполняет довольно странную функцию, а мы и не задумываемся. «Я практически не опоздал» – это значит, все-таки опоздал. «Я практически попал в цель» – значит не попал! Практически заменяющий – не заменяющий.

Либо заменяющий, согласно теории ухудшающей конкуренции. И соответственно – нашей растущей глухоте.

Стремясь уйти от электронного звука, придумали мелотрон. Это и не электронный инструмент – на кольца пленки записаны ноты, сыгранные на живых скрипках, виолончелях, духовых. Ноты, сыгранные хорошими музыкантами. Нажимая на клавиши, ты включаешь звучание этих записанных нот. В основе все живое, правда?

Попробуйте записать на любой звуконоситель сто слов, произнесенных лучшими чтецами, а потом составить из этих слов рассказ. Вам станет страшновато – люди так не говорят. Это вы сегодня еще заметите. Пока. А разве со скрипками не то же самое?

Отличите, нет?

Сегодня мелотрон уже стоит в музее. Кольца магнитофонной пленки заменили на микрочипы, несущие цифровую информацию.

И что изменилось?

Хороший биг-бенд – это когда роскошные щеголеватые ребята хором рассказывают тебе веселую и слегка интимную историю. Держат тебя за своего. Партия этого же биг-бенда, сыгранная нота в ноту на электронном заменителе, может, и вызовет в твоем воображении сверкание дудок и белые пиджаки музыкантов, а лиц ты уже не увидишь, и никакой сопричастности не ощутишь, и из истории уйдет весь шарм и вся соль. Анекдот без последней фразы.

Ну, натуральная кожа и кожзаменитель – так понятно? С двух метров – один к одному, а на ощупь – не то, и пахнет дерьмом, и вся спина вспотела.

И вот еще что. Никогда в истории человечества музыка не вела себя по отношению к человеку так агрессивно. Она всего каких-то сто лет назад стала достоянием, как сказал бы Ленин, широких масс. Одновременно с изобретением звукозаписи. А до этого светская музыка была привилегией человеческой верхушки (это, дай бог, одна тысячная часть населения), церковная музыка жила в храмах и соборах, а народ развлекал себя сам, правда, это тоже была музыка. Три этих направления не пересекались, и музыка не гонялась за человеком и не набрасывалась на него. Любое исполнение музыкального произведения – даже в крепостном театре – было единственным и уникальным, и нельзя было поворотом ручки убрать громкость или нажать на «стоп», если, конечно, барин не выходил из себя. С изобретением радио музыка хлынула в наши уши, а звукозапись сослужила двойную службу: с одной стороны у каждого появилась возможность услышать великих музыкантов и великие произведения, с другой стороны, оказавшись на пластиночке, музыка девальвировалась до «чего изволите?» «Сними Паваротти, поставь Моцарта, сделай потише и пусть несут горячее!»

Сегодня музыка несется на нас отовсюду, только электроутюг еще не поет, но это ненадолго. Причем это не та музыка, которую мы хотели бы слышать. Вы хоть помните, чего вы хотели? Или вам так и не дали понять? Смиряемся, выбираем из того что есть, переключаем диапазоны радиостанций – одна другой лучше.

Жуем кожзаменитель.

Друзья мои. Шесть с половиной миллиардов людей, населяющих нашу планету, плывут в неизвестное будущее бескрайней рекой, и мы с вами – песчинки в этом потоке. И если вы думаете, что вы волей своей и действиями способны изменить это течение, умерьте гордыню. Мы думаем, что мы делаем, а на самом деле с нами происходит (это, кажется, Гурджиев). Но... Нам с вами посчастливилось родиться и жить на удивительном повороте этой реки, в эпоху Великой Музыкальной Революции, и мы свидетели уникальных музыкальных событий и явлений, и чудо нашего момента состоит в том, что еще помнят и чтят Великих Позавчерашних, еще любят Великих Вчерашних, и пока есть возможность услышать Великих Сегодняшних. Будут ли Завтрашние? Бог даст, будут. Конечно, будут. Просто Река бежит быстрее и быстрее, а за поворотом – понесет, и не будет уже ни Позавчерашних, ни Вчерашних, их место займут редкие Сегодняшние и то вряд ли: не такие уж они и великие, а память человеческая стремительно укорачивается обратно пропорционально скорости течения.

Вы еще не поняли, что нет ничего Вечного?

Так вот, мы с вами сегодня на удивительном повороте. И у нас еще есть возможность услышать грозные библейские пророчества Баха, светлые и грустные повести Рахманинова, милые женские рассказы Шопена, безумные саги Майлса Девиса – истории без слов. Есть еще возможность пропустить через себя электричество Битлов, языческие пляски Джаггера, восхититься полетом голоса Эллы Фитцджеральд, с удивлением ощутить улыбку на лице, слушая трубу Армстронга.

Мы еще не потеряли способность вдруг заплакать от сочетания нескольких божественных звуков – как нас ни глушат.

Не упускайте свой шанс, друзья мои. Жизнь коротка.

Что за жвачку вы там жуете? Выплюньте немедленно!

Москва – Кабо Верде, 2008

Содержание

ВСЁ ОЧЕНЬ ПРОСТО..................3

Фотоальбом..................155

ДОМ 166

ВНАЧАЛЕ БЫЛ ЗВУК 230

    Звуки детства 233

    И снова про битлов..................250

    Что такое музыка 256

    Слова и ноты 262

    Как написать песню 270

    Про инструменты..................278

    Барабаны 280

    Про бас 288

    И еще раз про гитару 294

    Человечество глохнет..................297

В издательстве BAbook вышли книги

Борис Акунин

Серия «ПРИКЛЮЧЕНИЯ ЭРАСТА ФАНДОРИНА»

РАСШИФРОВКИ
(Приключения Эраста Фандорина)

Серия «ПРОВИНЦIАЛЬНЫЙ ДЕТЕКТИВЪ»

«ИСТОРИЯ РОССИЙСКОГО ГОСУДАРСТВА» в 10 томах

ЗЛАТАЯ ЦЕПЬ НА ДУБЕ ТОМ
(Викистория российского государства)

«ЛЕГО»

«СКАЗКИ СТАРОГО, НОВОГО И ИНОГО СВЕТА»

«МОЙ КАЛЕНДАРЬ»

«ГОД КАК ХОККУ»

ИНТЕЛЛЕКТУАЛЬНЫЕ АНЕКДОТЫ,
собранные и прокомментированные
Борисом Акуниным

«МОСКВА–СИНЬЦЗИН»

«ПРОСНИСЬ!»

Акунин-Чхартишвили

«НА САНЯХ»

Анна Борисова

«ТАМ...»

«КРЕАТИВЩИК»

«VREMENA GODA»

Роман Баданин, Михаил Рубин

«ЦАРЬ СОБСТВЕННОЙ ПЕРСОНОЙ»

Олег Радзинский

«ПОКАЯННЫЕ ДНИ»

Евгений Фельдман

«МЕЧТАТЕЛИ ПРОТИВ КОСМОНАВТОВ»

Михаил Шишкин

«МОИ. ЭССЕ О РУССКОЙ ЛИТЕРАТУРЕ»

https://babook.org/